1887. 14 Juin

CATALOGUE

DE LA

BIBLIOTHÈQUE

THÉATRALE ET MUSICALE

DE

VADÉ, CARMOUCHE et VIEILLOT

30,000 PIÈCES DE THÉATRE, 250 PARTITIONS

Environ 500 Volumes de poésies, 600 volumes de chansons
Littérature et Bibliographie

DONT LA VENTE AURA LIEU A PARIS

RUE DES BONS-ENFANTS, N° 28

MAISON SILVESTRE, SALLE N° 1

Les Mardi 14, Mercredi 15, Jeudi 16 et Vendredi 17 Juin 1887

A HUIT HEURES DU SOIR

Par le ministère de Mᵉ **G. BOULLAND**, commissaire-priseur
rue des Petits-Champs, 26

PARIS
E. MAILLET, LIBRAIRE
118, RUE DE LA POMPE, 118

1887

Vve Renou et Maulde, imprimeurs de la Compagnie des Commissaires-Priseurs,
rue de Rivoli, 144. 1000—79089

CATALOGUE

DE LA

BIBLIOTHÈQUE

DE

VADÉ, CARMOUCHE ET VIEILLOT

CONDITIONS DE LA VENTE

La vente se fait au comptant.

Les Acquéreurs paieront CINQ POUR CENT en sus des enchères, applicables aux frais.

Les réclamations devront être faites dans les vingt-quatre heures de l'adjudication.

Réserve est faite de séparer ou de réunir plusieurs lots dans l'intérêt de la vente.

On pourra visiter les Livres le dimanche 12 juin, chez Mme VIEILLOT, 31, rue Meslay, de 2 à 6 heures.

M. MAILLET, chargé de la vente, remplira les commissions des personnes qui ne pourraient y assister.

CATALOGUE

DE LA

BIBLIOTHÈQUE

THÉATRALE ET MUSICALE

DE

VADÉ, CARMOUCHE et VIEILLOT

30,000 PIÈCES DE THÉATRE, 250 PARTITIONS

Environ 500 Volumes de poésies, 600 volumes de chansons
Littérature et Bibliographie

DONT LA VENTE AURA LIEU A PARIS

RUE DES BONS-ENFANTS, N° 28

MAISON SILVESTRE, SALLE N° 1

Les Mardi 14, Mercredi 15, Jeudi 16 et Vendredi 17 Juin 1887

A HUIT HEURES DU SOIR

Par le ministère de **M° G. BOULLAND,** commissaire-priseur
rue des Petits-Champs, 26

PARIS

E. MAILLET, LIBRAIRE

118, RUE DE LA POMPE, 118

1887

ORDRE DES VACATIONS

PREMIÈRE VACATION

Mardi 14 Juin

Pièces de théâtre........................ Nos 1 à 250

DEUXIÈME VACATION

Mercredi 15 Juin

Pièces de théâtre...................... Nos 251 à 497

TROISIÈME VACATION

Jeudi 16 Juin

Ouvrages divers, Poésies, Chansons, Littérature, Bibliographie................... Nos 498 à 766

Mémoires de Pierre de l'Estoile, 11 vol. in-8, édités par D. Jouaust............... N° 767

QUATRIÈME VACATION

Vendredi 17 Juin

Partie musicale, Partitions d'orchestre, Ballets, Airs et Ariettes, Romances, Clé du Caveau, etc., etc......................... Nos 780 à 990

NOTICE

La considérable Bibliothèque théâtrale, qui va être dispersée sous le marteau de Me Boulland, a été commencée par le librettiste et poète égrillard du XVIIIe siècle, Joseph Vadé; continuée par le vaudevilliste Carmouche, celui-là même qui avait épousé Jenny Vertpré, elle a été poursuivie jusqu'en 1872, par Vieillot, l'éditeur de chansons si longtemps connu comme tel à Paris, et qui a été son dernier propriétaire.

La première et la plus importante partie de cette Bibliothèque, comprend le théâtre en général, et se recommande elle-même par la seule lecture du présent Catalogue. Les œuvres des auteurs qui ont écrit pour la scène depuis plus de cent ans, y figurent à peu près au complet. Mais l'intérêt qui s'attache à un grand nombre de ces pièces parmi les plus anciennes, c'est que beaucoup sont aujourd'hui introuvables : les unes existent en première et unique édition dans la collection mise en vente; les autres, imprimées plusieurs fois dans la nouveauté, sont depuis longtemps délaissées; la plupart sont même inconnues. Leur réunion offre donc une valeur, à la fois de curiosité et de rareté inappréciables.

Citons particulièrement dans cette catégorie spéciale, les recueils d'opéras et de tragédies, ou ballets héroïques (n°s 970 et 971), qui contiennent en éditions princeps une série presque ininterrompue de livrets des ouvrages représentés à l'Académie de musique depuis l'origine et pendant cent cinquante ans. C'est à la Bibliothèque actuelle de l'Opéra qu'un tel recueil devait figurer, et nous le recommandons vivement à l'attention de MM. Nuitter, Reyer et de Lajarte.

A cette inestimable collection, il faut ajouter une quantité d'œuvres théâtrales d'auteurs entièrement oubliés et même ignorés de nos jours, dont les œuvres représentées ou non représentées, n'ont eu qu'un renom éphémère; souvent œuvres d'amateurs, et dont sans doute, aujourd'hui, on ne rencontrerait pas ailleurs un seul exemplaire.

Le regretté M. Vieillot a continué cette collection d'œuvres anciennes en y joignant toutes les pièces de nos auteurs contemporains, y compris l'École romantique : Ancelot. — Augier. — Balzac. — Th. Barrière. — Bouilhet. — Anicet Bourgeois. — Bayard. — Carmouche. — Cogniard. — Delavigne. — Dennery. — Dumersan. — Les deux Dumas. — Octave Feuillet. — M. et Mme E. de Girardin. — Léon et Ludovic Halévy. — Victor Hugo. — Labiche. — Laya. — Legouvé. — A. de Musset. — Ponsard. — George Sand. — J. Sandeau. — Sardou. — Scribe. — Vacquerie. — A. de Vigny, etc...

En un mot, cette collection considérable, qui ne compte pas moins de 30,000 pièces à l'état unique, ou en nombre, constitue pour les directions théâtrales une véritable bonne fortune. Les grandes collections, indiquées du n° 1 au n° 10, contiennent notamment toutes les meilleures pièces jouées sur nos théâtres parisiens, et dont un grand nombre sont même encore aujourd'hui au répertoire.

La partie musicale de la Bibliothèque, due à la persévérance de ces trois Amateurs héréditaires, n'est pas moins intéressante. Elle est représentée par 250 Partitions, surtout Partitions d'orchestre, des Œuvres de Boïeldieu, de Dalayrac, de Grétry, de Monsigny, de Berton, d'Halévy, d'Auber, etc. Elle comprend aussi leurs œuvres les moins connues, mais dont l'intérêt n'est pas moindre au point de vue purement musical. C'est à la Bibliothèque de notre Conservatoire de musique et de déclamation que ces grandes collections d'Œuvres, aujourd'hui devenues rares comme éditions, ont leur place pour ainsi dire toute marquée. Nous les signalons à l'aimable et érudit M. Weckerlin, le bibliothécaire si compétent de notre grand établissement d'instruction dramatique et lyrique. Citons encore, dans cette partie de la Collection, des Méthodes pour piano, chant, violon et harpe.

Quant aux « Chansonniers », leur réunion qui tient également une place importante dans cette Bibliothèque, a été faite en prévision d'une *Bibliographie historique de la chanson.* Les éléments de ce curieux travail, véritable œuvre de bénédictin de la Chanson, ont été préparés par le docteur Percheron, maire de Nogent-le-Roi, et soigneusement conservés dans les cartons où il les avait réunis. Les Chansons manuscrites, ainsi que les Chansons populaires à images noires et coloriées, qui composent cette Collection, constituent une précieuse suite de documents pour l'histoire et même pour l'iconographie de la Chanson.

La Poésie comprend environ 500 Volumes de divers auteurs, et en différents formats, mais il est difficile d'entrer ici dans le détail de chacun des ouvrages qui composent cette partie du Catalogue. Les amateurs et les curieux pourront, d'ailleurs, avant la vente, se rendre compte, sur place, de l'importance des Objets catalogués et mis en vente, et aussi de la variété des ouvrages réunis.

Enfin ce Catalogue lui-même mérite d'être conservé comme une curiosité bibliographique documentaire. On y trouvera le titre de plusieurs milliers de pièces de théâtre et d'œuvres diverses; il pourra servir, en quelque sorte, de guide et de contrôle pour les auteurs dramatiques, les directeurs de théâtre, et même les bibliothèques publiques. Il conservera, dans ces dernières, le nom des trois hommes de talent et de goût qui ont, pendant près d'un siècle, accumulé, l'un après l'autre, avec une patience bien méritoire, les matériaux de cette considérable collection d'Œuvres, presque toutes exclusivement relatives à la Chanson, à la Musique et au Théâtre.

GEORGES D'HEYLLI.

Juin 1887.

CATALOGUE

DE LA

BIBLIOTHÈQUE THÉATRALE

ET MUSICALE

DE

Vadé, Carmouche et Vieillot

---

1. **Théâtre choisi** (1838-1867). 80 vol. in-12, dem.-rel. veau rouge, contenant 564 pièces. Comédies et Tragédies de MM. Oct. Feuillet, Sardou, Legouvé, Scribe, Séjour, M. et Mme Emile de Girardin, Augier, Dumas, Barrière, Capendu, Meurice, Fossier, A. de Musset, Lacroix, Ponsard, Barbier, Meilhac, Halévy, Labiche, de Najac, Sandeau, G. Sand, Serret, Doucet, Laya, Bouilhet, etc., etc.

Tome Ier. Quand on n'a rien à faire. Le Roi de Cocagne. La Nuit aux soufflets. Duchesse et Poissarde. Tabarin. André Vésale. Amy Robsart. Olinde et Sophonie. Ruy Blas. La Popularité. — **Tome II**. Le Gladiateur. Le Chêne du Roi. Paroles. Lucrèce. L'Hameçon de Phénice. Le Médecin de son honneur. Les Caprices de la Marquise. La Ciguë. Antigone. La Jeunesse de Corneille. — **Tome III**. Le Chevalier de Pomponne. Un Homme de bien. Diogène. La Chasse aux fripons. Les Touristes. Françoise de Rimini. Agnès de Méranie. Un Caprice. — **Tome IV**. L'Ombre de Molière. Un Poète. L'École des familles. Scaramouche et Pascariel. Le Passé et l'Avenir. La Couronne de France. La Mort de lord Byron. La Fille d'Eschyle. L'Aventurière. Il faut qu'une porte soit ouverte ou fermée. — **Tome V**. Le Chandelier. Le Doute et la Croyance. L'hotellerie de Genève. Louison. André Chénier. Le Moineau de Lesbie. La Chute de Séjan. François le Champi. Gabrielle. L'Avoué par amour. — **Tome VI**. Le Joueur de flûte. Claudie. Valérie. C'est la faute du mari. Molière. Les Caprices de Marianne. — **Tome VII**. Les Bâtons flottants. Mercadet. Les Familles. Mademoiselle de la Seiglière. Le Mariage de Victorine. L'Imagier de Harlem. — **Tome VIII**. Diane. Les Vacances de Pandolphe. Ulysse. Le Sage et le Fou. Le Démon du foyer. Richard III. — **Tome IX**. Macbeth. Il ne faut pas jouer avec le feu. Compter sans son hôte. Horace à Lydie. Le Bonhomme Jadis. La Comédie à la fenêtre. L'Honneur et l'Argent. Lady Tartuffe. — **Tome X**. Le Chemin de Corinthe. Le Bois de Daphné. Philiberte. Le Pressoir. Gusman le brave. Le Pour et le Contre. Diane de Lys. Médée. — **Tome XI**. La Joie fait peur. La Conquête de ma femme. Au Printemps. Le Gendre de M. Poirier. Mademoiselle Ainé. Aimons notre prochain. Le Connétable de Bourbon. Que dira le monde? — **Tome XII**. Le Dernier Crispin. La Lampe de Davy. Sleminio. La Conscience. Rosemonde. La Pierre de touche. Le Chapeau d'un horloger. L'École des agneaux. Lucie. La Statuette d'un grand homme. — **Tome XIII**. Paris. La Graine. Léopold Robert. Les Noces vénitiennes. Les Jeunes gens. Le Dernier monde. — **Tome XIV**. Péril en la demeure. Par droit de Conquête. Le Mariage d'Olympe. Le Gâteau des Reines. La Boulangère a des écus. Maître Favilla. — **Tome XV**. La Bourse. L'Anneau de fer. Les Faux bonshommes. La question d'argent. Le pamphlet. La Fiammina. — **Tome XVI**. La Joconde. La Florentine. Le Camp des bourgeoises. Je Dîne chez ma mère. L'Orestie. La Revanche de Lauzun. Guillery. Les Pièces dorées. — **Tome XVII**. Une Femme qui déteste son mari. Le Fruit défendu. Les Fausses bonnes femmes. Le Fils naturel. Feu Lionel. La Jeunesse. — **Tome XVIII**. La Fille du millionnaire. Le Martyre du cœur. Les Doigts de fée. Les Lionnes pauvres. Mademoiselle Choin. L'Héritage de M. Plumet. — **Tome XIX**. L'Homme est satisfait. Les Trois Maupin. Fanfan la Tulipe. Hélène Peyron. Cendrillon. Le Roman d'un jeune homme pauvre. — **Tome XX**. Le Duc de Normandie. Une Madeleine. Ivanhoë. Le Baron de Saint-Ignace. Sheridan. Rosamonde. La Prison. La Comédie scandaleuse. — **Tome XXI**. Les Grands vassaux. Le Pardon de Ploërmel. Le Legs. André Gérard. Un Conseil d'ami. La Sainte-Hubert. Il signor Pulcinella. Frontin malade. — **Tome XXII**. Le Nouveau gendre. Herculanum. La Daisin. Amensée. L'Arioste. Une Adoption. Faust. Un Beau mariage. — **Tome XXIII**. Les Mères repenties. Psyché. Le Pamphlétaire. Madame de Montarey. Les Femmes qui pleurent. Les Mariages d'amour. — **Tome XXIV**. Un Mauvais riche. Le Mariage de Corneille. François Villon. Le Passé d'une femme. Le Tyran d'Yvetot. La Vie en rose. La Reine de Lesbos. Ceinture dorée. — **Tome XXV**. Louise Miller. La Réclame. Sapho. Les Missionnaires. Le Roi de Bohême et ses sept châteaux. Une Journée d'Agrippa d'Aubigné. — **Tome XXVI**. Le Bras noir. Jean-Jacques Rousseau. Peintres et bourgeois. Les Tablettes de Bemis. Les Déclassés. Rêves d'amour. — **Tome XXVII**. Jeanne d'Arc (trag.) Jeanne d'Arc (Drame.) La Conquête du mari. Une Aventure de Panurge. Mon Empereur. La Princesse Danubia. — **Tome XXVIII**. Le Gentilhomme de la montagne. Thérésa de Holstein. Ce qui plaît aux femmes. Sardanapale. Chou pour chou. Sémiramis. — **Tome XXIX**. Le Duc Job. Un Effet du hasard. Le Beau Léandre. Le Carême du Roi. Stella-Paquerette. L'Amour médecin. Les Deux Frontins. — **Tome XXX**. L'Envers d'une conspiration. Le Mariage par ordre. La Ligne droite. Eux. Ursus. Un Bourreau d'intérieur. Les Deux Veuves. Charlemagne puissant. Beuves, duc d'Aigremont. Les Folies nouvelles. Philémon et Baucis. — **Tome XXXI**. Orphée aux enfers. La Pénélope normande. Les Vertueux de province. Le Testament de César Girodot. Le Feu au couvent. Dalila. — **Tome XXXII**. Les Femmes fortes. Dans les blés. Une Bouderie. Un Mariage dans un chapeau. Les Pattes de mouche. L'Amour et son train. Le Serment d'Horace. Le Capitaine Bitterlin. — **Tome XXXIII**. La Vengeance du mari. La Considération. L'Avocat des pauvres. La Famille Lambert. Les Femmes terribles. Le Parasite. — **Tome XXXIV**. La Dame de Monsoreau. Le Trésor de Blaise. Le Pays des amours. Une Tasse de thé. Risette. Le Fils de la nuit. — **Tome XXXV**. Les Effrontés. Pythias et Damon. L'Ange de minuit. Les Vivacités du capitaine Tic. Le Duel de la Tour. La Tireuse de cartes. — **Tome XXXVI**. La Méprise de l'amour. Le Martyre de Vivia. L'Oncle de Sigjoue. Michel Cervantes. La Mission de Jeanne d'Arc. La Femme d'un grand homme. — **Tome XXXVII**. Le Sang-Mêlé. Françoise. Le Lièvre et la Tortue. Le Lion du désert. Qui perd gagne. Plutus ou la richesse. — **Tome XXXVIII**. Le village. Le comte d'Egmont. La Fée. La Comédie en Espagne. Fais ce que dois. La Traite des blancs. Le Billet blanc. Le Mariage à l'Arquebuse. — **Tome XXXIX**. Les Toilettes tapageuses. Chramne. Les pauvres d'esprit. Vous n'êtes que Marquis. France de Simiers. Comment la trouves-tu? Les Petites lâchetés. La Mort d'un marin. — **Tome XL**. Le Perroquet gris. Le Cœur et la raison. Christine, roi de Suède. Un petit bout d'oreille. Le Marchand malgré lui. Œdipe roi. — **Tome XLI**. Arbogaste. Le Talisman. Le luxe. La Mode. Le Paletot brun. Athénaïs-Eudoxie. La Mort de Socrate. Une Distraction. — **Tome XLII**. La Seconde jeunesse. Un Usurier de village. Selma. Rosalinde. Paris hors Paris. Noblesse oblige. — **Tome XLIII**. La Jeunesse de Louis XI. Un Petit-fils de Mascarille. Les Projets de ma tante. La Fille de Voltaire. Les gens nerveux. Un crime. — **Tome LXIV**. Les petites mains. Fœdora. Un père prodigue. Qui Femme a, guerre a. Faire son chemin. La fille de trente ans. — **Tome LXV**. La Fête de Molière. Le Roman d'Elvire. Un Parvenu. Compère Guillery. Le Monde mêlé. La Tentation. — **Tome XLVI**. Jeanne qui pleure et Jeanne qui rit. Tibère. Les Aventurières. La Femme doit suivre son mari. Le Voyage de M. Perrichon. Toute seule. — **Tome XLVII**. Un Tyran en sabots. L'Honnête homme. Le Passé de Nichette. L'Oncle Million. Les Massacres de la Syrie. La Décadence romaine. — **Tome XLVIII**. Les Frelons. Les Prétendants d'Angèle. Les 32 duels de Jean Gigon. L'Ecureuil. Le Gentilhomme pauvre. Les Trembleurs. Les Jeunes. L'Ami des femmes. — **Tome XLIX**. Les Domestiques.

Un Mariage de Paris. Cora ou l'Esclavage. La Poudre aux yeux. La Pluie et le
beau temps. Nos Intimes. — **Tome L**. Une Méprise. Les Mariages d'Aujourd'hui.
Gaëtana. L'Etalage. La Dernière idole. L'Echéance. Le Passé. Les Poseurs. —
Tome LI. Le Cotillon. Ulysse et Pénélope. Les Petits oiseaux. L'Enfant de la
fronde. La Poule noire. La Papillonne. — **Tome LII**. Le Vrai courage. Les près
Saint-Gervais. Les Beaux Messieurs de bois doré. Les Plantes parasites. Le
Docteur amoureux. L'Idéal. — **Tome LIII**. Une Semaine à Londres. Les Etran-
gleurs de l'Inde. Les Mystères du Temule. Le Paradis trouvé. Polyxène. Les
Fous ou la vie à outrance. — **Tome LIV**. Une Corneille qui abat des noix.
Les Ivresses. Les Ganaches. Les Brebis de Panurge. La Clé de Métella. Le Fils de
Giboyer. — **Tome LV**. François les Bas-Bleus. Le Télégramme. La maison sans
enfants. Nos Alliés. Les Misérables. Le Bout de l'an de l'amour. — **Tome LVI**.
Le Démon du jeu. C'était Gertrude. Le Retour du Croisé. L'Aïeule. Les Indif-
férents. Montjoye. — **Tome LVII**. La Maison de Penaman. La Tradition. La Mai-
son du Baigneur. Faustine. Lara. Les Fourberies de Nérine. — **Tome LVIII**.
Le Capitaine Fantôme. Le Comte de Saulles. Les Oiseaux en cage. Roland à
Roncevaux. Les deux Diane. Le Marquis caporal. — **Tome LIX**. M'sieu Landry.
Un vers de Virgile. La fille du diable. Monsieur du Terme. La chanson de
Fortunio. Astaroth. La Vertu de Célimène. Le Revers de la médaille. — **Tome LX**.
L'Africaine. Piccolino. Le Café du Roi. Après le bal. Pauvre père ! L'Homme
n'est pas parfait. Mireille. L'Ouvrière de Londres. — **Tome LXI**. Mauprat. La
Niaise. Un Poëte inconnu. Médée. Au bord du Rhin. Le Maître d'école. Un
jeune Homme qui ne fait rien. Les Grugeurs. — **Tome LXII**. La Loi du cœur.
Les Fils de Charles-Quint. L'Infortunée Caroline. Marie de Mancinio. Le
Mousquetaire du Roi. Le Supplice d'une femme. — **Tome LXIII**. Herméné-
gilde. Le Cardinal de Richelieu. Thersite. L'Ecole des Représentants. Le Com-
missaire malgré lui. Le Dernier Abencerage. Les Français en Angleterre. Les
Joyeuses commères de Windsor. — **Tome LXIV**. La Crise. Les Martyrs.
L'Ecole des pères. Le Médecin de l'âme. Jérôme le Réaliste. Le Paysan en
gage. La Société des laids. Une Moitié d'éléphant. — **Tome LXV**. Les Contes
pour rire. Les dettes. Les Souliers du poëte. Une Voix du Ciel. Timon d'Athé-
nes. Daniel Lambert. Le Livre d'or. La Fille du Franc-Juge. — **Tome LXVI**.
Jérôme Savonarole. Je vous aime. L'Occasion. Les Invalides du mariage. Les
Deux lièvres. Charivari et tintamarre. In Vino veritas. La Fosse de l'ours Martin.
— **Tome LXVII**. Les Moulins à vent. Etre présenté. La Vie de club. Un Piège.
Le marquis Harpagon. Misanthropie et repentir. L'École des veuves. L'Ecole
des critiques. — **Tome LXVIII**. La Fille de Molière. La Fête de Molière. Le
Secret du docteur. Jean Baudry. Les Diables roses. Les Diables noirs. — **Tome
LXIX**. Don Quichotte. La Fille du Maudit. La Liberté des Tréâtres. Rocambole.
Les Pommes du voisin. Le Sac de Béziers. — **Tome LXX**. Un Ménage en ville.
La Jeunesse de Mirabeau. Les Jocrisses de l'amour. Le Saphir. Les Jurons de
Cadillac. Le Clos-Pommier. — **Tome LXXI**. Les Cochers de Paris. Les Mohi-
cans de Paris. Les Flibustiers de la Sonore. Au Pied du mur. Les Curieuses.
Le Point de mire. — **Tome LXXII**. Jean qui rit. Les Amours d'été. Le Meur-
trier de Théodore. L'Homme aux figures de cire. Les deux Arlequins. La famille
Benoiton. — **Tome LXXIII**. Iphigénie en Aulide. César Borgia. Siesque. Roméo
et Juliette. Le Comte de Carmagnola. Azaël. — **Tome LXXIV**. La Ville et la
campagne. La Bégum sombre. Le Chemin le plus long. Le Berceau. Aymar de
Gromal. Amour et lauriers. L'aquarelle. Charles III. — **Tome LXXV**. L'Amour.
Alceste. La Perle cachée. Les Avocats du mariage. L'Institution. L'Attaché d'em-
bassade. La Poule et ses poussins. La Vie indépendante. — **Tome LXXVI**. La
Bohémienne. Le Comte de Boursouflé. La Jeunesse de Gramont. La Fleur du
Val Suzon. Les Illusions de l'amour. Prudence et sûreté. Mahel. Le Mariage
de Vacé. — **Tome LXXVII**. Les Parents terribles. Nos Petites faiblesses. La
Déesse et le berger. La Fille de Vaucourt. Diane au bois. Les Cascades de Mon-
chy. Le Portrait de la jardinière. Le Petit de la rue du Ponceau. — **Tome
LXXVIII**. Les Plumes du paon. Moi. Le Roi des Mines. Le Tattersall brûle !
Nos Bons Villageois. Le Roi d'Yvetot. Pour et contre. Le Joueur d'orgue. — **Tome
LXXIX**. Henriette Maréchal. Les Adelphes. Les Bergers. Le Chic. Don Juan.
Didon. Les Don Juan de village. Les chaînes de fleurs. — **Tome LXXX**. Van-
déa le Penseur. Jean la poste. Maison neuve. Le Maître de la maison. Les Idées
de Beaucornet. Bernard Palissy.

Une table manuscrite est jointe à chaque volume.

2. **Bibliothèque dramatique** (1840-1867). 75 vol. in-12, dem.-rel. veau rouge, contenant 1125 pièces. Drames, Vaudevilles, Opéras-comiques, Comédies-Vaudevilles de MM. Scribe, Legouvé, Labiche, Marc-Monnier, Bocage, Feuillet, Carmouche, Dupeuty, Barrière, Decourcelle, Dumanoir, Clairville, Bayard, Laya, Cogniard, Vavin, Mélesville, Féval, Anicet, Bourgeois, Raimond Deslandes, Grangé, D'Ennery, Dugué, Carré, Girardin, Masson, Fournier, Barbier, Balzac, etc., etc.

Tome Ier. Le Gant et l'Eventail. La Baronne de Blignac. L'Inventeur de la Poudre. Le Château des Sept-Tours. Sport et Turf. Le Docteur noir. Charlotte. Clarisse Harlowe. Madame de Tencin. Don Gusman. Le Bonhomme Richard. Gentil Bernard. Echec et Mat. Un Mari qui se dérange. Les Demoiselles de noce. — **Tome II**. La Closerie des Genêts. Une Chambre à deux lits. Pierre Février. Le Nœud Gordien. Gibby la Cornemuse. Le Lait d'ânesse. La Poudre-Coton. Diable ou Femme. Un Mari fidèle. Robert Bruce (opéra). Marie ou l'Inondation. Les Mystères du Carnaval. Mademoiselle Navarre. Trois Rois, trois Dames. Un Coup de lansquenet. — **Tome III**. Irène. En Province. Le Filleul de tout le monde. Le Fantôme. La Reine Margot. Une Fièvre brûlante. Bertram le Matelot. Alceste. L'Enfant de l'Amour. Notre Fille est princesse. La Reine Argot. Palma. Un Docteur en herbe. La Loge de l'Opéra. Ce que Femme veut. — **Tome IV**. Léonard le Perruquier. Le Bouquet de l'Infante. Un Coup de vent. Père et Portier. Le Chiffonnier de Paris. La Vicomtesse Lolotte. Le Trottin de la Modiste. Les Nuits blanches. Les Etouffeurs de Londres. La Bouquetière. Les Notables de l'endroit. Robert Bruce. Pour Arriver. Intrigues et Amours. Un Mousquetaire gris. — **Tome V**. Le Jeune Poète. Le Chirurgien-Major. Charlotte Corday. Le Chevalier de Maison-Rouge. Les Deux Foscari. Les Chiffonniers. Le Fils du Diable. Léa. Le Bonheur sous la main. Rose et Marguerite. Simon le Voleur. Isabelle de Castille. Le Réveil du Lion. Le Chevalier d'Essonne. Les Premiers Beaux Jours. — **Tome VI**. Regardez, mais ne touchez pas. Martin et Bamboche. L'Ordonnance du Médecin. Le Coin du feu. Cléopâtre. Jacques le Fataliste. Les Premiers Pas. Gastibelza. Une Jeune Vieillesse. Jérôme le Maçon. Jérusalem. En Bonne Fortune. Le Trésor du Pauvre. La Dernière Conquête. Un Château de Cartes. — **Tome VII**. Hamlet. Un Banc d'huîtres. Lesgeais. Les Tribulations d'un Grand Homme. Le Journal d'une Grisette. La Mariette. Les Mémoires de Grammont. Lavater. Hortense de Hongrie. Les Mousquetaires de la Reine. Le Marquis de Lauzun. Léonie. Les Extrêmes se touchent. Amour et Bergerie. Le Fruit défendu. — **Tome VIII**. Le Petit-Fils. Les Cinq Sens. La Clef dans le dos. Notre-Dame des Anges. Le Collier du Roi. Gille ravisseur. Un Jeune Homme pressé. Le Pouvoir d'une Femme. Le 24 Février. Vestris Ier. La Foi, l'Espérance et la Charité. Un Voyage sentimental. Le Marchand de jouets d'enfant. Une Poule. Horace et Caroline. — **Tome IX**. Le Maréchal Ney. Eric. Guillaume le Débardeur. Le Démon familier. Un et Un font Un. Les Frais de la Guerre. Le Maire de Saint-Flour. Marceau. Un Déménagement. Les Premières Coquetteries. Les Portraits. La Marâtre. Le Morne au Diable. Le Premier Coup de Canif. Le vrai Club des Femmes. — **Tome X**. Jeanne Mathieu. La Taverne du Diable. La Comtesse de Linery. Le Camp de Saint-Maur. Le Chemin de traverse. Le Lion empaillé. Les Paradis de nos pères. Le Livre noir. L'Affaire Chaumontel. Catilina. Les Fonds secrets. Les Sept Péchés capitaux. Les Deux font la Paire. Un Coup de Pinceau. Macbeth. — **Tome XI**. La Vieillesse de Richelieu. Les Envies de Madame Godard. Le Cuisinier politique. L'Ile de Tohu-Bohu. Un vilain Monsieur. Le Czar Cornélius. Fualdès. Le Roi de cœur. Les douze Travaux d'Hercule. L'Argent. Les Lampions de la veille et les Lanternes du lendemain. Rage d'amour. Comment les Femmes se vengent. Les Marrons d'Inde. Les Mystères de Londres. — **Tome XII**. Tout Chemin mène à Rome. Le Caïd. La Gironde et la Montagne. Bon gré, malgré. La petite Cousine. La Foire aux idées. Les Orphelins du pont Notre-Dame. Le 24 Février. La Pension alimentaire. Le Berger de Souvigny. La Tasse cassée. Le Pasteur. Mauvais Cœur. Une Dent sous Louis XV. — **Tome XIII**. L'Amitié des femmes. Rachel. Habit, veste et culotte. Vautrin et Frise-Poulet. L'Habit vert. La Mort de Strafford. La Danse des écus. La Foire aux idées. Louis XVI et Marie-Antoinette. La Paix à tout prix. La Cornemuse du Diable. Le comte de Saint-Hélène. Le Curé de Pomponne. Gardé à vue. Les Monténégrins. — **Tome XIV**. Le Bouquet de violettes. Les Guérillas. Les Prétendants. Jobin et Nanette. Un Drame de famille. Elzéar Chalemel. Les Trois Etages. Les Puritains d'Écosse. La grosse Caisse. Un Duel chez Ninon. Le Toréador. La Conspiration de Mallet. Le Fil de la Vierge. Brutus, lâche César. Pompée. — **Tome XV**. Exposition des produits de la République. La Foire aux idées. Le Feu de paille. L'Hôtel de la Tête-Noire. Eva. Les Atomes crochus. Un Oiseau de passage. Le Groom. Les Caméléons. Les Parents de ma femme. La Sonnette du Diable. Le chevalier Muscadin. L'Epouvantail. — **Tome XVI**. Piquillo Alliaga. La Foire aux idées. Frisette. Le petit Pierre. Graziella. Le Bal du prisonnier. Deux Hommes. La Famille Poisson. Les Belles de nuit. Les deux Sans-Culottes. La Femme à la broche. Croque-Poule. L'Impertinent. La Jeunesse dorée. La Vie de Bohême. — **Tome XVII**. Une Tempête dans un verre d'eau. Les Marraines de l'An Trois. L'Année prochaine. Les Quatre Fils Aymon. La Bossue. Les deux Célibats. Diviser pour régner. Les Porcherons. Lully. Les Saisons vivantes. Laurence. Rosette et Nœud coulant. Les Métamorphoses de Jeannette. Mademoiselle de Liron. Une Tutelle au carnaval. — **Tome XVIII**. J'ai mangé mon ami. Les Bijoux indiscrets. Henriette Deschamps. Un Monsieur qu'on n'attendait pas. Un Coup d'Etat. Misnet Euryale. Louise de Vanleroix. Embrassons-nous, Folleville! Colombine. Notre-Dame de Paris. Le Courrier de Lyon. L'Odalisque. La Restauration des Stuarts. Une Idée fixe. Princesse et Charbonnière. — **Tome XIX**. Le Sous-Préfet s'amuse. Le Songe d'une nuit d'été. La Petite Fadette. Traversin et Couverture. Un Mariage en trois étages. L'Amour mouillé. La Maison du garde. Suffrage Ier. Un Garçon de chez Véry. La Volière. Le Jeu de l'Amour et la Cravache. La Queue du chien d'Alcibiade. Un Vieil Innocent. Le Roi de Rome. Le Bourgeois de Paris. — **Tome XX**. Roméo et Mariette. Capitaine... de quoi? Chodruc-Duclos. Le Président de la Basoche. Le Sopha. L'Echelle de femmes. Les Fantaisies de Milord. Le Bonhomme Jacques. Les Roués innocents. Faust et Marguerite. Qui se dispute, s'adore. Héraclite et Démocrite. Les Pavés sur le pavé. Un Mariage sous la Régence. Pied de fer. — **Tome XXI**. Marianne. Quand on attend sa belle. Un Divorce sous l'Empire. La Dot de Mariette. Les deux Aigles. La plus belle Nuit de la vie. Phénomène. Les Baignoires du Gymnase. La Douairière de Brionne. Sapho. Les Amoureux sans le savoir. Un Monsieur qui suit les femmes. Pomponnette et Pompadour. Portes et placards. Les Pretendus de Gimblette. — **Tome XXII**. Le Règne des Escargots. Les Ennemis de la maison. Le Maître d'armes. Jean le Postillon. L'Hôtel de Nantes. Le Canotier. Les Mémoires du Gymnase. Fais la cour à ma femme. Une Clarinette qui passe. Le Testament d'un garçon. Un Mystère. Les trois Coups de pied. Tout vient à point à qui sait attendre. Steeple-Chase. Le Vol à la fleur d'oranger. — **Tome XXIII**. Jeanne. La Tante Vertuchoux. Don Gaspard. Le Collier de perles. La Femme qui perd ses jarretières. Une Passion du Midi. Deux Lions râpés. Bonsoir, Monsieur Pantalon. La Chasse au roman. Progrès. On demande des Culottières. Les Métamorphoses de l'Amour. Manon Lescaut. Le Muet. Dans une Baignoire. — **Tome XXIV**. Les Rentiers. L'Amour à l'aveuglette. Les Contes d'Hoffmann. Le Second Mari de ma femme. Martial le Casse-Cœur. Midi à quatorze heures. Madame Bertrand et Mademoiselle Raton. Le Souper de la marquise. Comment l'esprit vient aux garçons. La Fin du roman. Les Aventures de Suzanne. Les Vengeurs. Si Dieu le veut. La Ferme de Primerose. Le Père Jean. — **Tome XXV**. Derrière le rideau. La Femme qui trompe son mari. Salvator Rosa. En Manches de chemise. Un Chapeau de paille d'Italie. Le Mari d'une jolie femme. Un fameux Numéro. Mathurin Régnier. Sous les Pampres. Un Roi de la mode. Les Quatre Parties du Monde. Marthe et Marie. Marquita la Sorcière. Dieu merci! le couvert est mis. Les Filles de l'air. — **Tome XXVI**. Un Paysan d'aujourd'hui. La Vie de Café. Un Dieu du jour. Un Enfant de Paris. Le Mar-d'une Camargo. La Peau de mon oncle. La Tante Loriot. Madame de La Verrière. L'Eau qui dort. Les Péchés de jeunesse. Le Raisin malade. L'Ange du rez-de-chaussée. Les Contes de la Reine de Navarre. Les Baisers. La Chanteuse voilée. — **Tome XXVII**. La Fille du Roi René. L'Enseignement mutuel. La Fiancée du Bengale. Bataille de Dames. Dans l'autre Monde. Le Docteur Chiendent. Les Malheurs heureux. Raymond. La Dame aux trois couleurs. L'Amande cœur. Les Philosophes de vingt ans. La Peau de chagrin. L'Ivrogne et son Enfant. La Corde sensible. Le Coucher d'une étoile. — **Tome XXVIII**. Laure et Delphine. Les derniers Adieux. Allons battre ma femme. Encore des Mousquetaires. J'ai marié ma fille. Tambour battant. Les Droits de l'Homme. Les Robes blanches. Un Chef de brigands. Yvonne et Loïc. Hortense de Cerny. La Dinde truffée. Le Château de Barbe-Bleue. Les Crapauds immortels. Les Incertitudes de Rosette. — **Tome XXIX**. La Fileuse. Un bon Ouvrier. Bonaparte en Egypte. Les Marionnettes du Docteur. La Butte des Moulins. La Diplomatie du Ménage. Le Château de Grantier. La Dame aux Camélias. La Dame de la Halle. Les premières armes de Blaveau. Le Carillonneur de Bruges. Le Mariage au miroir. Le Farfadet. Le Piano de Berthe. Le Château de Coëtoven. — **Tome XXX**. Un Monsieur qui prend la mouche. Benvenuto Cellini. Galathée. L'Œil de Machiavel. Jusqu'à Minuit. La Prise de Caprée. Le Bougeoir. Madame Diogène. Les Nuits de la Seine. York. Un Homme de cinquante ans. Donnant, donnant. La Croix de Marie. La Tête de Martin. Le terrible Savoyard. — **Tome XXXI**. Berthe la Flamande. La Chambre rouge. Les Avocats. Roquelaure. Le Père Gaillard. L'Ami du Roi de Prusse. Un Mari brûlé. Piccolet. Scapin. Flore et Zéphire. Un Monsieur qui ne veut pas s'en aller. Les Anges du foyer. Voyage autour d'une jolie femme. Edgar et sa bonne. Ce que vivent les Roses. — **Tome XXXII**. Un Fils de famille. Le Chevalier des Dames. Alexandre chez Apelles, Orfa. La Case de l'Oncle Tom. L'Oncle Tom. Le Sourd. La Boisière. On demande un gouverneur. Le Colin-Maillard. La Fronde. Un Ut de poitrine. Les Mémoires de Richelieu. Les Filles de marbre. L'Ange mort. — **Tome XXXIII**. Où peut-on être mieux? Estelle et Némorin. La Noix dorée. Un Pacha dérangé. La Moissonneuse. Bonsoir, voisin. Colette. Pepito. Pulchniska et Leontino. Les Orphelines de Valneige. Le Jour de la Blanchisseuse. Souvent Femme varie. Betty. Les Papillotes de Monsieur Benoist. Elisabeth. — **Tome XXXIV**. Les Moutons de Panurge. Les Erreurs du bel âge. L'Étoile du Nord. Les Soupirs de Bolivar. Deux profonds Scélérats. Désir de Fiancée. Le Laquais d'Arthur. La Vie d'une Comédienne. Le Pendu. Ne touchez pas à la hache. Les Guides de Pimose. O le meilleur des pères. Schamyl. Les Amoureux de ma femme. — La Guerre d'Orient. — **Tome XXXV**. Les Cœurs d'or. La Mort de Pompée. Monsieur Bonnelet. Suzanne. La Pile de Volta. Les Marquises de la fourchette. A qui mal veut!... Amour et Caprice. Les Sabots de la Marquise. Les Bâtons dans les roues. Les Oiseaux de proie. Le Sabot de Marguerite. — **Tome XXXVI**. Dans un Coucou. La Mort du pêcheur. La Bonne sanglante. Les Parisiens. Dans les Vignes. Zamore et Giroflée. Le Chien du Jardinier. Monsieur, votre fille. La Joie de la maison. Les Charmeurs. Le Massacre d'un innocent. Minette. Un Bal d'Auvergnats. Furnished apartment. Jenny Bell. — **Tome XXXVII**. Les Vêpres siciliennes. Frère et Sœur. Les deux Gilles. Une Nuit à Séville. Sainte Claire. Les jolis Chasseurs. Jean et Jeanne. Les Lavandières de Santarem. Le Médecin des Enfants. Pendant le Somnambule. Trop beau pour rien faire. Le Dessous des cartes. Trilogie de Pantalons. As-tu tué le Mandarin? Rose et Narcisse. — **Tome XXXVIII**. Le Fils de Monsieur Godard. Toinon la Serrurière. Avait pris femme, le sire de Framboisy. Une vieille Lune. Madame Bijou. Janot chez les sauvages. Le Tueur de lions. Les Toquades de Boromée. Monsieur de Saint-Cadenas. Manon Lescaut. Madelon Lescaut. La Fanchonnette. Calino. Le Chercheur d'esprit. Monsieur va au cercle. — **Tome XXXIX**. Un Homme de robe. La Fiancée du bon coin. Si jamais je te pince. Le Mari aux épingles. Les Fanfarons de vices. Les Femmes peintes par elles-mêmes. Un Enfant du siècle. La Bonne au village. Les Amours forcés. Le Camp des révoltés. Les vainqueurs de Lodi. Les Enfants terribles. Le Guetteur de nuit. A Deux de jeu. Toinette et son Carabinier. — **Tome XL**. Jean le Sot. Obliger est si doux. Le Château des Ambrières. La Reine Topaze. Les Marrons glacés. Le Trouvère. Les trois Baisers du Diable. La Route de Brest. L'Homme qui a vécu. Ce que deviennent les Roses. Deux Hommes du Nord. Les Princesses de la rampe. L'Affaire de la rue de Lourcine. Avez-vous besoin d'argent? — **Tome XLI**. Les Noces de Figaro. Les Fugitifs. La Nuit rose. La Balançoire. Monsieur Candole. Faust. Giroflé, Girofla. Le Calife de la rue Saint-Bon. Cartouche. Ma Nièce et mon Ours. La Fée Carabosse. C'est l'Amour, l'Amour, l'Amour... Elle était à l'Ambigu. Les Méli-Mélo de la rue Meslay. L'Omelette du Niagara. — **Tome XLII**. Le Rocher de Sisyphe. Jean le Toqué. La Comète de Charles-Quint. La Fiammina. Les Nuits d'Espagne. L'Invitation à la valse. Le Copiste. Monsieur Griffard. Triolet. Le Carnaval de Venise. Les Vaches landaises Le Médecin malgré lui. Virgile Marron. Un Homme nouveau. La petite Pologne. — **Tome XLIII**. Jeunesse et Malice. Un Amant qui ne veut pas être heureux Une Soubrette de qualité. Une Bonne qu'on renvoie. Le

Démon de la nuit. L'Article VI. Une Maîtresse femme. Les Parasites. La Serafina. Le Marchand de lapins. Maman Sabouleux. Les Pâques Véronaises. Paris qui s'éveille. La Chatte blanche. Aux Eaux de Spa. — **Tome XLIV.** Si j'étais Roi. Une Nuit orageuse. La Course à la veuve. La Bergère des Alpes. La Femme aux œufs d'or. Le Loup dans la bergerie. Une Femme qui se grise. Louise Miller. Elisa. Quand on veut tuer son chien... Bolivar et Latuile. Les Mystères de l'été. Le Chevalier Coquet. Un Feu de cheminée. Les sept Merveilles du Monde. — **Tome XLV.** To be or not to be. Georgette. La Poupée qui chante et qui parle. Les Peccadilles de Valentin. Mère et Fille. La Perle de la Cannebière. Miss Fauvette. Les Aventures d'un paletot. Un Homme qui a perdu son dos. Une Panthère de Java. La Cour de Célimène. Une Leçon de trompette. L'Anneau d'argent. La Bégueule. Un Ténor très léger. — **Tome XLVI.** Les Cinq Cents Diables. Dante et Béatrix. Diane de Lys et de Camélias. L'Homme à la tuile. Où passerai-je mes soirées? Un Mari qui prend du ventre. 33,333 fr. 33 c. par jour. La Bête du Bon Dieu. La Rose de Bohême. Le Songe d'une nuit d'hiver. Harry le Diable. Si ma Femme le savait! Le Manteau de Joseph. Eva. — **Tome XLVII.** Les Précieux. Les Gueux de Béranger. Le Théâtre des Zouaves. La Fête du patron. Ba-ta-clan. 55 francs de voiture. Les Filles des champs. Les Cheveux de ma femme. Les Infidèles. Le Réveil du mari. Monsieur le Sac et Madame la Braise. Valentine d'Aubigny. Les Pantins de Violette. — **Tome XLVIII.** La Sarabande du cardinal. La Queue de la poêle. Les Saisons. Le Gendre de Monsieur Pommier. La Rose de Saint-Flour. Les Pauvres de Paris. Les Dragons de Villars. Le Financier et le Savetier. Chacun pour soi. Le Nid d'amour. La Chasse aux écriteaux. Mesdames de Montenfriche. Maître Pathelin. Le Secret des cavaliers. Le Bras d'Ernest. — **Tome XLIX.** Les Lanciers. Les Orphelines de la Charité. A la Campagne. Un Fiancé à l'huile. Une Minute trop tard. La Clé des champs. Vous n'auriez pas vu ma femme? Le Mariage extravagant. L'Esclave du mari. Les Viveurs de Paris. Brin d'Amour. Don Phèdre. Jocrisse, millionnaire. Les Chants de Béranger. Le Gardien des scellés. Madame d'Ormesson. La comtesse de Navailles. — **Tome L.** Le Réveil de La Rochelle. Le Fou par amour. Amour et pruneaux. Une Maîtresse bien agréable. Le Feu à une vieille maison. Une Guitare au violon. Un Gendre en surveillance. Bruxhino. Le 31 décembre et le 1er janvier. Péché caché. Les Fiancés d'Albano. Les Désespérés. La Voie périlleuse. Je croque ma Tante. A qui le Bébé? — **Tome LI.** Je marie Victoire. Quentin Durward. Le Clou aux maris. La Boîte d'argent. La Nuit du 20 septembre. L'Avare en gants jaunes. Deux Merles blancs. Une Femme heureuse. Francastor. Drelin, drelin. Une Dame pour voyager. Plus on est de fous... Un Dîner et ces égards. L'Ut dièze. Feue Brigitte. — **Tome LII.** Un Soufflet anonyme. Monsieur Acher. Maître Wolff. X. Broskovano. Le Punch Grassot. 28 et 60. Ninon et Ninette. La Mouche du coche. Chez une petite Dame. Voyage autour d'une marmite. L'Avocat du Diable. Mon nez, mes yeux, ma bouche. Madame a sa migraine. Le Monsieur en question. — **Tome LIII.** Sans Queue ni tête. Un Rêve d'Hoffmann. En avant, les Chinois. L'Avocat d'un Grec. Les deux Maniaques. Stradella. Les Suites d'un bal masqué. Un Truc de Mari. L'Amour. Les Comédiens de salons. Feu le capitaine Octave. Le Jeu de Sylvia. Le capitaine Chérubin. Le Dada de Paimbœuf. La Tirelire de Jeannette. — **Tome LIV.** L'Ecole des Arthur. La Fille du Tintoret. Une Jambe anonyme. Le Diable au moulin. La Chèvre de Ploermel. Tant va l'Autruche à l'eau. Le baron de Fourchevif. La Clarinette mystérieuse. La Fête des loups. Un Fait-Paris. Les Honnêtes Femmes. Les Pirates de la Savane. Monsieur des Chalumeaux. La Femme de Jephté. — **Tome LV.** Monsieur Jules. Le Savetier de la rue Quincampoix. Mam'selle Pénéloppe. Ce Scélérat de Poireau. Un bon petit Diable. Coqsigrue poli par amour. Le Rouge-Gorge. Les Veuves turques. Don Gregorio. Les premières Armes de Figaro. Le Marchand de coco. Racine est un polisson. Jeune de cœur. J'invite le Colonel. L'Histoire d'un drapeau. — **Tome LVI.** Ma Tante dort. Je suis mon fils. La Pénélope à la Mode de Caen. P'tit fils, p'tit mignon. Le Prêteur sur gages. Le Capitaine Georgette. La Sensitive. Les deux Timides. Les Portiers. Les Amours de Cléopâtre. La Sirène de Paris. Le Château-Trompette. Les Jours gras de Madame. Fiû lio. Rita. — **Tome LVII.** Le Pantalon de Nessus. Une Pécheresse. Monsieur Garat. Dans une Allée. Les trois Fils de Cadet-Roussel. Le jeune Homme au riflard. Fou yo po. Un jeune Homme en location. La Maison du pont Notre-Dame. La Famille de l'horloger. Un gros Mot. L'Escamoteur. Un Troupier qui suit les bonnes. Réduction de Rédemption. Le Passage Radziwill. — **Tome LVIII.** Les Entailles de l'ami Poulet. Peur et Amour. Oh la! la! Qu'c'est bête tout ça! Le Mari sans le savoir. La Mariée du Mardi-Gras. La Chasse aux papillons. Les Rameneurs. Paris quand il pleut. Arrêtons les frais. Maître Claude. La Fille des chiffonniers. Les Eaux d'Ems. La Statue. Un Hercule et une jolie femme. Le Menuet de Danaé. — **Tome LIX.** Salvator Rosa. Les Mystères de la rue Rousselet. Deux Nez sur une piste. Le Crétin de la montagne. Horace et Liline. Ma Sœur Minette. Loin du pays. La Beauté du diable. L'Argent fait peur. Monsieur Choufleuri restera chez lui, le... Tricornot. Le Lac de Glenaston. Les Voisins de Molinchart. Valentine Darnentière. Le Myosotis — **Tome LX.** Laure est une chimère. Chassé-Croisé. Le Piège au mari. Nos Bons petits Camarades. La Fille du paysan. Monsieur et Madame Denis. Violetta. La Claque! la Claque! La Reine de Saba. La Station Champbaudet. Un Mari dans du coton. Bonheur au vainen. Le Domestique de ma femme. Lalla-Roukh. Le premier Pas. — **Tome LXI.** Les Scrupules de Jolivet. L'Alphabet de l'amour. Ah! que l'Amour est agréable. La Malle de Lise. Un Homme du Sud. Le Château de Pontalec. Le Bossu. Le Chalet de la Méduse. L'Auteur de la pièce. Etre et paraître. Deux Chiens de faïence. Une Nichée de ganaches. Les Mousquetaires du carnaval. Permettez, Madame. Bataille d'amour. — **Tome LXII.** Un Amour sous enveloppe. La troisième Tasse. L'Oiseau fait son nid. Le Chercheur d'esprit. Un Monsieur qui a perdu un mot. Les Pêcheurs de perles. La Veillée allemande. Mon Joie fait peur. Lischen et Fritzschen. La Cagnotte. L'Expiation. Les Mères terribles. Qu'as-tu fait de Lambert? La Barbe de Bélasson. Le capitaine Henriot. — **Tome LXIII.** Marie-Rose. Une Femme dans ma fontaine. — Le Ciel et l'Enfer. Un Homme qui ne veut plus être pauvre. Deux Femmes en gages. Le Bûcher de Sardanapale. Qui n'entend qu'une Cloche. Les Vaches. Le Panthéon normand. Le sergent Frédéric. La Vie nouvelle. Les Noces invisibles. L'Effet pour la cause. Une mèche éventée. L'Frue. — **Tome LXIV.** Trois Bourgeois de Compiègne. Le libre Amour. L'Herbe qui égare. Les Collaborateurs. Le Secret de ma femme. Je ne mange pas de ce pain-là. L'Amour en ville. Les petits Prodiges. Cœur qui soupire. Entre Hommes. As-tu vu la Comète, mon gas? Le Bonheur chez soi. L'Enlèvement au sérail. Un Portrait de maître. Le Roman d'un pauvre jeune homme. — **Tome LXV.** Le Critique. A bon Chat, bon Rat. Une Femme aux cornichons. La Toilette de ma femme. Le Lacet de Berthe. Le Pont des Soupirs. Une Circulaire filiale. Maison Saladier. Les Jarretières d'un huissier. Grain de sables. Les Fous. Lisette et Jacquot. La Bouquetière des Innocents. En Australie. Le Cabaret des Ameurs. — **Tome LXVI.** La Fleur des braves. Célimare le bien-aimé. L'Otage. Les Médecins. J'veux ma femme. Ma Femme est venue. Le Retour du soldat. Militairement. Querelle d'Allemand. Rigoletto. Les Profits de la guerre. Soyez donc concierge! Le dernier jour d'un Astrologue. Un Tailleur pour dames. Thérèse Lambert. — **Tome LXVII.** L'Amour vengé. Juge et partie. La Flûte enchantée. Un Drame en l'air. Le Bigame sans le savoir. L'Amour de l'art. Les Parents de province. La Gazette des Etrangers Monsieur de Belle-Isle. L'Etrangère. Le Coup de Jarnac. Un Monsieur qui a perdu son mouchoir. Le Cadeau d'un horloger. Le Mangeur de fer à cheval. Un Duel à trois. — **Tome LXVIII.** Eugénie. Napoléon à la bataille d'Austerlitz. Epine et Rose. La petite Favorite. Marguerite et Faust. Polichinelle vampire. Arcadius. Pierrot le revenant. Le Moine. Persée de Macédoine. 400.000 francs pour 20 sous. Les cinq Minutes du Commandeur. Madelon. Le Parapluie de Damoclès. Les quatre Coins. — **Tome LXIX.** Après l'orage vient le beau temps. Pygmalion. Les Oiseaux de la rue. Le Meunier, son Fils et Jeanne. Reculer pour mieux sauter. Mariés sans l'être. Zanne. Ces Messieurs s'amusent. Pst!... Pst!... L'Homme sans ennemis. Une Croix à la cheminée. On demande un jardinier. L'Amant aux bouquets. Le Nord et le Midi. Je reconnais ce militaire. — **Tome LXX.** Les Comédiennes. Les Dames capitaines. Vente d'un riche mobilier. Le Père de ma fille. La Demoiselle d'honneur. Le Jésuite. Le Chapitre de la toilette. Jalousie en partie double. L'Auberge de la Côte-d'Or. Une fausse bonne. Le Roi de la gaudriole. Les Fées mauvaises. Les Dames de cœur volant. L'Omelette à la Follembuche. Les Chevaliers du pince-nez. — **Tome LXXI.** Le Fauteuil de mon oncle. Une Chasse à Saint-Germain. Veuve Grapin. Le Masque de velours. Deux Hommes pour un placard. Le Panier fleuri. Jacquot le Savoyard. L'Amour en sabots. Bébé actrice. La Poularde de Caux. Esther Ramel. Les Danses nationales de France. Apothicaire et Perruquier. L'Etoile de Messire. Le Roman comique. — **Tome LXXII.** Les Amours champêtres. La Fill d'Egypte. L'Homme entre deux âges. Les trois Ivresses. Le Jardinier et son

Seigneur. Les Confitures de ma tante. La Commode de Victorine. Le Bal masqué. En Gaule. La Fiancée aux millions. Les trois Berrichons. Les Coiffeurs. Jérôme Pointu. Le Trésor de Pierrot. Les Amoureux de Fanchon. — **Tome LXXIII**. Le Lion de Saint-Marc. Le Serpent à plumes. La Revue pour rien. Jupiter et Léda. Les Petits du premier. Les Crêpes de la marquise. Le Bœuf Apis. Une Mère aux abois. La Mare aux canards. Le Supplice des fiacres. Trente Ans de probité. Les Campagnes de Bois-Fleury. La Visite du matin. Jeanne qui pleure et Jean qui rit. La Pantomime de l'avocat. — **Tome LXXIV**. Norma. Pierrot marié et Polichinelle célibataire. On guérit de la peur. Don Juan Tanneguy. Schiller. Madame André. Dire et faire. Les Noces de Bouchencœur. La Charmeuse. Le Café de la rue de la Lune. Les joyeuses Commères de Windsor. Dans mes meubles. Le Pifferaro. La Fiancée du roi de Garbe. Les Ficelles de Montempoivre. — **Tome LXXV**. Le Voyage en Chine. Une Morale au cabaret. Les Fiancés d'Abydos. A qui le casque? Un Nid dans les seigles. L'Africaine... pour rire. L'Avenue des soupirs. Bas de cuir. Tabarin le Duelliste. Zilda. Les Dragées de Suzette. Une Dame qui prend la mouche. Jose Maria. Le Freischütz. La Vipérine. — **Notice**. Une Table manuscrite est jointe à chaque volume. Il y a de nombreux envois d'auteurs.

3. **Pièces de théâtre**. 1re série. 1370 pièces, de 1730 à 1840. Recueil factice comprenant 100 vol. in-8 reliés, dem.-basane grenat.

Tome Ier. Le Hussard de Felsheim. Le Futur de province. La Villageoise somnambule. Zoë. Jean. Le Philtre champenois. Les Suites d'un mariage de raison. Le Marchand de coco. La Semaine des amours. La Chasse aux renards. Les Enragés. Les Dervis.— **Tome II**. Le Mariage d'argent. André le Chansonnier. La Première cause. Le Muletier. Thibault. Le Roman pour lettres. Kabri le Sabotier. Le Garde de nuit. Mlle Gertrude. Le Tailleur de Jean-Jacques. Barbe-Bleue. Les Jolis soldats.— **Tome III**. Les Trois Maîtresses. Le Baril d'olives. L'Homme automate. Mon oncle Thomas. Le Cousin Frédéric. Les Deux Mousquetaires. Le petit Jehan de Saintré. La Dame des belles cousines. Boileau à Auteuil. La Pénélope de la cité. L'Incendie. Ovinska. — **Tome IV**. Le Paradis de Mahomet. Il faut un état. Jocko. Le Ménage du maçon. Le Luxembourg. Félix et Roger. La Fille du musicien. Le Cousin Ratine. Le Monstre et le Magicien. Le Petit monstre et l'Escamoteur. La Chambre de Clairette. La Vallée de Montmorency. — **Tome V**. Le Brigand Napolitain. Vert-Vert. Le Laboureur devenu gentilhomme. Le Sous-Chef. Les Jeunes bonnes et les Vieux garçons. Henri IV en famille. L'Accordée de village. La Famille de l'apothicaire. Le Cuisinier de Buffon. Vernon de Kergalets. — **Tome VI**. L'Homme du monde. Minette. Les Rivaux d'eux-mêmes. Casimir. Le Précepteur dans l'embarras. Le Conscrit. Le nouveau Nicaise. Alice. L'Intérieur de l'étude. Les Cuisinières. L'Oiseau bleu. Le Barbier du village. — **Tome VII**. Joconde. L'Oncle rival. L'Ami intime. Rochester. Les Effets de la haine et de la constance. Monsieur sans gêne. Le Pays latin. La Tapisserie. La Forêt de Sénart. Napoléon à Berlin. L'Hydrophobe de Marcoussis. La Clémence de Henri IV. — **Tome VIII**. Antony. Le Procès du baiser. Les Singes. Deux Mots. Le Dîner de garçons. Le Ministre anglais. Le Retour à la ferme. Les Arts et l'Amitié. La Mansarde des artistes. Les deux Cousins. Le Code et l'Amour. La Princesse de Tartare. — **Tome IX**. Le Mari et l'Amant. Gillette de Narbonne. Vatel. Douvres et Calais. Les Deux secrets. Les Abencérages. Trottin. Le Vieux chasseur. Werther. Le Concert de village. Les Actionnaires. Jésus-Christ. — **Tome X**. L'Espion. La Maison isolée. L'Intérieur d'un bureau. L'Italiania in Londra. Monsieur Ducroquis. Les Danaïdes. Les petites Danaïdes. Le Quiproquo de l'hôtellerie. L'Humoriste. Les Dames Martin. Les deux Grivet. L'Ogresse. — **Tome XI**. La Chambre ardente. Le Bachelier de Salamanque. Quinze Ans d'absence. Louis XV chez Mme Dubarry. Folbert. Les Etourdis. Le Bouffe et le Tailleur. Rabelais. Les Marionnettes. La Poule aux œufs d'or. La Famille du baron. — **Tome XII**. La Première affaire. Le Malade par circonstance. La Neige. La Brouille et le Raccommodement. Menzicoff. Chambre à louer. Pygmalion. Edouard en Ecosse. Angeline. Ipsiboé. M. François. Les deux Edmond. — **Tome XIII**. Falkland. La Chercheuse d'esprit. L'Avocat et le Médecin. Les Intrigants. La Ville neutre. Le Père et le Tuteur. Une Heure de mariage. Le Conteur. Le Mauvais sujet. Il Trovatore. Les Enfants du soldat.

Le Faubourien. — **Tome XIV.** L'Abbé de l'Epée. L'Ennui. ;L'Arlequin et le Pape. Bruis et Palaprat. M. Chapolard. Le Château de mon oncle. Le Roman Ossian. M. Pique-Assiette. L'Amour et la Peur. Nicolas Remi. Une Heure à Port-Sainte-Marie. — **Tome XV.** Léonidas. Coraly. L'Homme dangereux. L'Ecrivain public. — M. Oculi. Mes Derniers 20 sols. Le Télégraphe. Oréno. Le Colonel. Le Zodiaque de Paris. L'Ours et le Pacha. L'Etourdi à la diète. — **Tome XVI.** Guillaume et Marianne. Les Chevilles de maître Adam. Le Landau. La Laitière suisse. Naissance, Fortune et Mérite. Les deux Gaspard. L'Auberge du Grand-Frédéric. Les deux Pères. Alessandro. Stradella. Les Couturières. Lantara. L'Ecole de Natation. — **Tome XVII.** Le Bandit. Les Roués. Le Dandy. La Mort dans l'embarras. Un Aveu. Le Sylphe. La Fille mal gardée. Julien. La Famille du porteur d'eau. La Route de Poissy. Le Dey d'Alger. La Robe de chambre. — **Tome XVIII.** Le Bal champêtre au cinquième étage. Jeune et Vieille. Le Vagabond. Une Folie. Un Tour en Europe. Le Soprano. Le Souper du mari. Les Femmes. La Cour d'assises. Le Oui des jeunes filles. Norbert. Un Ballo in maschera. — **Tome XIX.** Le Pavillon des fleurs. Louis XI en goguette. Mme Favart. La Grande aventure. Le Cachemire. Le Dernier jugement des Rois. Le Luthier de Lisbonne. Le Mariage de Scarron. Les Deux Réputations. Le Prince de Noisy. La Vue. Vertumne et Pomone. Les Horaces. Le Suisse de l'hôtel. Les Infidèles. — **Tome XX.** Asseult Raimbault. L'Odéon et le Temps. L'Artiste et le Soldat. La Veuve du Malabar. Le Conciliateur. Le Fermier d'Arcueil. Les Précautions de ma tante. Euriante. L'Ange gardien. Les Compagnons du devoir. La Fille à marier. Les Fureurs de l'amour. Diana e Endimione. Le Sacrifice Indien. Le Procès d'un maréchal de France. — **Tome XXI.** La Petite somnambule. La Maison du rempart. Riquet à la Houppe. Le Spleen. L'Avide héritier. Le Fils de Figaro. Béverley. Roquelaure. Lundi, Mardi et Mercredi. Le Prisonnier d'une femme. Follet. Matilde di Shabran. — **Tome XXII.** Philippe. Le Mari sans le savoir. Les Folies du jour. Le Drapier des Halles. L'Infante de Zamora. Les deux Philiberte. M. Crédule. Le Retour du régiment. Le Mariage à coups de pierres. Le Calendrier vivant. Les Femmes, le Vin et le Tabac. L'Hôtelier de Milan. — **Tome XXIII.** Fontenelle. Les Frères invisibles. L'Homme qui se range. Ma Tante Aurore. Le Portrait de Fielding. La Méprise. Le Roi du village. Les Muets. Attila et le Troubadour. Elodie. Le Tapissier de la reine Mathilde. Le Cocher de fiacre. — **Tome XXIV.** La Sœur jalouse. Le Diamant. Les Dieux à la Courtille. L'Intérieur d'un ménage républicain. Mlle Hamilton. Le Marquis de Carabas. Adolphe et Clara. Les Trois sœurs. La Maison de Jeanne d'Arc. La Fenêtre secrète. Fidelio. 11.76.88. — **Tome XXV.** L'Ami Clermont. Le Premier venu. Demp II à Corinthe. Le petit Chaperon rouge. L'Oncle d'Afrique. Le Petit enfant prodigue. La Dansomanie. La Laitière. Adolphe et Sophie. Chérubin tout seul. Lisette toute seule. Le Duel par la croisée. Encore une nuit de la garde nationale. Arlequin Musard. Le Siège de Rhodes. — **Tome XXVI.** Phocas. L'Auteur et l'Avocat. La Vogue. Les deux Tailleurs. Le Bramine. L'Antichambre d'un médecin. Guerre ouverte. Le Magicien sans magie. La Demoiselle de compagnie. L'Homme vert. La Moustache de Jean-Bart. Le Siège de Florence. — **Tome XXVII.** L'Ami du mari. Arflied. Tous les Vaudevilles. Le Tableau de Teniers. Les Petites saturnales. Le Dragon de vertu. Gérard et Marie. Encore des Menechmes. La Fontaine chez Mlle de la Sablière. Le pauvre Arondel. Mlle Aïssé. Les Deux écoles. — **Tome XXVIII.** La Mort de Molière. Le Timide. Isule et Orovère. Le Mariage du ci-devant jeune homme. Pierre et Marie. La Lampe merveilleuse. Poulailler. Le Mariage par escalade. Le Tournoi. Joseph II. L'Imprimeur sans caractère. Le Prisonnier amateur. — **Tome XXIX.** Grétry chez Mme Duboccage. Scanderberg. Le Méléagre champenois. Le Voisin. Les Montagnards. Amélie et Montorse. La Leçon de Danse et d'Equitation. Le Gentilhomme de la chambre. Une Aventure de Faublas. Le Mariage par autorité de justice. M. Duroseau. Robert le Diable. — **Tome XXX.** La Halle au blé. Le Commissionnaire. Julie. Le beau Narcisse. Piron à Beaune. La Cloyère d'huîtres. Simon le Franc. Les Marchands forains. Les Femmes volantes. Les trois Aveugles. Les Locataires et les Portiers. L'Intrigue à l'auberge. Le Contrariant. Jean de Calais. L'Envieux. — **Tome XXXI.** La Fleuriste. La Maison du corregidor. Les Ennuis du carnaval. L'Ivrogne et sa femme. L'Homme incombustible. Les Dehors trompeurs. Adélaïde. Alice. Les Courtisans. La Mort de Cadet-Roussel. Le Budget d'un jeune ménage. Lysimachus. Les Français à Java.— **Tome XXXII.** Le Colporteur. Ermeline. Mon ami Christophe.

Dorvigny et Lantara. M. Descroquignoles. Franklin à Passy. Mme Frontin. Le Vieillard. Les deux Mondes. La Chevalière d'Eon. L'Algérien. Le Naufrage. La Vieillesse de Stanislas. La Girouette de Saint-Cloud. M. le Marquis. — **Tome XXXIII.** Le Mariage par ordre. Les Dames à la mode. Les Jumeaux. Un Bal bourgeois. Les trois Trilly. Les Curieux de Fontainebleau. La Vieillesse de Frontin. Fille et Garçon. Alix et Alexis. La Tireuse de cartes. Les deux Raymond. La Matrone chinoise. Le Petit dragon. Le Marié sans le savoir. Une Journée au camp. — **Tome XXXIV.** L'Amitié des femmes. Le Pâté d'anguilles. La Pietra simpatica. Tringolini. Alzaide. Les Hommes du lendemain. Les Quatre éléments. La Jalousie imprévue. La Rose rouge et la Rose blanche. Le Triomphe de l'amour. Odeina. Les Suites d'un bienfait. La Jeunesse de Marie Stuart. Le Miroir. Chacun son numéro. -- **Tome XXXV.** Athènes à Paris. Aspasie. La Tête de mort. Les Chinois. Les Voleurs supposés. La Grille du parc. La Chipie. M. Benoit. Le Premier prix. Le Rameau d'or. Le Plaisir. La Maison de Pantin. La Déroute des Pamléa. Le Pont de Kehl. Une Journée aux Champs-Elysées. — **Tome XXXVI.** Lothaire. Le Vieil artiste. Les Horaces. Les Petits acteurs. Les Parfums de cour. Le Courrier de la malle. Ourika (des Variétés). Ourika (du Gymnase). Pelage. Le Songe. Le Petit Pinson. La Veuve de sarepta. Le Marchand d'amour. La Veilleuse du boulevard.— **Tome XXXVII.** Tancrède. Pigmalion. Les Ruines de la Granca. Belierophon. Le Marchand de parapluies. Qui ne risque rien, n'a rien. La Saint Valentine. Le Commis-Voyageur. Le Mari en vacances. Le Vatican. Les Souvenirs de Lafleur. Joachim Murat. Le Connaisseur. Le Point d'honneur. Le Collège de X^e^. — **Tome XXXVIII.** Les Deux sœurs. L'Anneau de la reine Berthe. La Côte rôtie. Zeneide. Les Acteurs à l'essai. Le Barbier de Paris. Lausus et Lydie. La Visite du prince. Le Pain. Antonia. Les Filets de Vulcain. Les Sauvages. Le Tambour et la Musette. Merinos Beliero. Le Château de Paluzzi. — **Tome XXXIX.** Les Bateliers du Niemen. Le Garçon parfumeur. L'Esprit de parti. Sylla. Le Superstitieux. Le Morceau d'ensemble. Soubakoff. Les Solliciteurs et les Fous. Le Triomphe de la probité. Les Modistes. Haguenier. Les Femmes et le Secret. — **Tome XL.** Les Trois sultanes. Les Français en Pologne. Les Blouses. Colas. Le Salon de 1831. La Chanteuse et l'Ouvrière. Les Ensorcelés. Les Maures d'Espagne. Les Comediens. Aphos. Les Hussites. Bayard. Zéphir et Fleurette. Le Procès des Ariettes. Le Voyage autour de ma chambre. Tamerlan. Desrues. Franchon toute seule. M. Botte tout seul. Figaro tout seul. — **Tome XLI.** Montmorency. Enfin nous y voilà. La Salade d'oranges. Le Réveil d'Epimenide. L'Ermite et la Pèlerine. Le Suisse bienfaisant. Mazet. Le Secret d'Etat. Mehnolh. Clarisse. Le Rêve. Voltaire. — **Tome XLII.** Le Mari aux neuf femmes. Eléonore et Cécile. Antoine et Cléopâtre. Raton et Rosette. Le Serrurier. Les Troglodites. Aristote amoureux. Le Nouveau marié. L'Année merveilleuse. Roacide. La Colonie. L'Amant statue. Thompson et Garrich. Le Baiser donné et rendu. — **Tome XLIII.** Le Nouvelliste provincial. Molière à la Nouvelle salle. Le Prisonnier pour dettes. Le Fabricant. Les Deux morts. Cassandre oculiste. Cassandre mécanicien. La Bagarre. La Maison à donner. Une Journée d'Henri IV. Christophe et Pierre-Luc. Le Lord anglais et le Chevalier français. L'Enfant du mystère. Les Portefeuilles. Hector. Les Caprices de Proserpine. Le Soleil et les Glaces. Les Fêtes d'Eleusis. — **Tome XLIV.** Le Frère et la Sœur jumeaux. Gustave Vasa. Le Pied de nez. Pataquès. Praxitelle. Brelan de valets. Le Choix des fées. Paul Morin. Le Singe voleur. Arlequin. Pygmalion. Apollon II. Les Petites pensionnaires. Rodope. Le Bureau de loterie. Le Tyran peu délicat. Médée. France et Savoie. L'Homme de ma connaissance. — **Tome XLV.** La Marchande de goujons. Les Saturnales modernes. La Sœur rivale. Myrtil et Lycoris. Non ! Le Cri de la nature. L'Echo du public. Le Précepteur dans l'embarras. Les Mauvaises têtes. Petrin. Le Club des bonnes gens. Le Rossignol. Le Petit bossu du Gros-Caillou. L'Extravagance amoureuse. Taconnet chez Ramponneau. Le Maréchal Brune. Le Jour de noce. Les Acteurs à l'auberge. L'Arracheur de dents. Paris à Pékin. — **Tome XLVI.** Les Veuves turques. Valentine. Josué. Patron Jean. Le Fou par amour. Bonaparte, lieutenant d'artillerie. Jean qui pleure et Jean qui rit. L'Amour et l'Innocence. Une Journée chez Bancalin. La Bataille d'Antioche. Florian. Une Heure d'Alcibiade. Les Inconvénients de la diligence. Achmet. Jocrisse congédié. L'Amour et l'Appétit. Le Bûcheron de Salerne. — **Tome XLVII.** L'Anniversaire. La Fête de Cateau. Jérôme. Pierre et Thomas Corneille. Tancredi. La Lettre anonyme. Voltaire chez les

Capucins. Benoit. La Fausse aventurière. Pinson, père de famille. Paméla. Turlupin. Alexandre. Le Sergent de Chevert. Cadet Roussel esturgeon. La Maison de plaisance. Le Quart d'Heure de Rabelais. Les Cris de Paris. Lucelle. — **Tome XLVIII**. Bacchus et Mineide. Angélique et Jeanneton. La Servante justifiée. Le Bolus. Guillaume, Gautier et Garguille. La Prise de la Corogne. Les Maris ont tort. Les Chinois. Elle et Lui. Le Courrier des théâtres. L'Ile des mariages. Mioco et Filoli. L'Officier suédois. Bonaparte à l'école de Brienne. Le Désespoir de Jocrisse. La Petite maison. Sophie et Linska. Les Perroquets de la mère Philippe. Le Petit Chaperon rouge. — **Tome XLVIX**. Une Visite en prison. Samson. Le Voil bleu. La Mort de Louis XVI. L'Enrôlement supposé. Les Amants sans le savoir. La Veille et le Lendemain. Bonardin dans la Lune. Le Lithographe. Ramir. Les Roses de M. de Malesherbes. Célimène et Rodrigue. L'Intrigue dans la hotte. Le Bourgeois de Paris. La Loi singulière. Le Choix d'une femme. Le Bal de l'Opéra. Le Procès du chat. La Pêche de Vulcain. Astianane.— **Tome L**. La Duchesse et le Page. L'Ecole amoureuse. Le Pauvre diable. Sophie. Les Chapeaux séditieux. L'Enchanteur Azolin. Semiramis. L'Orage. Nice. Tyrcis et Dorystée. La Danse interrompue. Le Finte gemelle. La Caricature. Les Deux oncles. La Pièce en perce. Ils n'ouvriront pas. — **Tome LI**. Agathe. Les Bustes. Un Tour de Colates. Les Amazones. L'Art de payer ses dettes. Avis aux Femmes. La Vieillesse de Piron. La Fleur d'Agathon. Le Mardi-Gras et le Lendemain. Benjamin. Mon Oncle le bossu. L'Ile des Noirs. Jocrisse changé de condition. Le Collier de la reine. Les Boites. Le Doge et le dernier jour d'un condamné. Sir Jack. Themistocle. Le Pâtissier usurpateur. — **Tome LII**. Marie Stuart, reine d'Ecosse. L'Enfance de Louis XII. Les Aveugles mendiants. Blanchard. Pierre le Converti. Le Souvenir. La Robe feuille morte. Fanny. Aladin. Les Brebis entre deux loups. La Clochette. Le Plaisir et l'Innocence. M. et Mme Denis. Trilby. Les Cochers. M. Mouton. Chapelle et Bachaumont. La Tour enchantée. — **Tome LIII**. Walstein. Les Amours du Port au Blé. Jodelle. Robespierre. Les Mendiants. L'Espionne. Les Invalides. Ninon de Lenclos. Geneviève de Brabant. A 21 Ans. Le Mentor faubourien. Le Moulin des étangs. — **Tome LIV**. Le Voyage de la mariée. Les Trous à la lune. La Queue du diable. Philippe le Savoyard. Menziholf et Pador. Les Trois étages. Le Départ pour Saint-Malo. Il Arrive! Il Arrive! Le Mariage de Dumolet. La Puritaine. La Redingote et la Perruque. L'An 1835. — **Tome LV**. Sophie et Mirabeau. Les Rosières de Paris. Perkins Warbet. La Jambe de bois. Le Lovelace de la halle. Anne de Boulen. La Sonnette et le Paravent. Paganini en Allemagne. Hihi. Leo Burhart. — **Tome LVI**. Les Quatre Ages. Paris volant. Un Quart d'heure de silence. Soyez plutôt maçon. Romainville. Coco Pepin. Charles Stuart. Les Trois Faubourgs. Le Parisien à Londres. La Jeunesse de Favart. Une Nuit au château. Abel Wilmore. — **Tome LVII**. Voltaire et Mme de Pompadour. La Petite Barbet. Les Sybarites. Richelieu à 80 ans. Toberne. Un Tissu d'horreurs. Le Philosophe en voyage. L'Homme d'airain. Le Vieux de la montagne. L'Homme en deuil de lui-même. Une Nuit de Gustave Wase. A 17 ans. — **Tome LVIII**. Rienzi, Tribun de Rome. M. Antoine. La Peste de Marseille. Grillo. Vert-Vert. Paméla mariée. Racine. La Famille des Innocents. La Famille des Malins. Le Canal Saint-Martin. L'Intrigue sur les toits. Les Prisonniers de guerre. — **Tome LIX**. Norma. Feu M. Mathieu. La Veste et la Livrée. Le Carosse espagnol. Héloïse. Les Trois manières. Les Aubergistes de qualité. La Poupée. Elzamir Benarcar. La Gamine de Paris. Le Retour des maris. Les Pantoufles de Magdeleine. — **Tome LX**. Arlequin, Roi dans la Lune, Arlequin Cruel, Arlequin Friand, Arlequin Tailleur, Arlequin Joseph, Arlequin Imprimeur, Arlequin Décorateur, Arlequin Journaliste, Arlequin Tout seul (Dupaty), Arlequin Esclave à Bagdad, Arlequin Calife à Bagdad, Arlequin Portier, Arlequin tout seul (Cyardy), Arlequin Libraire, Arlequin Lucifer, Arlequin Seigneur de village. — **Tome LXI**. Arlequin, les Ressorts amoureux, le Fils perdu et retrouvé d'Arlequin, Amours de Séraphine et d'Arlequin, Arlequin en Gage, Arlequin protégé par l'Amour, Arlequin à Maroc. Cadet-Roussel Professeur, Cadet-Roussel Misanthrope, Cadet-Roussel Barbier, Cadet-Roussel aux Champs-Elysées, Cadet-Roussel au café des Aveugles, Cadet-Roussel chez Achmet, Cadet-Roussel Maitre d'école à Chaillot, Cadet-Roussel dans l'île des Amazones, Cadet-Roussel Procida. — **Tome LXI** Les Deux filles spectres. Le Moulin de Bayard. La Tentation de maitre Anto ne. Le Docteur d'Altona. L'Auberge des étrangers. Le Chirurgien anglais. La Fée aux Miettes. Paris en 1880. La Mort de Kléber. La Czarine. La Salle des Pas-Perdus. — **Tome LXIII**. L'Intrigue et l'Amour. Orat et Oadé. Le Mauvais œil. L'Abbé Pellegrin. La Jeunesse d'un cardinal. Joanna. Les Trois Catherine. Le Moulin de Jemmapes. M. de Croquignac. La Vénus hottentote. Le Vieux berger. Allez voir Dominique. — **Tome LXIV**. Les Petits appartements. L'Adroite ingénue. Le Gascon à trois visages. Le Télégraphe d'amour. Le Forgeron de Bassora. Gig-Gig. Tout pour ma Fille. L'Auberge du perroquet. La Fille sauvage. Le Charbonnier de la forêt noire. L'Homme de la nature et l'Homme policé. Une Matinée des deux Corneille. — **Tome LXV**. Ali-Baba. Ali-Baba (mélodrame). Les Variétés de 1830. Le Pont de Logrono. La Table d'hôte. La Dame voilée. La Tête du diable. Les Plaideurs de Racine. Le Loup garou. La Guerrière des sept montagnes. Le Moulin de Sans-Souci. — **Tome LXVI**. Vendetta. Poète et Maçon. Elina et Eulalie. Le Ramoneur prince. Barogo. Le Mariage de Barogo. Le Réveil du charbonnier. Le Parti le plus gai. Le Parti le plus sage. Le Dernier jour d'un condamné. Le Vétéran. La Femme de ménage. — **Tome LXVII**. Le Jeu de Cache-Cache. L'Ile des Pirates. Ondine. Alisbelle. Les Habitants des Landes. Leicester. Tony. L'Homme du peuple. Le Danseur de Venise. Kallich Fergus. Fretillon. Le Petit Monstre de la rue Plumet. — **Tome LXVIII**. La Démence de Charles VI. La Chevalière d'Eon. Les Deux voisines. Le Pont du diable. Le Vieux pauvre. La Mouche du mari. 27-28-29 Juillet. La Violette. Robert-le-Diable. La Romance et le Portrait. La Contre-Lettre. Les Deux Aveugles de Tolède. — **Tome LXIX**. Tom Wild. Une Nuit de Marion Delorme. Les Chefs écossais. L'Œil de Rochester. Peau d'Ane. Gusman d'Alfaroche. Riquet à la Houppe. Les Deux Panthéons. Joseph. Pharaon. Pierre et Catherine. — **Tome LXX**. Herold. Les Ecriteaux. Le Mariage de Nanon. Mme Angot au Sérail. Le Repentir de Mme Angot. Mme Angot au Malabar. Le Tailleur des bossus. Le Serrurier. Le Grenadier de Louis XV. Les Deux sœurs de charité. Nelly. Les Personnalités. — **Tome LXXI**. Les Lions de Gisors. Herminie. Lisistrata. Le Cadran bleu et la Courtille. Le Faux Alexis. La Révolte des femmes. Leona. La Belle aux cheveux d'or. Catherine II. Il y a bonne justice. La Marquise de Ganges. Anvers. — **Tome LXXII**. Jacques Clément. Deux Tableaux de Paris. Le Père Duchesne. L'Héloïse anglaise. Les Rivaux domestiques. N° 13. Le Prisonnier de Newgate. La Fille pour rire. Le Colosse de Rhodes. Le Café des artistes. Napoléon. L'Incendie de Salins. — **Tome LXXIII**. Favras. Le Bateau à vapeur. La Famille Jabutot. Les Oubliettes. La Papesse Jeanne. La Bégueule. La Jarretière de la mariée. Une Course en fiacre. La Bergère châtelaine. Le Mandarin Ho-ang-Pouf. Les Comices d'Athènes. La Lanterne magique. — **Tome LXXIV**. La Princesse des Ursins. Laurette. La Biche au bois. Le Fagotier. Manon Lescaut (Mél.). Manon Lescaut (Ballet). La Dot de Suzette. La Folle de Glaris. La Bête du Gévaudan. Flore et Zéphire. Le Retour à Valenciennes. Le Château du diable. — **Tome LXXV**. Bélisaire (Trag. de). Bélisaire. Judith. L'Auvergnate. Le Jugement de Salomon. Il n'y a plus d'enfants. Une Journée de la Fronde. La Modiste et le Lord. Les Enfants de maître Pierre. Julie. La Metempsycose. L'Abolition de la peine de mort. — **Tome LXXVI**. La Prison d'Edimbourg. Les Ecoliers en promenade. Le Portrait du concierge. Les Ephémères. Fanchon. La Vielleuse de retour dans ses montagnes. Les Trois Fanchon. Le Misanthrope. Le Docteur de Quinquina. La Jardinière de l'Orangerie. Une Heure de Charles XII. Victor. — **Tome LXXVII**. Mme Dubarry. Pehinet. Le Baron de Trench. Le Troubadour portugais. L'Epée, le Bâton et la Chanson. Deux Maîtresses. Sans Gêne chez lui. La Famille sans gêne. Le Juste milieu. Anna. La Belle-Mère et le Gendre. Les Fleurs et les Papillons. — **Tome LXXVIII**. Judith. Le Petit courrier. Le Cocher de Napoléon. Les Bêtes savantes. La Bataille de Veillance. Le Salomon de la rue de Chartres. Jean de Nivelle. L'Ermite du mont Pausilippe. Le Café des Halles. Le Valet des deux Maîtres. Le Valet à trois Maîtres. La Gageure des trois Commères. — **Tome LXXVIX**. La Pauvre famille. La Belle Allemande. L'Ermite de Saint-Avelle. Cœlina (Amb.). Cœlina (Gaîté). Jean-Jacques. Les Mille et un Théâtres. Gilles ventriloque. Cassandre historique. Cassandre Maître d'école et Polygraphe. Le Colleur. Le Pape de Wodstoch. — **Tome LXXX**. Les Citoyens français. L'Apothéose de Beaurepaire. Le Siège de Lille. Les Emigrés aux Terres australes. L'Heureuse décade. Le Modéré. La Parfaite égalité. Toute la Grèce. La Plaque retournée. La Prise de Toulon. La Fête de l'Egalité. La Nourrice républicaine. Les

Chouans de Vitré. Le Canonnier convalescent. Le Retour à Bruxelles. L'Alarmiste. — **Tome LXXXI**. Les Epreuves du Républicain. Les Prisonniers français à Liège. Collot dans Lyon. Cange. Les Détenus. Le Commissionnaire. On Respire. Les Suspects et les Fédéralistes. Elize dans les Bois. Les Suspects. Les Prisonniers français en Angleterre. Demonville Un, Deux, Trois, Quatre. La Nouvelle inattendue. — **Tome LXXXII**. Shylock. Malek. Adel. Belphegor. L'Epée de Jeanne-d'Arc. Le Procès de Jeanne-d'Arc. Le Mariage de Jocrisse. Les deux Jocrisses. Jocrisse Grand-Père. Jocrisse Petit-Fils. Martial et Angélique. Le Château de Saint-Bris. La Nuit d'avant. La Folle de la Bérésina. — **Tome LXXXIII**. Adrienne Lecouvreur. La Salle de bains. Le Fils du Savetier. Les Vêpres Odéoniennes. Ni, Ni. Cristine. Marionnette. Gothon du passage Delorme. Tigresse mort aux rats. Louis Bronze et le Saint-Simonien. Les Amazones et les Scythes. Le baron d'Hildbinghausen. — **Tome LXXXIV**. La Dame au lac. La Monnaie de singe. L'Orgie. Le Dernier chapitre. Sara. La Salle de police. Maître André. Maître André et Poinsinet. La Nièce de ma tante Aurore. Piti Lecoq. Les Sabines de Limoges. Les trois Vampires. — **Tome LXXXV**. Manuel. Le Boa. Les Inconsolables. Le Jeune homme à marier. Malborough s'en va-t-en guerre. Le Jeune Werther. Le Retour de Werther. La Fin du Monde. Le Soldat prussien. Scaramouche. Farinelli. La Tempête. — **Tome LXXXVI**. Polder. Sophie. La petite Cendrillon. La Famille des Cendrillons. Le Moine. Le Soldat tyrolien. M. de Bièvre. Finot. La Mariée à l'encan. Le Favori. La Nuit de Noël. L'Enfant prodigue. **Tome LXXXVII**. La fausse Agnès. Samson et Dalila. La Belle au bois dormant. L'Ivrogne. Le Dernier jour de Missolonghi. Le Diable couleur de rose. Le Diable en vacance. Le Diable d'argent. Les Trois genres. Le Propriétaire sans propriété. Un Bon enfant. Les Rivaux de village. — **Tome LXXXVIII**. Saint-Denis. Le Phénix. Henri IX. Lea ou une Nuit d'absence. La Grotte d'Alcine. Le Château des Apennins. La Tarentule. Le Souper de Molière. La Pièce sans A. Les Appartements à louer. Asgil. Le Prince d'occasion. — **Tome LXXXIX**. Conradin et Frédéric. Les Revenants. Frédégonde et Brunehaut. Le Pensionnat de jeunes demoiselles. Le Mariage de Nina Vernon. Nicodème dans la lune. L'Histoire universelle. Jean-Baptiste. Claire d'Albe. Le Bûcheron écossais. Le Mariage à la diable. Le Savetier de Toulouse. — **Tome XC**. Le Prêteur sur gages. Le Maréchal d'Ancre. Marguerite. L'Absinthe. Washington (Tragédie). Washington (Mélodrame). Les Epoux avant le mariage. La Somnambule mariée. Otello (Opérette). Les Baigneuses. Les Bolivars et les Morillos. Le Baptême du petit Gibou — **Tome XCI**. Le Bandeau. Bayard au Pont-Neuf. L'Abbé de plâtre. Le Rapin. Paul Ier. L'Hôtel des haricots. Le Panorama d'Athènes. L'Anneau de Gygès. Credeville. Les Petites Affiches. Les Polonais. Cric-Crac. Les Pages du duc de Vendôme. Le Déménagement du Salon. La Natte. — **Tome XCII**. Une Aventure du chevalier de Grammont. La Grange-Chancel. La Somnambule du Pont-aux-Choux. Les Deux font la paire. La Cendrillon des écoles. Les Hommes de la nature et les Hommes polices. Mirgoton. Jean Racine avec ses enfants. Les Oiseaux d'Idalie. Le Boulevard du Temple. Les Commissionnaires. Cartouche et Mandrin. Le Ménage de Molière. La Vie de Molière. Les Projets de sagesse. — **Tome XCIII**. La Suite du Menteur. Une Bonne fortune. Le Sansonnet. Les Récréations du monde. Le Souper d'Henri IV. La Veuve de 15 ans. Les Saboliers du Béarnais. Les Femmes d'employés. Les Souliers mordorés. La Jolie parfumeuse. Une Visite à ma tante. La Petite Gouvernante. Les Prétendus. L'Orpheline et l'Héritière. — **Tome XCIV**. Demain. Le Mari de toutes les femmes. Le Médecin de Palerme. La Ninon de la rue Vivienne. Le Roi René. La Chatte métamorphosée en femme. Les Vélocifères. Coraline. La Confession du vaudeville. Le Modèle. Le Sourd. Daniers à Gonesse. Vol-au-Vent. M. de la Palisse. La suite des deux Philibert. — **Tome XCV**. L'Art de se faire aimer par son mari. Le Fond du sac. Le Château-d'Eau du boulevard. Emilie. La Tante à marier. Les Peuples au cabaret. Le Dévouement filial. Vadé à la Grenouillère. Les Satires de Boileau. La Nourrice sur lieu. M. Touche-à-Tout. Les Volontaires anglais. Le Coureur de Veuves. Pradon, sifflé, battu et content. L'Amphigouri. — **Tome XCVI**. Mme Duchatel. Le Vaudeville au Caire. La Revue au galop. Les Quatre fils d'Aymon. Les Français en Huronie. Les Fantômes. Le Permesse gelé. A bas Molière. Piron chez Procope. Le Piège. L'Auberge d'Auray. La Morte. Ne jugez pas sur l'apparence. La Dinde du Mans. Le Retour de Stanislas. — **Tome XCVII**.

Un Changement de ministère. Soldats, voilà Catin. La petite Corisandre. Le Fossé des Tuileries. Le Calomniateur. L'Amour et l'Homœopathie. Le Saint déniché. Le Pont des Arts. L'Arbitre. L'Ami Bontemps. Le Ballon. L'Amour physicien. Taconet. Félicien. Clari. — **Tome XCVIII**. Les Brigands de Schiller. Le Nègre blanc. Jérusalem deshabillé. Le Vieillard de Viroflay. L'Homme noir. Aline, reine de Golconde. Le Nieus de Sologne. La Solliciteuse. Clarisse et Lovelace. Allons en Russie. M. Girafe. Cocambo. M. Sans-Souci. — **Tome XCXIX**. Londres au XIXe siècle. Le petit Sacristain. Le Macon. Le Diable à Séville. Il ne faut pas condamner sans entendre. Les Corbeaux accusateurs. Le Villageois qui cherche son veau. Les Amours de la Halle. Les Montagnards. Les Francais en Algérie. Noé. La Barrière du Combat. Les Originaux au café. Le Passeport. — **Tome C**. Le Prince et la Griselle. Ramine. Panurge dans l'Ile des Lanternes. Oui et Non. M. Sapajon. Le Siège de la Gaîté. Le Retour du mari. Le Bout de l'an. Voilà notre bouquet. Le Vol par amour. L'Anglais à Bagdad. L'Hôtel des Quatre-Nations. Les Petits ricochets. Le Premier homme du monde. Le Duel impossible.

4. **Pièces de théâtre**. 2e série, 1760 à 1840, comprenant 1517 pièces contenues dans 100 vol. in-8, dem.-basane rouge. Cette Collection, dont chaque volume contient environ 15 pièces, n'est pas classée par dates, ni auteurs, ni même par genre : le drame y coudoie le vaudeville, et Victor Hugo le chevalier Chazet, c'est un méli-mélo. Il y a des pièces représentées au théâtre de la Foire en 1770, et d'autres jouées au Théâtre-Francais en 1840. Les premières éditions de G. Sand, Alfred de Vigny, sont là. C'est Carmanche, par qui toutes ces pièces ont été réunies, probablement à mesure qu'il les transcrit. Il doit y avoir là des pièces introuvables aujourd'hui.

Tome Ier. Cosina. L'Ingénue à la cour. Le Vieux de la montagne. Le Paquebot. Le Drapier. Ozaï. Christophe-Colomb. Le Syrien. Le 15 janvier. L'Univers et la Maison. La Fille du Danube. Le Diable à quatre. Le Violon du diable. La Fille de marbre. La Filleule des fées. Stella. La Peri. Lady Henriette. Giselle. La Vivandière. — **Tome II**. Don Juan d'Autriche. Les Ressources de Quinola. Chatterton. — **Tome III**. Le Connaisseur. Un jeune Homme. La double Epreuve. Les Gamins de Paris. Thibaut et Justine. Le Bigame supposé. La Nouvelle Nouveauté. Trois pour Une. Orsino. Une Charge à payer. L'Actionnaire. La Créole. Les Boucles d'oreilles. L'Aïeule. Claire Champrosé. — **Tome IV**. L'Auteur malgré lui. La Nuit d'auberge. Manon la ravaudeuse. Les Tentations. L'Orpheline. Le Sourd et l'Aveugle. L'Emprunteur. Les Cents louis. Le Dîner aux Prés-Saint-Gervais. L'Amour platonique. Le Tocsin. Les Girouettes de village. Léonore. Florestan. Les Collaborateurs. — **Tome V**. La petite Provence. Les Amis du jour. Le Tuteur trompé, battu et content. Le Tour de France. La Femme du sous-préfet. L'Hôpital militaire. L'Oncle en tutelle. Champagnac et Suzette. Rose et Aurèle. Le Notaire de Moulins. Les Akanças. Marie Millet. La Nuit du joueur. Le Poète et le Musicien. Un Pont neuf. — **Tome VI**. Nadir et Selin. Les Aveugles de Franconville. La Fausse correspondance. Gaspard l'avisé. L'Héroïsme des femmes. Mathilde. Le Tuteur fanfaron. La Perruque enlevée. Léon. Le Testament de l'oncle. Marcelin. Les Caméléons. Un et Un font Onze. La Fête du château. Les Prometteurs. — **Tome VII**. L'Une pour l'Autre. Cadichon. Une Matinée d'autrefois. Mouyahad et schérédin. Le Père aveugle. Les Pêcheurs catalans. C'est la même. L'An 1840. Le vieux Général. L'Auberge de Calais. Le vieux Cousin. Les Epouseurs. Le Mari coupable. L'Inconnu. L'Orphelin soldat. — **Tome VIII**. L'Amant statue. Les derniers amours. Les Pépinières de Vitry. Les trois Léandres. A-t-il perdu. La Bizarrerie de la fortune. Le Trente et Quarante. Pauline. L'École de danse. Hermann l'ivrogne. Lucette et Lucas. La Tête de bronze. Il faut un mariage. Les Préventions d'une femme. — **Tome IX**. Le faux Bonhomme. La Famille savoyarde. L'homme entre deux âges. Le Tanneur de Lunéville. Palma. La Revanche forcée. Les Hasards de la guerre. Claudinet. Le Peintre français à Londres. Le Mystère. Anglais et Français. Le Hussard. Le Marchand de chansons. Dupont mon ami. Le Terme du voyage. — **Tome X.** Adieu la Chaussée-d'Antin. L'Heureuse rencontre. Les Entrepreneurs. Le Mot de l'énigme. Le Fou supposé. Le Sauvage muet. Les Epoux de trois jours. Midi. Les Fausses apparences. L'Ingénue de Brive-la-Gaillarde. Les Girandoles. Le Sage étourdi. A bon vin point d'enseigne. La Perle de Marienbourg. La bonne Femme. — **Tome XI.** Les nouveaux Adelphes. Les Commissaires du bal. La vicieuse Malade. Le Vertueux mourant. Le Tribunal invisible. La Fille unique. Jean Pacot. Le Pèlerin blanc. Le château de Pierreseise. Les trois Couchées. La Porte secrète. La Place du palais. —**Tome XII.** Isaure. Le Beau-Frère. Le Roulier. La Loi de Jacob. Cagliostro. L'Epicurien malgré lui. La Parisienne à Madrid. La Parisienne en Espagne. Les Mines de Pologne. L'Intrigue aux fenêtres. Rodolphe. Dominique. Elisa. Monval et Sophie. Saphira. —**Tome XIII.** Le Proscrit. La Femme de chambre. Adrienne de Courtenai. La fausse Marquise. L'Abbaye-aux-Bois. Les Bédouins. Ibrahim. La Pompe funèbre. La Lingère du Marais. L'Infidélité conjugale. Les Empiriques. Les Ailes de l'amour. — **Tome XIV.** Le Grand-Prix. La Lettre de cachet. Le Projet singulier. Le père d'occasion. Huit jours de sagesse. L'Etameur. La plus belle nuit de la vie. Les mines de Sainte-Marguerite. Départ, Séjour et Retour. C'est le Diable. Est-elle Fille, Femme ou Veuve. L'Isle de la Megalantropogénésie. L'Homme de lettres et l'Homme d'affaires. Elisabeth du Tyrol. Ida. — **Tome XV.** L'Artiste ambitieux. Ortalbano. L'Atelier de peinture. Arvise et Evelina. Le Loup-Garou. L'Intrigue secrète. L'Homme de paille. Les Femmes officiers. L'Enfant du régiment. La Famille corse. Le Panier d'argenterie. Fagotier. L'Enfant et le vieux Garçon. L'Irlandais. Paul et Julien. — **Tome XVI.** Le Mariage de la lune. Le Célibataire. La Gueule de lion. Va-de-Bon-Cœur. Madame Blaise. Le Duel et le Baptême. Raymond. Amélie. Le Comédien de Poitiers. Le Panier de cerises. Les trois Cousins. Les deux Nièces. **Tome XVII.** La Vieillesse de Fontenelle. La Neige (op.-com.). La Neige (ballpant.). Eginard et Irma. Le Voyage impromptu. Nanette et Lucas. Le Caporal et le Paysan. Jacques Dumont. La Forêt de Sénart. La pauvre Fille. Femme à vendre. Les Inséparables. L'Hôtel du Grand Mogol. Le Siège de la Rochelle. La Femme magnanime. L'Orang-outang. Le Château d'Hulteldorf. Une Fortune. L'Oiseleur et le Pêcheur. **Tome XVIII.** L'Oncle Philibert. Fayel. Fayel et Gabrielle de Vergy. Le Testament. Montoni. Dieu, l'Honneur et les Dames. Lolotte et Fanfan. Lazarille de Tormes. La Fille adoptive. Le Doyen de Killérine. La Peau de chagrin. L'Ane mort et la Femme guillotinée. L'Enfant de ma femme. Le Lépreux de la vallée d'Aoste. Parisina. Ourika. Amelie Mansfield. — **Tome XIX.** Les deux Mahométans. L'Amant timide. L'Oubli. L'Ermite de Saint-Avelle. Le Sabot et le Cor de chasse. Le Bonhomme. Roman à vendre. Abdala. Saugarido. — **Tome XX.** Les Employes. Le Déjeuner d'employés. Une Séduction. La Présence d'esprit. Les Défauts supposés. Helmina. Le bon Valet. Lucinde. Ziste et Zeste. Grivois la malice. Le Volage. Le Mariage impossible. Le Corsaire. L'Obligeant maladroit. La petite Metromanie. — **Tome XXI.** Le Complot domestique. Le Mariage par comédie. Le Défunt et l'Héritier. Andres sauvée. Sophie et Moncars. Monsieur Benoit. Le Dragon de Thionville. L'Homme aux convenances. Le Comédien de salon. La Femme qui a raison. Monsieur Duguignon. Georges le taquin. La Couturière. Le Droit du seigneur. Maître Frontin à Londres. — **Tome XXII.** Le Dieu et la Bayadère. Marie-Rose. Les deux Fugitifs. La Fille hermite. L'Auteur mort et vivant. Les Dames peintres. Le Marchand forain. La Folle de Wolfenstein. L'Intrigue de carrefour. Adèle de Ponthieu. Les Dragons et les Bénédictines. Les Dragons en cantonnement. Encore une folie. Le Concert aux Champs-Elysées. Zoé. — **Tome XXIII.** Le Soufflet conjugal. Les Fous hollandais. Elmonde. Les Papillottes. La veille des Noces. Les Lanciers et les Marchandes de modes. La Peur du mal. Le Candidat. Laure et Fernando. Frosine. La Tante et la Nièce. Les deux Coups de sabre. Le Cousin Charles. Les bons Gobets. Deux et deux font quatre. — **Tome XXIV.** Monsieur Lerond. Un Dimanche à Passy. Alix et Blanche. C'est demain le treize. Rozélina. La Femme du voisin. Jacqueline. Les deux Baillis. Brelan de Gascons. Les Pêcheurs danois. Le Marchand de peaux de lapin. Drelindindin. Il veut tout faire. Les deux Manières. Magdelon. — **Tome XXV.** La Comédie à la campagne. La Femme de 45 ans. J'arrive à temps. Charles. L'Eclipse de lune. Le Poète supposé. Les Femmes colères. Le Premier venu. L'Echelle de soie. Le Double assaut. Les Marins écossais. Palmérin. Sainte-Périne. Pourquoi,

Julie? — **Tome XXVI**. La bonne Sœur. Les Jumelles béarnaises. La Barbe de Jupiter. Clète. Zoflora. La Papesse Jeanne. Le Calcul de la vie. Je cherche mon père. Haine aux hommes. La jeune Fille et la Veuve. Inès. Boleslas. L'Actrice. Le Bureau des nourrices. L'Enrôlement supposé. — **Tome XXVII**. Les Amants du Pont-aux-Biches. Monsieur Girouette. Le Calendrier des vieillards. Les deux Valladomir. Le jeune Père. La baronne de Pinchina. Les Etourdis en voyage. Une Heure à Calais. Le Bigame. L'An mil. Le petit Carillonneur. Le Soldat et le Fournisseur. Les Brigands des Alpes. Ma rente avant tout. Pour et contre. — **Tome XXVIII**. Héritage et Mariage. Le Volcan. Elvérine de Wertheim. Le Sérail à l'encan. La Belle-Mère et les deux Orphelins. Les Maîtresses filles. Le dernier Jour de deuil. Le Poltron. Les jeunes Femmes Le Buffet. L'Anglais à Paris. La Sœur cadette. Les Avoués en voyage. Ma Femme se marie. Quoniam. — **Tome XXIX**. Elfride. Madame Furet. Les Enfants du pasteur. L'Antiquo-Manie. Les Porteurs d'Eau. Le Restaurant. Olimpia. Les six Degrés du crime. Alphonsine. La Partie d'ânes. Le Garde-Moulin. La Résolution inutile. Le prince Troubadour. Le vieux Pensionnaire. Le Protégé de tout le monde. — **Tome XXX**. Concert à la cour. La Chambre à coucher. L'Epée et le Billet. Le Mariage par les Petites-Affiches. Les deux Pensions. Le Précepteur dans l'Embarras. La Ressemblance. Zoé. Les Hussards dans l'étude. La Tentation. Emma. La Ressource comique. Le Papier timbré. L'Hiver. Les Voisins brouillés. — **Tome XXXI**. Fiorella. Les Mariages écossais. Le Sénateur. Le Sergent Mathieu. Edouard et Adèle, Hassem. Louise. Le Peintre dans son ménage. Adèle. Le Gentilhomme. Le Bonheur échappe à qui croit le tenir. Le Banc de sable. La fausse Aveugle. Les Enfants trouvés. Le Revenant. — **Tome XXXII**. L'Ami du mari. Le Sabot de fidélité. Le Rémouleur et la Meunière. L'Entresol. Les deux Matelots. Le Faux Frère. Caponnet. La Vivandière. Roland de Monglave. La Ville au Village. Heur et Malheur. L'Orpheline. La Servante de qualité. Une Tombola de maris. La Chambre de Suzon. — **Tome XXXIII**. Rinaldi le statuaire. Busquet et Jolicœur. A quoi ça tient. La Nuit champêtre. Monsieur Tranquille. Le Jaloux. Les petits Troubadours. Le Fou. Le Mari d'emprunt. Une Peur. Une Heure d'absence. Le Portrait du duc. — **Tome XXXIV**. Ludovic. Une Femme malheureuse. Les deux Lucas. Le prince de Catane. La Fin du bal, Monsieur et Madame. La Belle-Fille. Les deux Martines. Le Concert interrompu. Le Galant savetier. La Banqueroute du savetier. D'Auberge en Auberge. Les Bretteurs. Madeleine. La Diligence de Lyon. — **Tome XXXV**. La Sorcière. Le faux Lord. Le Mariage par imprudence. Le Chalet. Blaise. Le Savetier. Les deux Fermiers. L'Homme mystérieux. Le vieux Château. Une Affaire d'honneur. Sydonie. L'Ecole des veuves. Les Hussards en garnison. L'Incognito. L'Audience du prince. Le Remplaçant. — **Tome XXXVI**. De l'or. Le Coucher du soleil. Les deux Sergents. La Fille du portier. La Comédie chez l'épicier. La Clef forée. Les Lorrains. La Sentinelle. Sifflomanie. Les Ruses déjouées. Les Bayadères. Le Duel. Les Massacres. Avant la noce. Les Mariages semmites. — **Tome XXXVII**. La Mort d'Adam et son apothéose. Abel. Noé. Agar et Ismaël. Le Sacrifice d'Abraham. Moïse (trag.). Moïse (op.). Le Passage de la mer Rouge. Le Lévite d'Ephraïm. David. Le Triomphe de David. Daniel. Daniel dans la fosse aux lions. Suzanne et les Vieillards. Esther. L'Enfant prodigue. L'Enfant prodigue. La Mort de Jésus. — **Tome XXXVIII**. Les trois Dames rivales. Pandore. Deucalion et Pirrha. Pygmalion. Les Hommes. Le premier Navigateur. Psyché (ballet). Psyché (vaud.). Télémaque dans l'isle de Calypso (ballet). Télémaque dans l'isle de Calypso (opéra). Actéon changé en cerf. L'Enfant de Mars et de Flore. Zéphire et Flore. Titon et l'Aurore, Arianne dans l'isle de Naxos. Arianne abandonnée. Le Jugement de Midas. Orphée et Euridice. Daphnis et Pandrose. Daphnis et Alcimaduro. Diane et l'Amour. Diane et les satyres. Pyrame et Thisbé. Hero et Léandre. Milo de Crotone. — **Tome XXXIX**. Philistis, reine de Syracus. Julie. L'Amour à l'anglaise. Le Fruit défendu. La grande Dame. Le marquis de Tulipano (op. ital.). La Famille Menzicoff. Jacqueline d'Olzebourg. La Peau de l'ours. L'Ermite de la Siérra-Morena. La belle Hôtesse. Le Souper imprévu. Valther le Cruel. L'Egoïste par régime. — **Tome XL**. Polyxène. Thésé. Esope chez Xantus. Diogène le fabuliste. Agis. Agis (parodie) Bion. Alexandre et Apelle. La mort de Crispe. Eudore et Cymodocée. Les Martyrs. Placide. Idamante. — **Tome XLI** Agrippa. Romulus. L'enlèvement des Sabines. Virginie (tra.) Virginie (op.) Lucius Junius Brutus. Quintus Babius. Ericie. La prison de Pompei. Cléôpâtre. Les Amours d'Antoine et de Cléôpatre. Papinius.— **Tome**

XLII. Arioviste, roi des Celtes. Le Bureau de location. Lutèce. Julien dans le Gaules. Léonie. Sigebert. Clovis. Les fils de Clovis. Louis 1er le Débonnaire. Les Maires du palais. Le Chevalier de la Table-Ronde. — **Tome XLIII**. La Mort du Tasse. Wallace. Odon de St-Amance. Jacques Molay. Le Félon. Archambaud Les Ménestrels. L'Hôtel des Princes. Les Chevaliers de Jérusalem. Le Duc de Craon. Raoul sire de Créqui. Jean de Paris. Les Ennemis réconciliés. Catherine de Steinberg. Jeffries. — **Tome XLIV**. Le Siège de Paris (tra.) Le Siège de Paris (mél.) Jeanne d'Arc (tra.) La Pucelle d'Orléans. Jeanne d'Arc (op. com.) Patapan à la représentation de Jeanne d'Arc. Scène ajoutée à l'Epée de Jeanne d'Arc. La mort de Jeanne d'Arc. Guillaume Tell (tra.) Guillaume Tell (dr. lyr.) Guillaume Tell (Ed.) Guillaume Tell (mélod.) Guillaume Tell (vaudeville) — **Tome XLV**. La Bataille de Bouvines. Jean de Bourgogne. Jean sans Peur. Charles le Téméraire. François 1er. Guise. Aoust 1572. Melle de Guise. Don Juan. Catherine II. Laurent de Médicis. Les Exilés de Florence. — **Tome XLVI**. Christine de Suède. Herbert. Alfred le Grand. Les deux Roses. Lancastre. Richard III. Richard III (par.) Henri de Bavière. Jean Sobieslki. Le camp de Sobieslki. Guillaume de Nassau. Churchill amoureux. —**Tome XLVII**. Le Nègre de Grenade. Clodomir. Brunehaut. La Princesse de Jérusalem. Rachel. Jeanne de Naples. Dame Jeanne Agnès Sorel. Valentine de Milan. Marguerite de Novarre et Clément Mariot. Melle de la Vallière et Mme de Montespan. Melle de Pompadour. — **Tome XLVIII**. Pierre le Grand (tra.) Pierre le Grand (op. com.) Pierre et Paul. La Paysanne de Livonie. Les Strelitz. Caroline et Tom. Une Journée de Frédéric II, roi de Prusse. Frédéric II. Le Libelle. Le Meunier de Sans-Souci. La Vie est un songe. La caverne de Souabe. Gustave en Dalécarlie Taulimar de Saxe. Stanislas, roi de Pologne. Le Czar Démétrius. — **Tome XLIX**. Le Vaisseau Amiral. Le Chevalier sans peur et sans reproche. Les Amours de Braillard. Bayard à Lyon. Les Savoyards. La Mort de Bayard. Turenne. La Mort de Turenne. Le Tombeau de Turenne. Jean-Bart. Jean-Bart à Versailles. La Fête de Jean-Bart. L'habit de Catinat. Une Matinée de Catinat. Le Maréchal et le Soldat. Les Calvinistes. Bertrand Duguesclin et sa sœur. — **Tome L**. Struenzée Don Pèdre et Zulica. Crillon et Bussy d'Amboise. Le Duc de Monmouth. Elisa. Vincent de Paul. Le Régent. Tipesaib. Le Maréchal de Lowendal. Le Marin provencal. La Peyrouse. La Mort du capitaine Cook. Christophe Colomb. Pizanc. Iza. Le Sacrifice interrompu. — **Tome LI**. Le Comte de Waltron. La Journée des dupes. Le 14 Juillet 1789. Le ci-devant noble. Le nouveau d'Assas. L'Auteur d'un moment. Encore un curé. La discipline républicaine. La seconde Décade. Le Noble roturier. Les réclamations contre l'emprunt forcé. Le Passé, le Présent et l'Avenir. La Ligue des fanatiques et des tyrans. Le Convalescent de qualité. — **Tome LII**. Callias. L'Union villageoise. Arétaphile. Le franc Député. Les Plaisirs de l'hospitalité. Le Tolérant. Le Souper des Jacobins. L'Agioteur. Tout le monde s'en mêle La Soirée de Vaugirard. Le Jacobin espagnol. Les Modernes enrichis. Les Femmes politiques. Ténaïs et Zéliska. **Tome LIII**. Les Dangers de l'opinion. L'Ami des lois. Au retour. La Famille indigente. Alexis et Rosette. Héléna. Horatius. Coclès. La Journée de Marathon. L'Horloge de bois. Le Quaterne. La Martingale. Les petites Marrionnettes. Irma. — **Tome LIV**. Athènes pacifiée. Le Pari. La nouvelle cacophonie. La Paix. Les Mariniers de St-Cloud. La Paix (vau.) Désiré. L'Artémise française. Le Retour d'Astrée. La Guinguette. Le Chansonnier de la paix. Le Congé. Zanoulé et Floricourt. Duguay-Drouin prisonnier à Plymouth. Cocanius. L'épousera-t-il ? **Tome LV**. Ulysse. Phèdre. Alceste. Jocaste. Hécube. Sapho. Alcibiade solitaire. L'Asthenie. Aspasie et Périclès. Anacréon chez Polycrate. Sophronime. Pausanias. Ophis. — **Tome LVI**. Le Chemin de Berlin. L'Hôtel de la Paix. La Guerre et la Paix. L'Opéra au village. Un Diner par victoire. La belle Espagnole. Le Peintre français en Espagne. Le Siège de Dantzig. Le Pont d'Arcole. L'Homme du destin. Les trois Aigles. Romanowski. Les Polonais. L'oriflamme. Bayard à Mézières. — **Tome LVII**. Thrasybule. Le Retour des lys. L'Entrée de Henri IV à Paris. Les Héritiers Michau. Le petit Voyage du Vaudeville. Les Béarnais. L'île de l'Espérance. La Jeunesse du grand Condé. Le Sabre de bois. Le Mariage de Clovis. La Fête de Famille. L'Echarpe blanche. Le Roi et la Ligue. Nous aussi nous l'aimons. Chacun son tour. Le Soldat d'Henri IV. — **Tome LVIII**. Charles de France. Le Chemin de Fontainebleau. Les deux Mariages. Le Mariage sous d'heureux auspices. La Noce de village. Le 8 Juillet. Ecoutons. Les Dames de Bordeaux. Paris le 29 septembre 1820. Le Panorama de Paris. Le Baptême. Jeanne d'Albret. Le Château de Chambord. Le Baptême de village. Trois Bienfaits pour un. L'Hôtel des Invalides. Le Garde-chasse de Chambord. La Naissance d'un prince. — **Tome LIX**. Le Bouquet du Roi. Le Bouquet des poissardes. La Bataille de Denain. La Fête des Béarnais. Le Bouquet de Henri IV. La statue de Henri IV. Un Coin de tableau. La Réconciliation. Une Visite aux Invalides. Le Laboureur. Le Passage militaire. Spectacle gratis. La St-Louis au bivouac. Les Fleurs du château. Les deux Proscrits. Le Retour d'un brave. La St-Louis au boulevard du Temple. La St-Louis des artistes. La St-Louis à Madrid. La Pièce de circonstance. — **Tome LX**. Abdolonyme. Clovis. Croisées à louer. L'Entrée à Reims. Fenêtres à Louer. La Couronne de fleurs. Le Vieillard d'Ivry. Le Voyage de Reims. Le Bourgeois de Reims. Bravoure et Clémence. Une Journée de Charles V. La Fête d'automne. La Saint-Henri. Un trait de Charlemagne. Les Anglais dupes. Le Fils de l'invalide. Une aventure de Charles V. Le Roi et le Batelier.— **Tome LXI**. L'autre Henri. La route d'Aix-la-Chapelle. Une heure à la frontière. Le Drapeau français. Caton le Censeur. Une Journée de Vendôme. Barberousse et Barbenoire. Fête à la Halle. Plus de Pyrénées! L'Arc de Triomphe. Les Adieux sur la frontière. Le Pont d'Angoulême. Un jour à Dieppe. Une heure au camp de Mézières. Le Camp d'Helfaut.— **Tome LXII**. La Mort de Henri IV (Legouvé.) La Mort de Henri IV (Braillard). Henri IV. La Réduction de Paris. Gabrielle d'Estrées. Henri et d'Aubigne. Louis XVI. La Mort de Charles 1er. La Mort du Duc d'Enghien. Le Triomphe de la liberté. — **Tome LXIII**. Monsieur de La Jobardière. Trois jours en une heure. A-propos patriotique. Le Drapeau tricolore. La Coalition. Benjamin-Constant aux Champs-Elysées. M. Cagnard. Les Polonais. Le Délit politique. Les Croix et le Charivari. Le Voyage de la liberté. Le Chouan. Le Sabotier ambitieux. La Prise de la Bastille. Napoléon en Paradis. L'Empereur. Le Grenadier de l'île d'Elbe. Le Fils de l'homme. Le Fils de l'empereur. 14 ans de la vie de Napoléon. — **Tome LXIV**. La Mahonoise. Quel est le plus ridicule? Tivoli. Les Deux à Tivoli. Les Filles de mémoire. Le Bal à la mode. Le Ministériel. La prise de Tarifa. Les Alsaciennes. Les Biographes. Les petites Biographies. Paris et Bruxelles. Les Passages et les Rues. Athènes. Parga. Isène. Le Retour au département. Le Pacha, et la Vivandière. Le Bal de l'avoué. Jouli. — **Tome LXV**. La revanche Grecque. Le Concert de la rue Feydeau. Le Tableau de Phèdre et Hyppolite. Le Salon rue du Cap. L'Amateur à la porte. Les Visites au Louvre. La rue du Carrousel. John Bull au Louvre. Monsieur Dinelief. La Comète. Les comédiennes. Un second Théâtre-Français. Le Magasin français. Le Magasin de Lumière. Les deux Jokos. Le Dilettante. La Girafe. Les Mémoires contemporains. Les Manuels à la mode. Les brioches à la mode. — **Tome LXVI**. L'Impromptu du jour de l'an. Les Etrennes de l'amitié, de l'amour et de la nature. Les Etrennes de Mercure. La Réunion de famille. La Revue des gobes-mouches. Les Visites. Les Etrennes forcées. Les Visites bourgeoises. Les Visites à Momus. Les Etrennes à contre-sens. Les Cartes de visite. Le Gâteau à deux fèves. Le Gâteau des Rois. Stanislas en voyage. Le Jardinier. — (Le **Tome LXVII** manque). — **Tome LXVIII**. La Descente d'Arlequin aux Enfers. La Corbeille enchantée. Le Barbier de Bagdad. Le Déménagement d'Arlequin. Le Marchand de tableaux. L'Ecouteur aux portes. Arlequin sentinelle. Le Testament de Carlin. Le Hasard corrigé par l'amour. Le Vin, le Jeu et les Femmes. Le Prince invisible. Rien pour lui. Le Gnome. Arlequin tyran domestique. Arlequin sourd-muet. Arlequin à Alger. Mercure à Paris. Les Femmes rivales. Les Vierges de la Lune. Criquet. La Féerie des arts. — **Tome LXIX**. L'Eunuque. Colombine toute seule. Colombine philosophe soi-disant. Cassandre tout seul. Cassandre aveugle. Le Joueur d'échecs. Nitouche et Guignolet. L'ivrogne corrigé. Ribote le Savetier. M. Cassandre Titus. Les Amours de Montmartre. Les Amants enfoncés. Les trois Jumeaux vénitiens. — **Tome LXX**. Le Sage de l'Indoustan. La Tragédie au Vaudeville. L'Apollon du Belveder. Pierrot. Polichinelle aux eaux d'Enghien. Le Foyer de la Gaîté. Polichinelle avalé par une baleine. Le Vaudeville en vendanges. Le Combat des montagnes. La Barrière Montparnasse. Les Fous dramatiques. Le Prix de folie. Le Réveillon dramatique. La Chassomanie. Les Frères féroces. La Pièce qui n'en est pas une. Rodeire et Cunégonde. Un quart d'heure dramatique. La Pie de Palaiseau et le Chien de Montargis. Le lendemain de la pièce tombée. Le Prisonnier anglais. Prologue des ruines de Rome. Les Ruines de Rome. Le Valet sans maître. — **Tome LXXI**. L'Empereur de la Lune. Gulliver. Robinson dans son île. Gilles. Robinson et Arlequin. Vendredi. Madame Angot. Monsieur Croquemitaine. La Mère Camus. Monsieur Malbroug. La Gaîté en carnaval. Les Infortunes malheureuses de Melle Farce.

Fanfan la Tulipe. La Forêt périlleuse. Le Tribunal redoutable. La Forêt noire. Le petit César. Victor. Maria. Raoul de Montigny. Sbogar. — **Tome LXXII.** Syncope, reine de Mic-Mac. Les petits Iphigénie. Agnès de Chaillot. La Veuve de Cancale. Le Marchand d'esclaves. Nani. Gabrielle de Passy. Abuzar Le Jugement de Monsalo. Bombarde. Petitpol. La Reine de trèfle et le roi de pique. La Marchande de modes. Omazetle. Cadet Roussel. Hector. Jean de Passy. Clair. à Meaux-en-Brie. Marie Jobard. La Poste dramatique. Oreste et Pilade. Le Gueux. L'Ecole des béquillards. Oh qu'nenni. La Dame noire. — **Tome LXXIII.** Les Couplets en procès. Les Tableaux. Le Retour favorable. Le Compliment pour la clôture. Le Temple de Momus. Le Départ de l'Opéra-Comique. Le Bouquet de Louison. L'Impromptu de la foire. Les Projets de l'amour. La Fête des Halles. Thalie, la Foire et les pointus. Mercure et les ombres. Thalie aux boulevards. La Revue de l'an VIII. L'Hôtel garni. L'Auberge dans les nues. Irons-nous à Paris ? Un coup d'œil sur l'année 1816. La Mascaradomanie. Le Rideau levé. Scène ajoutée au boulevard Bonne-Nouvelle. Les Orangeuses. Le Médecin des théâtres. La Revue de Paris. — **Tome LXXIV.** Les Ombres anciennes et modernes. Les deux Centenaires de Corneille. Hommage du petit vaudeville au Grand Racine. Le nouveau réveil d'Epiménide. Le Buste de Préville. Collin d'Harleville aux Champs-Elysées. Lauyon de retour à l'ancien Caveau. La Fête de Molière. Corneille chez Poussin. Le Panorama de Momus. La Comédie au foyer. Les Petits vaudevilles aux jeux gymniques. Les Héros français. Le Boulevard St-Martin Quelques scènes (impromptu). Levez la toile. Monsieur Boulevard. Le dernier des Romains. Le prologue impromptu. La Muse du Boulevard. A la queue. L'Ouverture sans prologue. — **Tome LXXV.** Ninette à la cour. La Vieillesse d'Annette et Lubin. Isabelle et Gertrude. La Clochette. Les Troqueurs. La Rosière. Estelle et Nemorin. Le Mai des jeunes filles. Le Mai. Le Mai d'Amour. Le Coq d'amour. Le Moulin d'André. L'épreuve villageoise. Les Promesses de mariage.

Tome LXXVI. Le Petit Chaperon rouge. Les Chaperons et les loups. Le Magasin des Chaperons. Raoul. Barbe-Bleue. Le petit Poucet. Rosaure de Valencourt. La Botte de sept lieues. Cendrillon. Cendrillon (part.) La Fête de Perrault. La Forêt enchantée. Griseries. La Bergère de Saluces. Griseldis. Blanche et Vermeille. — **Tome LXXVII.** Les Noces de Gamache. Don Quichotte et Sancho Pança. Le Nouveau Don Quichotte. Sancho dans l'isle de Barataria. Le Nouveau seigneur. Le Diable amoureux. Le Frère Philippe. La Volière du frère Philippe. Joconde. Astolphe et Joconde. Le Séducteur champenois. La reine de Golconde. Feline et Tangu. Le Diable boiteux. La Lampe merveilleuse. Zozo (même pièce 2e édition). — **Tome LXXVIII.** Les Fils de Pharamond. Ziman et Zenise. Phaza. Le Baiser. Lonval et Viviane. L'Isle flottante. Saphirine. Le Génie des isles noires. L'Enfant du malheur. Le Nain jaune. Le Génie Asouf. Bouton de rose. Zoraïde et Zuliska. La Fortune vient en dormant. Les Prestiges. Le Petit homme rouge. La Sylphide. — **Tome LXXIX.** Les Jeux floraux. Clémence Isaure. La Ligue des femmes. Adélaïde. Geneviève. Geneviève de Brabant. Gérard de Nevers et la belle Euriante. Le Siège de Montauban. Paul et Virginie. Le Luron. Le roi Théodore à Venise. Léocadie. Selmonis de Florian. Claudine. Lisbell. — **Tome LXXX.** Don Sancho d'Aragon. Don Juan (en 3 actes). Don Juan (en 5 actes). Don Juan (en 4 actes). Le Voyage de Chambord. Le Dépit amoureux. Sganarelle. L'Original de Pourceaugnac. Alceste à la campagne. Chimène. Le Descendant du menteur. Lorichon. Le Mari juge et partie. Les Originaux. La Philinte de Destouches. — **Tome LXXXI.** La Mort de Figaro. Le Barbier de Séville. Figaro (op. com.) Figaro et Suzanne. Le Page inconstant (Porte St-Martin). Le Page inconstant (opéra). Le Repentir de Figaro. Le Veuvage de Figaro. Le Mariage inattendu de Chérubin. Figaro (comédie). Les Hableurs. Monsieur de Crac à Paris. La Suite du folliculaire. Rose et Picard. — **Tome LXXXII.** Le Page. L'Homme à sentiment. L'École du scandale. Valérie. Les Deux frères. Oberon. Jane Lhore (trad. de l'anglais). Dame Jane. La Fausse mère. Elfrida. Le Crescendo. — **Tome LXXXIII.** Le 13 octobre. Macbeth (opéra). Macbeth (pant.) Les visions de Macbeth. Les deux Macbeth. Hamlet. Roméo et Juliette. Le Marchand de Venise. Faust. Le Cousin de Faust. Liri Brahé. Le Mari d'autrefois. Les deux Klingsbez. Les Mœurs de Londres. Les Chaises à porteur. La Contribution de guerre. — **Tome LXXXIV.** Atala. Roland furieux. Abeilard et Héloïse. Astolphe. Richardet et Bradamante. Les Natchez. Armide. Armide et Renaud. Ariodon. Uthal. Le Chef écossais. Le Temple de la mort. — **Tome**

LXXXV. Le Marché aux fleurs. Les Couronnes. Les Réjouissances autrichiennes. Les Trois moulins. Scène jouée à la suite de M. de Crac. Les Fêtes françaises. Le Mariage de Charlemagne. Les Lauriers-rose. Le Conseil des dieux. Le Mariage de la valeur. L'Espoir réalisé. L'Auteur et sa servante. L'Enfant d'Hercule. La Bonne nouvelle. La Nouvelle télégraphique. La Ruche céleste. L'Olympe, Vienne, Paris et Rome. Le Triomphe du mois de Mars. Le Conseil des fées. Le Berceau céleste. L'Officier de 15 ans. Corneille au Capitole. Le jardin d'Olivier. Les Dragées. — **Tome LXXXVI**. Le Solitaire (op. com.) Le Mont sauvage. Le Solidaire. Le Solidaire. L'Étrangère. Monsieur Botte. Le Baron de Felsheim. La Tour de Witikind. Le Garçon sans souci. La Sorcière. Le Château de Kenilworth. Le Château de Loch-Leven. L'Exilé. Lucie de Lammermoor. — **Tome LXXXVII**. Molière. La Mort de Molière. Regnard et Dufresny. Charles Rivière. Dufresny. René Lesage. Dancourt. Destouches. Piron avec ses amis. Péchantrée. La Mort de Néron. Mlle Gaussin. La Jeunesse de Préville. Molé aux Champs-Elysées. Dubellay. — **Tome LXXXVIII**. Racine et Cavois. Racine. Jean Lafontaine. Chapelain. Théophile. Chaulieu à Fontenoy. Poisson chez Colbert. Marmontel. René Descartes. Le Club des dames. Un trait d'Helvétius. Helvétius. Un quart d'heure d'un sage. Gentil-Bernard. Milton — **Tome LXXXIX**. Fielding. Arioste gouverneur. Le Procès. Pélisson. Gallet. Bertin et Colardeau. J.-B. Rousseau. Grecourt. Monet. Dorat et Colardeau. Santeuil. Santeuil et Dominique. Gessner. Berquier. Vadé chez lui. — **Tome XC**. — Le Bureau d'esprit. Les Avant-Postes du maréchal de Saxe. Favart à Bruxelles. Favart aux Champs-Elysées, Gargantua. Le Coffre. Le Mariage de Charles Collé. Les Trois saphos lyonnaises. La Belle Marie. Qu'elle mauvaise tête. Une Aventure de Saint-Foix. Les Poètes sans soucis. Le Château d'If. Lavater. — **Tome XCI**. L'Enfance de J.-J. Rousseau. La Bienfaisance de Voltaire. Voltaire à Francfort. Une Soirée de deux prisonniers. Voltaire chez Ninon. Jean Calas. La Veuve Calas à Paris. La Famille Sirven. La Pantoufle de Voltaire. Michel-Ange. Berghem et Van Ostade. Haydn. Cimarosa. Grétry. Grétry au Parnasse. Rembrandt. Greuze. — **Tome XCII**. Le Pour et le contre. Les Mœurs. Lidya Seymours. Le Divorce. Les Projets de divorce. Un Divorce. Vive le divorce. Les Suites d'une séparation. Un Jeu de bourse. Les Joueurs. L'Intrigue électorale. L'Éligible. Une journée d'élection. Encore un préjugé. La Foire aux places. — **Tome XCIII**. Lord Movarit. La Dilettante d'Avignon. L'Oncle et les tantes. Le Fils de Tribonlet. Le Grenier du poète. La Lanterne magique. Denilowa. Six mois d'absence. Un bonheur ignoré. Les Demoiselles. La Somnambule. Fanchette. M. Placide. Le Bûcheron. Le Duègne et le valet. — **Tome XCIV**. Lina. Les Dames patronnesse. Grégoire à Tunis. La Main de fer. La Mode ancienne et la mode nouvelle. Le Mari ambitieux. Un heureux ménage. Les Rouliers. Mon cousin Lalure. Saint-Elmont et Verseuil. L'Amour et les poules. Les Deux statues. La Petite école des pères. Roger Bontemps. L'Auteur dans son ménage. — **Tome XCV**. Le Jeune maire. Monsieur Toussaint. Le Cavalier servant. La Fausse apparence. Le Carnaval. Zoraïme et Zulnar. Les Vieux fous. Le Remords. La Mauvaise langue de village. In Vino veritas. Storb et Verner. La Comédienne improvisée. Une matinée au Pont-Neuf. Le Fils de Louison. Le Vieillard et la jeune fille. — **Tome XCVI**. La Vendetta. Les Mexicains. Christophe Leroud. Le Suicide de Falaise. La Grande ville. Les Provinciaux vengés dans la grande ville. Monsieur Jovial. Les Trois aveugles. La Médecine sans médecin. Le Jeune homme en loterie. Un jour à Rome. Le Suicide d'une jeune fille. Le Vampire. Polichinelle vampire. Le Repas des clers. Le Prince de Norwège. — **Tome XCVII**. La Lanterne sourde. Le Soldat laboureur. Les Moissonneurs de la Beauce. La Forteresse du Danube. Le Mariage à la hussarde. Bugg. Ils sont sauvés. La Houillère de Beaujone. La Mine Beaujone. Les Mines de Beaujone. Le val de Vue. Le Roi de Prusse et le comédien. La Gipsy. Hasard et Folie. Le Mariage de raison. Le Faux talisman. Cardillac. — **Tome XCVIII**. L'Anneau de la fiancée. La Théâtromanie (com. en v.). La Théâtromanie (vaud.). Onze heures du soir. Stanislas. Le Grand chasseur. Les Peintres d'enseignes. Le Pygmalion du faubourg St-Antoine. Pygmalion à St-Maur. Poniatowski. L'Enfant venu par la fenêtre. Aromaze et Arimane. La Reine de Pénépolis. L'Attaque du convoi. Les Jumeaux de la Réole. L'Entrevue. Une heure de folie. Pierrot en Espagne. Les Français en Algérie. Jeanne d'Arc. La Folie chinoise. — **Tome XCIX**. Le Comte Ory. Satan d'Auvergne Ier. Grenadier de France. Je fais mes farces. Le Désastre de Lisbonne. Le Charivari de Charonne. Mac Dowel. Le Brigand. Le

Chien du régiment. Roc l'Exterminateur. La Noce du boulanger. Le Grenadier de Fanchon. Com Rick. Les Hommes et les femmes. Jérôme le porteur de chaise. M. Rikiki. Le Précipice. — **Tome C.** Pierre de Portugal. Angélo. Tyran de Padoue. L'Agiotage. Le Roman. La Dame et la Demoiselle. Olga. Lambert. Ginnel.

Une table manuscrite est jointe à chaque volume.

5. **Pièces de théâtre**. 3e série. 1508 pièces, de 1760 à 1845. Recueil factice comprenant 100 vol. in-8, dem.-basane verte. Une table manuscrite est jointe à chaque volume.

Tome Ier. Virginie. Charlotte Corday. Guerrero. Mademoiselle de La Vallière. Eve. Socrate. — **Tome II.** Sosthène. Francesca da Rimini. La Mort de César. Pyrrhus et Achmet. Un Episode de la Vie d'Alcibiade. Camille. La Maison de l'Oncle. Le Romantique. Antigone. — **Tome III.** Les Charlatans et les Compères. Joramis, Roi de Crète. Un Jour d'embarras. Les Orphelins. Les deux Mirabeau. Une Maitresse dans l'Andalousie. Bêtinet. La Femme de 20 ans. Mademoiselle de Fontanges. La jolie Fille de Gand. Nisida. Paquerette. Vert-Vert. Alix et Mysis. Gemma. Léa Fonti. Idalia. — **Tome IV**. Les Illustres Fugitifs. Isabelle Hussard. Le Garçon de Noce. Le Paysan grand Seigneur. L'Incendie. Le Solitaire forcé. La Bergère des Alpes. Une visite à Saint-Cyr. Blanche et Isolie. Le Fat de Village. Le Rival en l'air. Almaviva et Rosine. La Réputation d'une Femme. Chimère et Réalité. Les Troubadours. — **Tome V.** Les deux Philanthropes. Les Prôneurs. Les Pages au sérail. Kosmould. Sage et Coquette. Le Plâtrier. Les Rencontres au Corps-de-Garde. Le Procès du Fandango. Stanislas Leczinski. La Mort et le Bûcheron. La Dette d'honneur. Les cinq Cousins. Monsieur Grégoire. Le Solitaire de la Roche Noire. Deux Filles pour une. — **Tome VI**. Les Esclaves d'Alger. Le Prisonnier vénitien. Le Cimetière du Parnasse. La Grande duchesse. L'Arrivée en garnison. Les Amants en poste. Amour et Coquetterie. Momus, gardien de la Maison des Fous. Le Propriétaire à la porte. Les Epoux de 15 ans. Mathieu. Le Colonel et le Soldat. — **Tome VII**. Le Jeune Sage et le Vieux Fou. Les Voyageurs. Les Serfs de la Scandinavie. Les Deux font la Paire. Les Lanciers et les Capucins. Urbino et Juliana. Les deux Créoles. Le petit Jaquot. Le grand Seigneur et la Paysanne. Henriette et Verseuil. La Fille petit Maître. Fortuné. Habits, vieux Galons. L'Auberge isolée. La jeune Mère. — **Tome VIII.** Madame Bargeot. Mohamet II. La Prise de Corps. Savoir et Courage. L'Auteur soi-disant. La Demande en grâce. L'Entrevue et le Rendez-Vous. Le Garçon de Recette. La Girouette de Village. Les deux Mariés. Un Mois à Bagnères. Les Fiancés. Folie et Raison. La Matinée d'une jolie Femme. — **Tome IX**. Conaxa. Orapaste. Artaxercès. Ponce de Léon. L'Absence. Les faux Mendiants. Isaure. Monsieur Asinard. L'Amour arrange tout. Léhéman. Le Soldat de la République. Les petits Billets doux. Le Frotteur. Bagatelle. Georges. — **Tome X**. La Veillée. Impostures et Vérités. Les Boutiquiers. Les Contrebandiers. Eléonore de Lusignan. Le Procès de Socrate. La Jeunesse. Le Concert d'Amateurs. Pontignac. La Vieille des Vosges. N'irritez pas les femmes. Le Mérite décrédité. Eugénie et Solange. Les Omnibus. Le Devoir et la Nature. — **Tome XI.** L'Homme et les Ecrits. Aloïse. Le Chien de Montargis. Le Prétendu et le Prétendant. L'Adjoint dans l'embarras. La Grânomanie 1750 à 1827. Nostradamus. Le Nègre aubergiste. Les Durier. Monsieur Lambin. Le petit Eugène. Adolphe de Holden. Belle et Bonne. La Fête d'un Bourgeois de Paris. — **Tome XII**. L'Heureux malgré lui. Nathalie. Les deux Tableaux parlant. Une Heure de prison. Batardin. Le Collier de fer. La Fille d'Aristide. Les deux Matinées. Les Conscrits. La Demoiselle et la Paysanne. Le Masque tombé. L'Angiolina. Maclovis. Le Contrariant. — **Tome XIII**. Ali. Mon ami Pierre. Un moment d'Humeur. Monsieur de Largillière. Vauban à Charleroi. Le Sigisbé. Le Prince et le Soldat. Monsieur de Croustignac. Le Despote. Melcour et Verseuil. Azeline. Les deux Mères. Elisabeth. La Foire de Londonderry. Les Parents de circonstance. — **Tome XIV**. La veuve du Républicain. Don Renard de Cabrère. La Dernière Heure de Liberté. Les deux officiers. Un rien. La Famille Irlandaise. Les Docteurs modernes. Fanny. Les Femmes de chambre. La Fille de la Nature. Dorothée. Robert-le-Diable. Les Charades en action. Le Boghey renversé. Le Mariage du Vaudeville et de la Morale. — **Tome XV**. L'eau de Jouvence. Adelson et Salvini.

Les Amis à l'épreuve. La Pacotille. Adam et Eve. Les Blanchisseuses de fin. Le Mont César. Ainsi va le Monde. La Laitière suisse. La Dot et la Fille. Le Turc de la rue Saint-Denis. Une Matinée de la place Maubert. Le Troubadour. Le Jockey. Le Roman nouveau. — **Tome XVI.** La Dupe de son Art. La Dupe de sa Ruse. Rosalba d'Arandès. Le Triumvirat. Fabia. Diane de Poitiers. Hélénor de Portugal. Wilson. Les Adieux de la Parade. Le galant Escroc. La Belle-Mère. Le Fauteuil. Les Albinos vivants. L'Ingénue. Candide marié. — **Tome XVII.** Catherine. Le Cousin Giraud. Les Muses rivales. Elisabeth de France. Sapajou. L'Agnès. Angelina. Les Méprises par ressemblance. L'Invisible. L'Ile sauvage. Les Mariages par circonstance. Pierre et Pierrette. La Batelière du Loiret. Les Chevaliers de Malte. Elise Hortense. — **Tome XVIII.** La Vie terrible. Le Droit du Seigneur. La Sérénade. Méprise de Bal. L'Espiègle. Clémentine. La Vengeance. Angela. Les Ecoliers en vacances. Babouddin. Le Colonel des Hussards. Balthazar. L'Incertain. Les véritables marionnettes. Les Curieuses. — **Tome XIX.** Les deux Jaloux. La Motte-Houdan. Philippe d'Alsace. Le Prince de la Newa. La Place et le Diner. L'Aigle des Pyrénées. Le Commis-Voyageur. Le Pâtre. Les deux Amis. Les Cheminées de 1748. La Leçon conjugale. Les Limites. Les Mystères d'Isis. Monsieur Rossignol. L'Orphelin. — **Tome XX.** Le Flatteur. Le Père avare. Un Marquis d'autrefois. Alfred et Félicie. Les deux Aveugles. Le Nozze di Dorina. Les Contrats des Modes et des Mœurs. Louise de Balsan. Monsieur Lamentin. L'Inconséquente. Le Jaloux de village. Le Héros américain. Ordre et Désordre. Les six Ingénues. Les Partis. — **Tome XXI.** Annibal. Zadig. Les Mascarades amoureuses. Laissez-moi faire. La Caserne. Adonis. Les Moissonneurs. Les Trébuchets. Les Faux monnayeurs. Le Tableau. Marianne. La famille d'Anninecourt. Les Femmes infidèles. La double Leçon. Arminius. — **Tome XXII.** Mon Bonnet de Nuit. Frantz. L'Homme en place. La Journée aux Enlèvements. Le Comte de Narbonne. Une Nuit de Séville. La Fille Jockey. Monsieur Bedam. Repentir et Générosité. Magot. L'Avocat. Jacquot parvenu. Le Français à Venise. Le Protégé. Le Soupçon. — **Tome XXIII.** L'Intrigante. Koulikan. Le jeune Homme enlevé. Les Amants déguisés. Macbeth. L'heureux Hasard. Une visite à Charenton. La Fidanzata Corsa. Le Regard. Chacun a sa folie. Le Renégat. Hilberge l'Amazone. Zélia. L'Aveugle par crédulité. Les Solitaires de Normandie. — **Tome XXIV.** La Clémence de David. Le Tambour et la Vivandière. L'Enthousiaste. La Prévention. L'Incendie du Village. La Fin couronne l'œuvre. Eustache de Saint-Pierre. L'Auberge allemande. L'Enfant et le Grenadier. Les Diableries. Ernest. Phaon. Les trois Fous. Télémaque cadet. Le Rendez-Vous de minuit. — **Tome XXV.** Mirza. Elisca. La Fille maudite. Les Horaces. La Ruse d'un jaloux. Monsieur Both. Pauline. Le Rêve. Fin contre Fin. Les deux Sentinelles. Les Hyglanders. L'heureux Espiègle. Le Guérillas. L'Anneau. Monsieur Sensible. — **Tome XXVI.** Ollivier Cromwell. Lisbeth et Muller. Guerre entre la Raison et les Jésuites. Les Mariages par Demandes et par Réponses. Le Protecteur de Soi-Même. Les deux Novices. Zaïre. L'Auvergnat. La Duègne et le Juif portugais. Le Mari impromptu. San Piétro dit Bartélica. Les trois Jeannette. Le Plan d'Opéra. Avis au Public. La Rosière de Verneuil. — **Tome XXVII.** Le Méchant malgré lui. Aurengzeb. La Blonde et la Brune. Le Vindicatif. Les Suppléants. La petite Bonne. Changement de Domicile. Le Retour de tendresse. Le Passage des Thermopyles. La Prisonnière. Le Cachemire. La Laitière de Bercy. Ma Tante Rose. Le Beau-Frère. Zélindor. — **Tome XXVIII.** Sigismond de Bourgogne. Le Droit de Naufrage. Le Baron de la Crasse. Le Zigzag. Le Banqueroutier. Les Malins. L'Aveugle du Tyrol. Georges et Pauline. Rustaud. Les deux Soufflets. L'Intrigant dupé par lui-même. Le bon Père. Pauvre Jacques. Les quatre Artistes. Cassandre astrologue. — **Tome XXIX.** Rebecca. L'Ecu de 6 francs. L'Impresario in Angustie. Fanfan et Colas. Rose, suite de Fanfan et Colas. La Demoiselle de Boutique. Les Aides de Camp. L'Amour filial. La Suédoise. La Grand'Maman. La Caverne infernale. Le Couvent. Le Dominicain. Adrien. L'Habit du Cousin. — **Tome XXX.** Honneur et Indigence. Le Comédien de Paris. Clémentine. L'Albin. Le Délire. Gratius. La Corbeille d'orange. Le Caissier. Le Caporal Schlague. La fausse Isaure. Brouette à vendre. La Dame voilée. Le Soldat et le Vigneron. Erreur et Sympathie. Les souvenirs de premiers Amours. Eléonore de Fioretti. — **Tome XXXI.** Egisthe et Clytemnestre. La Fille du Grenadier. Les Parents du jour. Guillaume le Conquérant. Hugo Grotius. Mon Ami de Paris. Les trois Tantes. Béniowski. La

Bouquetière anglaise. L'Irato. Mose in Egitto. Lui-Même. La Lettre. L'Incertitude maternelle. Les deux Miliciens. — **Tome XXXII.** Marie-Thérèse. La Fille de la Veuve. La promesse de Mariage. Le point d'Honneur. L'Arabe hospitalier. Huascar. Florioso à Bourges. Le Mulâtre et l'Africaine. La Femme romanesque. Chacun son Métier, les Champs sont bien gardés. Le Capitaliste malgré lui. Le Roi et le Pâtre. La Fille hussard. La Création du Monde. La Préface et les Commentaires. — **Tome XXXIII.** Ali-Pacha. Tiber et Serenus. Les Anglais supposés. La Pièce d'emprunt. Le Portefeuille. Le Château et la Chaumière. Les Français en cantonnement. Amanda. Furbania de Puntiglio. La Méprise volontaire. Les Fiancés tyroliens. Les trois Jérôme. Monsieur Bonnefoi. La Leçon de Dessin. Les Maris anglais. — **Tome XXXIV.** Ida. Le Bombardement d'Alger. Duval. La Coutume allemande. La Bible à ma Tante. Androclès. Le Mariage du défunt. Victorine. Les Valets de campagne. La Caserne. L'Amant somnambule. Deux pour un. Monsieur Flanelle. Le Chevalier d'honneur. Les deux Ecols. — **Tome XXXV.** La fausse Paysanne. Une Noce au mont Saint-Bernard. Le Voyageur fataliste. La petite Rose. Les Épaulettes de grenadier. Le Fat en province. Ni l'Un ni l'Autre. Un Tableau de famille. Isoline. Parlez pour moi. Zenin et Almaise. Les Dangers de l'absence. L'Amant rival de sa maîtresse. Nirzal et Zoraide. Le petit Mendiant. — **Tome XXXVI.** La Dédaigneuse. Une Soirée de carnaval. L'Héroïne américaine. Pourquoi pas ? La Politique en défaut. Le vieux Garçon. Le Mari complaisant. La Marchande de plaisir. Galathée. Hero. Hortense de Vaucluse. L'Officier cosaque. Le Château de M. le baron. La Métempsycose. Élise. — **Tome XXXVII.** La Maison de Socrate le sage. La première Nuit manquée. Le Savoir-Faire. L'Entrée dans le monde. Les deux Valets. Les Pères créanciers. La Grotte des Cévennes. Les petits Protecteurs. Les deux Colonels. Le Retour au comptoir. La Prise de voile. Zelmira. L'Épicier bel esprit. Le grand Deuil. La Méprise de diligence. — **Tome XXXVIII.** Le Dégel. Le grand Chemin. Brun et Blond. Le Déserteur. Beaudoin de Jérusalem. Le Chasseur rouge. Clémence d'Entragues. La Cour des messageries. Philips et Sara. Le grand Dîner. L'Homme de quarante ans. Hirza. Le capitaine Jacques. — **Tome XXXIX.** L'Hermite de Saverne. Mélidor et Phrosine. L'Enlèvement. Monsieur Bonne-Grâce. La Jardinière de Vincennes. Le Rival obligeant. Monsieur et Madame Bernard. Frédéric de Minshi. Le Roi et le Pèlerin. Monsieur Jaunas. L'École des juges. Le Tir et le Restaurant. Bianco. Le Mariage dans une rose. Fera-t-on la noce ? — **Tome XL.** Lise et Colin. Le Jugement d'Empeigne. Les petits Maîtres. Frédéric, duc de Nevers. Le Savetier de la rue Charlot. La belle Milanaise. Rosina de Lorenzo. Rodomont. Remonsai. L'École du village. Le Prétendu de Gisors. Georget et Georgette. Le Garde et le Bûcheron. Les Commères. Le vieux Marin. — **Tome XLI.** Le Futur de toutes les femmes. Les Frères d'armes. La Forteresse de Cotatis. La petite Agathe. La Mort du roi de Rome. Metunho. Les Hommes-Femmes. Le Mari supposé. Childéric. La Muette de Senès. Monsieur Bon enfant. La Fille mendiante. Le Carnaval de Venise. Adélaïde. Arabella et Nascos. — **Tome XLII.** Le Tardif. Messieurs Pantoufle père et fils. La Prise de Milan. La Course. Le petit Ramoneur. Les Forgerons. Les Sauvages de la Floride. Lucile. Les Cavaliers et les Fantassins. Les Tailleurs de Windsor. Le Bourreau sans le savoir. J'ai perdu mon procès. Le Créancier voyageur. Lorh Pikengroh. La Veuve du marin. — **Tome XLIII.** Charlotte Brown. Le Café de la garnison. L'Hôtel en vente. Léon. Le Gamin. Le Savetier et l'Apothicaire. Fortunatus. Rosa. Les Sournois. Les 20,000 francs. Floresta. L'École de l'adolescence. Almanza. Le Sérail. L'Homme à tout. — **Tome XLIV.** Une Saint-Hubert. Les Tribulations d'un employé. Maxime. Les deux Rôles. La Demande en mariage. Les deux Charbonniers. Léon de Noweld. Albert Ier. Un Tour de jeune homme. La cousine Albert. Les deux Ermites. Les nouvelles Métamorphoses. La Famille Girard. Une heure à Sainte-Pélagie. La Contre-Épreuve. — **Tome XLV.** Les Loups et les Brebis. Les petites Revues. Le Peintre et le Courtisan. Les Paratonnerres. Les deux Héritages. Les Originaux. Victorin. Une Journée à Montmorency. La Mort de Patrocle. Le faux Mentor. Louise. Robert le bossu. Monsieur Bontems. Le Roman d'un jour. Les faux maris. — **Tome XLVI.** Dix ans de constance. Les deux Capitaines. Le Garçon de cinquante ans. Monsieur David. La Négresse. Gustave. L'Officier enlevé. Le Baron allemand. Les Comtes d'Offen. Silvie. Le Siège du Havre. Le Libelle. L'Homme brun. Le nouveau Débarqué. L'Auteur dans son ménage. — **Tome XLVII.** Les Brigadiers diplomates. Le Cousin Dupain. Le bon Fermier. Cécilia. L'Artistomanie. Le petit Georges. Le Père supposé. Le petit Tambour. Le Sultan généreux. Sophie et Sigismond. Les Paysans. Le bon Fils. La première Représentation. L'Élixir d'amour. Les Suites d'un coup d'épée. — **Tome XLVIII.** L'Amant femme de chambre. Honneur et séduction. Jocrisse aux enfers. Le Bavard et l'Entêté. Le Watchman. Le Grand-Père. Les Chevaliers du Lion. La Demande bizarre. Le Jugement de Daniel. L'Amour raisonnable. Richardet. La Gazza ladra. Anacréon à Suresnes. L'Oncle et le Neveu. L'Amour suisse.— **Tome XLIX.** Un Caprice de grande dame. La Romance et la Gavotte. Veuve et Garçon. Les Honneurs sans profits. L'Homicide. Les Questionneurs. La Sorcière des Vosges. Le Refus par amour. La Robe et l'uniforme. Les Deux n'en font qu'un. Les Viveurs impromptu. La Pauvre fille. Les Arrêts militaires. — **Tome L.** L'Esprit follet. L'Agenda. Le Danseur éternel. Le Béverley d'Angoulême. Urbelise et Lanval. Le Deuil. Enguerrand. 5 heures du soir. Le Colporteur supposé. La Famille vénitienne. Chabert. Isaurine et Walbourg. Léonard. Edward. — **Tome LI.** L'Écueil des mœurs. Les Deux reines. Le Petit chemin de Postdam. Jeannette et Colin. Haine aux deux sexes. L'Hermitage. Le Gras et le Maigre. Jadis et aujourd'hui. Crispin précepteur. Le Chapitre second. Tibule. Clément Marot. Le Champenois. Le Sultan du Havre. Richardini. — **Tome LII.** L'Anonyme. Les Deux petits frères. Estelle. La Molinarella. Les Bourgeois campagnards. L'Heureuse moisson. Le Fort de la Halle. La Femme à trois visages. L'Innocente et le Mirliton. La Jalouse malade. L'Amour et l'Argent. Le Chanteur éternel. L'Incendie du Havre. Le Notaire. L'École des francs-maçons. — **Tome LIII.** Une heure de veuvage. Bertrand et Raton. Les Sœurs jumelles. Le Père malgré lui. La Clef du masque. Amélasis. L'Amant soupçonneux. Le Quartier du Temple. La Solitude. Mirza. Gionnina et Bernadone. Le Magasin de masques. M. Patant. La Famille moscovite. Les Deux vaudevilles. — **Tome LIV.** L'Amant et le Mari. Le Mariage à la mode. Lidda. Le Gondolier. Les Intrigues de la Râpée. Une Bonne fortune. Le Congréganiste. Riéco. Georges Times. Caroline de Rosenthal. La Jolie Fiancée. L'Étourderie. Les Deux croisées. Arlequin au café du Bosquet. Berthilie. — **Tome LV.** Le Comte Julien. Quatre heures. La Convalescente. Les Maçons. L'Aveugle pour rire. La Partie carrée. L'Espiègle et le Dormeur. La Fille de l'hospice. Parchemin. François et Rouffignac. Le Plan de comédie. La Guerrière. Le Prince en goguette. La Sibylle. — **Tome LXVI.** Le Proscrit. Le Cadran de la commune. Sapho. Rosalie et Floricourt. La Fille coupable. Le Voile d'Angleterre. La Redingote du maréchal. Saint-Firmin et son élève. Saalrem. Le Fils par hasard. La Chambre de Rossini. — **Tome LVII.** La Petite coquette. La Jeune veuve. L'Honneur et l'Échafaud. Le Mineur d'Aubervald. L'Hôtel Bazancourt. La Ci-devant jeune femme. L'Avocat chansonnier. Canard et canardin. La Damoiselle et la bergerette. Parente. Malice pour malice. Les Deux cousins. La Matinée aux contre temps. André. Les Deux lions. — **Tome LVIII.** La Comédienne. Héloïse. Entre chien et loup. La Succession. Le Mariage à la turque. Le Protecteur. Le Parleur contrarié. La Famille suisse. Vierge et martyre. Un peu de méchanceté. Les deux étudiants. La Soirée anglaise. M. Seringa. L'Intrigue à contre-temps. Les Petits Auvergnats. — **Tome LIX.** La Circulaire. Suzanne de Foix. Le Petit Candide. Léandre. Candide. Lisbeth. Le Fils proscrit. La Chasse. Le Juge bienfaisant. Christophe. Le Faux duel. La Bohémienne. Brelan d'amoureux. Les Deux colons. La Princesse de Babylone. Point d'adversaires. — **Tome LX.** L'Important. La Tasse de chocolat. La Femme qui ne parle point. Les Sœurs de lait. Intrigue et ruse. Le Secret de madame. La Tour du Sud. La Vivandière. Urbain et Joséphine. Le Cousin du Pérou. L'École des gourmants. Tristesse et gaîté. Les femmes duellistes. Les Quiproquos nocturnes. L'Ennemi des modes. — **Tome LXI.** Les Amours grenadiers. Le Bal de Strasbourg. Cythère assiégée. Les Fêtes sincères. L'Impromptu du sentiment. La Rosière d'Artas. L'Heureux jour. La Famille des guerriers. L'Union de Manet de Flox Louis XII. Le Petit postillon de Nimes. La Colonnade. Les Assemblées primaires. La France régénérée. La Folie de Georges. Plus de bâtards en France. La Mort de Marat. L'Ami du peuple. — **Tome LXII.** Le Maurice de Venise. Le Garçon d'honneur. L'Arlequin odalisque. Arlequin jaloux. Cadet Roussel. La Critique de M. Angot au sérail. Pierrot roi de Cocagne. Et voilà ! L'Arsenal d'Inspruck. La Petite guerre. Les Compliments. Robinson cadet. Le Soldat tout seul. Crispin tout seul. Frontin tout seul. La Manie de l'indépendance. Théodore. Léandre et Héro. Scaramouche. Le Berger de la sierra Morena. Les chevaux savants. Le Café de Rouen. L'Inondation. Montensier père et fils.—**Tome LXIII.** Louise Labbé. Le Suicide. Hortense et d'Artamon. Le Mariage par dévouement. 30.000 fr.. Toujours le même. M. Delahure. La Bonne fille. Cœsainne et Victor. Emilie. Le Mari instituteur. Melzor et Zima. Le Petit gagne petit. Le Soldat et le perruquier. La Vallée suisse. — **Tome LXIV.** Un jeune ménage. Les Corsaires pour rire. Les Jardiniers de Montreuil. Les Marchandes de la Halle. Le Joueur d'orgue. Les Emprunts à la mode. Tom Jones. Le Duel par procuration. Le Contumace. L'Assemblée. Renard et Corbeau. Les Vieux époux. M. Barbe-Bleue. Le Flâneur. La Journée d'un flâneur. — **Tome LXV.** Un Déjeuner à Ferney en 1765. Isabelle de Loranzo. Deux pères pour un. Sophie. Lodoïska. La Chasse aux loups. Le Moulin de Mansfeld. Les valets en goguette. La Famille mélomane. L'Artisan philosophe. Les Ci-devant rosières. Le Prêté rendu. La Folle. Les Expédients. La Partie de chasse des écoliers. — **Tome LXVI.** Le Maître de déclamation. La Liquidation. La Double épreuve. L'Amant arbitre. Le Testament. Charles de Navarre. Comme ça vient et comme ça passe. M. Lombard. Le Pleureur malgré lui. Cosi fan tutte. Charlot. La jeune Grecque. — **Tome LXVII.** Le Deuil anglais. Le Défi imprudent. Caton d'Utique. Une demi-heure de cabaret. Dom Pascal. La Rupture inutile. Les Trois hussards. Le Fondeur. Le Petit Jules. Le Collatéral. Clarice. Le Faux ami. — **Tome LXVIII.** Merlin dragon. L'Amitié des deux âges. Mélide. Les Époux réunis. Oxur, roi d'Ormus. La Leçon. Les Vendanges de Bagnolet. La Rencontre en voyage. Les Confidences. Les Artistes. —**Tome LXIX.** Merlin, bel esprit. Les Dépositaires. L'Original. Alcionée. L'Homme poli. La Fille de quinze ans. La XXXX, comédie anonyme. La Princesse de Caritzme. — **Tome LXX.** Cassandre. Le Dédit inutile. Le Dernier des Romains. Caïus Marcius Coriolan. Caïus Gracchus. Cosroës. Spartacus. Les Dieux travestis. Les Pêcheurs. Hortense. L'Amour et la folie. L'Aveugle de Palmyre. — **Tome LXXI.** Euphémie. Les Amants en poste. La Vestale et l'Amour. Le Sourd. Marie de Brabant. Célestine. Jenny. Midi. Le Nouveau Nostradamus. La Partie d'ânes. Les Garçons et les gens mariés. Les Regrets. La Fin de la ligue. L'Huissier honnête homme. — **Tome LXXII.** Sédécius. Cinq et deux font trois. Louise, ou l'heureux retour. Le Tribut du cœur. Les Ennemis généreux. L'Amour anglais. Les Français à la grenade. Cadet Roussel au Jardin-Turc. L'Attentat de Versailles. Eveline. Le Chevalier français à Londres. Amélie. La Fête des tigres. — **Tome LXXIII.** Alcibiade. Jacasset. Achille aux rives de Scamandre. Le Coligni. Han d'Islande. Le Mari directeur. Il faut croire à sa femme. Clarisse Harlowe. Les deux Gentilshommes. Il sait tout. Ragonde. Les Chevaux vengés Les cent écus. La Baronne de Chantal. La Vraie bravoure.

Tome LXXIV. La Course au clocher. Ugolin. La Fête de Henri IV. Boira-t-il encore? Un Mari pour étrennes. Le Valet astucieux. Edmond. Batardi. C'est ma femme. Les Chevaliers du soleil. Les Torts apparents. Bébé et Jargon. Coralie. Jeannette. La Belle au bois dormant. Nathalie. Figaro. Bezila. La Révolte des femmes. Le Panache. — **Tome LXXV.** Le Dernier jour de Tibère. Les Tirelaines. La Rosière espagnole. Le trompeur trompé. L'Utilité du divorce. Le Siège de Saragosse. La Lacrymanie. Le Jeune prince. L'Esclave. La Prise de Toulon. Gille en deuil. Le Valet philosophe. Darimon. Quitte à quitte. La grippe. — **Tome LXXVI.** Vitelli. Le Petit page. Les Bouillons à domicile. La Famille en partie double. Renaud. Agricol Viala. Le Tartuffe révolutionnaire. Jeanneton colère. Mieux fait douceur que violence. Il n'y a plus d'enfant. La Famille du capitoul. Les Rêveurs éveillés. La Confiance dangereuse. Les Libellistes Le Bal masqué. — **Tome LXXVII.** Guido Réni. Beaumarchais à Madrid. Le Petit maître en province. Le Camp de Grand-Pré. La Crânomanie. La Petite école des mères. Je cherche un dîner. Le duc de Montmorency. L'Intrigue hussarde. Figaro de retour à Paris. La Fête des Muses. Le Chat botté. Le Baquet magnétique. L'Écolier en vacances. Le Fils reconnaissant. — **Tome LXXVIII.** Le Jeune satirique. La Prison de village. Sabinus. La Ville et le Village. La Leçon des fermiers. Lara. Paulin et Virginie. L'Opéra de province. Le Tailleur et la fée. Louis IX en Egypte. Les Nouveaux calotins. Confidence pour confidence. Le Coq. La Coquette sans le savoir. Gaspard de Thoring. — **Tome LXXIX.** Gênes sauvée. Alphonse roi de Castille. Le Corsaire. Un Dimanche à Londres. Le Mauvais plaisant. La Lingère. La Bataille de Nemode. La Leçon paternelle. Le Devin par hasard. L'Actrice en voyage. Les Comédiens ambulants. Les Bandoleros. Diderot. Céphise. L'Incident imprévu. — **Tome LXXX.** Les Amis de collège. Philoclès. Zélénie. La Journée de St-Cloud. La Grotte de Fingal. Joachim. Les Danseuses à la classe. La Clause testamentaire. La Suicidomanie. Deux jours. Le Gentillâtre. Le Jardin turc. L'Amour de la guerre. Le Gouverneur.

Le Médecin par occasion. — **Tome LXXXI**. Solphanis et Agénor. M. Fournitout. Célestine. Angiolina. Phébus Bournichon. Pélage. Barra. La bataille d'Aboukir. Augustine et Benjamin. Lucas et Laurette. Jean Pain-Mollet. La Censure et la dissolution. La Sylphide. Marta. L'Amazone de Grenade. — **Tome LXXXII**. Catherine de Médicis. La Fausse peur. La Vengeance. Les Jardiniers. Le Dentiste. Cécile. La Veuve de Nuleifrote. La Dame du Louvre. Louis XIV et le masque de fer. La Jeune esclave. Les Femmes vengées. Batilde. Le 30 août. Zamir. Les Écosseuses de la Halle. — **Tome LXXXIII**. Ajax furieux. Richard et d'Erlet. L'Eau et le feu. La Parodie au Parnasse. Sancho Pança dans son isle. Joséphine. La Ruse villageoise. La Maison de prêt. Andreis et Almora. Orgueil et vanité. Le souper d'Henri IV. Nicaise peintre. Le Triomphe de la bienfaisance. Lucie. — **Tome LXXXIV**. Begami et la reine d'Angleterre. L'anti célibataire. Ni jamais ni toujours. Les Bateliers de St-Cloud. Péblo. Les Crimes de la noblesse. Le Lion de Florence. Inès et Pédrille. Guillaumet et Mariotte. Les 4 Henri. Adam Montauciel. Cassandre malade. Le Curé et les Chouans. Isaure et Ganance. Deux joueurs. — **Tome LXXXV**. Les Jamanalos. L'Aventurier espagnol. Ramponneau. Démophon. Le Pied de bœuf et la queue du chat. Suzette et Collinet. Les Deux portraits. La Vengeance inattendue. Les Cancans. Le Maréchal-ferrant de la ville d'Anvers. Le Vieux soldat et sa pupille. Mandarin. Le Mémoire de la blanchisseuse. Le Duel comique. L'Alcade de la Véga. — **Tome LXXXVI**. La Bataille des trois empereurs. Clarisse. Trilby. Les Faucheurs. L'indienne. Les Chemins en fer. Les Deux foules. Le Maréchal de Biron. L'Amant de retour. L'Intrigue avant la noce. Les Festes de l'hymen. Iphigénie en Tauride. Le Faux serment. Roméo et Paquette. Le Marchand provençal. — **Tome LXXXVII**. Le Neuf thermidor. Haine aux petits enfants. 14 ans de souffrance. Le Jugement de Paris. La Noce interrompue. Le Mari en bonnes fortunes. Le Renouvellement du bail. Janny. Le Médecin de l'amour. Scipion dans les campagnes. Célestine. L'Heureux déguisement. Arsène. Le Jeune présomptueux. La Réconciliation villageoise. — **Tome LXXXVIII**. Annibal. Le public vengé. L'École des mœurs. Le triple hymen. Le Locataire. Le Bâteau de blanchisseuses. L'Amant déguisé. La Cabale au village. L'Impressario in angustie. Minectoff. Gustave I. II. III. L'Amant intrigué.. — **Tome LXXXIX.** Mahmoud. Les Nymphes de Diane. Adèle et Dorsan. L'Auberge des mines. Le Cordier de Samarcande. Le Voleur. L'Amant déguisé. Ulysse. Le Bonheur dans la retraite. La Comédie à l'impromptu. A-t-il deux femmes? Julien et Justine. Marianne et Damont. La Piété filiale. Les Arbitres. — **Tome LXXXX**. Jeanne d'Arc. La moitié du chemin. Anna. Blairot. Le Maître de musique. Les 4 Adam. Adrien Tauden-Telde. L'Idiot. Le Mouchoir. La Journée des dupes. Le Nouveau Occo. L'Art de quitter sa maitresse. L'Orphelin anglais. Adelaïde de Mariendal. Charlotte Blondel. — **Tome LXXXXI**. Robert d'Evrême. Amour et mystère. Le Délateur. M. Dupinceau. Cagotisme et liberté. Les Vendanges de Champagne. Les Rendez-vous. Le Soldat magicien. Le Parisien dépaysé. Le Calendrier des vieillards. Christophe Dubois. M. la Jolie. Sophie. Cendrillon. Le Mariage singulier. — **Tome LXXXXII**. Papelard. Le Martyr de Marie-Antoinette. L'Enfant du bonheur. Le Billet de logement. Héléna. Béranger. Une Matinée de Henri IV. L'Extravagante de qualité. Camélonie. Amélia. Caroline de Liethfield. Chacun son tour. Evelina. Le Berceau du prince. L'Amour platonique. — **Tome LXXXXIII**. Une aventure de Scaramouche. Croutinet. Le Rendez-vous supposé. Buonaparte Coco-Rico. La Naissance d'Arlequin. Jean qui pleure et Jean qui rit. L'Amour dans l'Isle des Amazones. M. Bonaventure. La Gageure inutile. Le Double stratagème. Le Sabotier. La Folie intrigue. Michel Cervantès. L'Échange des deux valets. — **Tome LXXXXIV**. Beaumarchais à Madrid. L'un après l'autre. Le Vendredi d'un usurier. Cosme de Médicis. Tanzaï et Néadarné. La Perle des maris. M. Charles. Canadin. Pharamond. Roufignac. Le Mur mitoyen. Dona-Bella. L'Oracle du destin. La Fête impromptue. La Fête de Mars. La Joute. La Fête du patron hollandais. L'Amour à Cythère. Adélaïde de Bavière. — **Tome LXXXXV**. M. de Boulanville. Les Noces d'un fils de roi. La Soirée d'été. Phorbas. Les Orphelins. Le Schall. Le Taciturne. La Magnétismomanie. Pauline et Henri. La Nouvelle Bastienne. Le Lende main des noces. Le Marcantonio. La Dune du château. L'École des amours grivois. Le Peintre amoureux de son modèle. — **Tome LXXXXVI**. Mauvaise tête et bon cœur. La Rupture embarrassante. La Fête du mari. Le Jardinier de Lidon. Encore une partie de chasse. Cécile. Les Moines. Alison et Sylvain. La Chaise de poste. La Reconnaissance.

Le Miroir magique. Un Mariage Cassé. Les Étrennes à la halle. L'Ile des fous. Le Séducteur au village. Zémire et Azor. Les Marchandes de modes. Les Recrues prussiennes. La Descente de Bonaparte en Egypte. L'Aubergiste malgré lui. — **Tome LXXXXVII.** L'Épreuve délicate. Une Matinée de Frontin. Toinon et Toinette. Amaglia. Le Guy de chêne. La Leçon conjugale. Le Fils naturel. Le Mariage par exemple. La Meunière de Gentilly. Les 7 en font 2. L'Indécis. Le Duel supposé. Le Singulier mariage. Le 5e acte. Philis. La Fille mal gardée. Les Deux petits Savoyards. Le Château infernal. Cendrillon. Amour et mauvaise tête. — **Tome LXXXXVIII.** Camma. Faust. L'Amant heureux par un mensonge. L'Heureuse rencontre. Christophe et Lubin. Les Victimes de l'ambition. L'Homme comme il y en a peu. La Rivale d'elle-même. Les Muses espagnoles. Minette. Le Sicilien. Romulus. Le Prix. Psiché et l'amour. L'Hymen de Zéphire. Acis et Galathée. Emilie et Millau. — **Tome LXXXXIX.** L'Intrigant. La Targétade. La Jolie fille de Parme. Le Hameau de Chantilly. La Fille naturelle. Bacchus et Ariane. Le Bon fils. La Piété filiale. Les Espiègleries de garnison. Isabelle. L'Équitomanie. Le Petit Orphée. L'Amour paternel. La Veuve indécise. La Petite guerre. Joseph Léopold. — **Tome C.** Cécile. Figaro au Salon de peinture. Estelle et Némorin. Le Mari jaloux. Les Petits coquets. Une Soirée aux Tuileries. Les Deux boxeurs. Paul et Virginie. Le Polichinelle sans le savoir. L'Auteur fortuné. Les Thermopyles. Le Centenaire de Molière. Il est possédé. Le Spectre du Château. Midas au Parnasse.

6. **Pièces de théâtre.** 4e série. Collection factice de 100 vol. in-8, dem.-rel. veau fauve, contenant 1276 pièces. Ce recueil contient une grande quantité de pièces non représentées et de pièces jouées pendant la Ire République, l'Empire et la Restauration, le plus souvent pièces de circonstance. Une table manuscrite est jointe à chaque volume.

Tome Ier. L'Avare (mis en vers). Fouquet à Pignerol. Raphaël de Malfilâtre. Spartacus. Les Elfes. Marco Spada. Monsieur Pinchard. Juive et Chrétien. Le Désert. Un Futur Présent. Ugolin. L'Epreuve préparatoire. Le citoyen Paul et la citoyenne Virginie. Un Hidalgo du temps de Don Quichotte. — **Tome II.** Les Adieux de Don Juan. Achille à Troie. Le nouveau Cid. Lallier. Les Chansons de Frédéric Bérat. Le Camp de Wallstein. Le Château d'Acra. Les Chrétiens d Orient. — **Tome III.** Cromwell. Le Déjeuner de garçons. Zoroastre. La Gueule du Lion. Zélide. Le Testament. Ulysse. La Traviata. Le Berceau du jeune d'Aubigné. Les Vendeurs d'argent. Lascaris. — **Tome IV.** Vallia. Beaurepaire. Athalie. Le Moine. La Courtisane. Les Héros français. L'isle frivole. Cassius et Victorinus martyrs. — **Tome V.** Médée. Les Suite d'un duel. La Mort de Guillaumet. Lion et Lionne. Lucrèce. Clara. Quintus Cincinnatus. Le faux Mariage. Alphonse et Léonore. Les Mariages d'argent. — **Tome VI.** Néron. François II. Honneur et Préjugé. Le Vuidangeur sensible. Narcisse. Aménophis. Antigone. Les Parents. — **Tome VII.** Beethoven. Aben-Saïd. Les Amours champestres. La Noce sans Mariage. Médicis et Machiavel. Argillan. Trasime et Trimagène. Thomas Morus. — **Tome VIII.** Les Hollandais sous Philippe II. Philippe II. Le Comte de Bristol. L'enlèvement. Les Martyrs de Souli. L'École de la Jeunesse. Rutilius. L'Émigré en 1794. — **Tome IX.** Le Misanthrope politique. La Politicomanie. Lou Barbié Rasefin. L'Amante ingénue. La Mye du Roi Louis XI. Les Folies du Luxe réprimées. Myrrha. Mi-Rat. Thésée. Le Comédiens par hasard. Vathek. — **Tome X.** Le Libéré. Lucrèce. Le Père Thuillier. John Bull. On fait ce que l'on peut et non pas ce que l'on veut. Héromède, Reine de Segeste. Georges. L'Ambigu en habits neufs. Les Tombeaux de Vérone. Les Machabées. — **Tome XI.** Bernard Palissy. Galvani. La Corruption. Le Royaume mis en interdit. Don Sébastien de Portugal. Maître Guérin. — **Tome XII.** Joséphine de Beauharnais. Le Comte de Reding. L'Esprit du Jour. Femme et Mari. Louis XVI à Varenne. Le Prétendu par hazard. La Bataille de Toulouse. Athénaïs. La Fille du Désert. Héli. Guillaume le Conquérant. Le Véridique. — **Tome XIII.** La Fille du Titan. Méléagie. Œdipe roi. Le Ver rongeur. Dos à dos. Les Ministres. Caligula. Agrippine. Jeanne la folle. Egmont. — **Tome XIV.** Catilina romantique. Le Secret d'une Mère. Philotas. Les Dragonnades. Astarbé. La mort de Néron. Les Cherusque. Les Deux Orphelines.

L'École de la Raison. Les Français en Orient. — **Tome XV.** Le nouvel Ulysse. Alméria. Muleh-Adel. Diane de Poitiers. Catinat. Le Duc de Reichstadt. La Mort du Colonel Mauduit. Cinq actes en dix minutes. Le Veuvage. Charlemagne. Menasie. Riquet-à-la-Houppe. Les Bandits. La Crimée. La Défense de Silistrie. — **Tome XVI.** Jérôme Cassolard. Le Déménagement de La Fontaine. Le Paravent. Arric. La Fille de seize ans. Rosemonde. Ulysse. Les Filles à marier. Les Buses graves. Les Brabus graves. — **Tome XVII.** Malheur aux vaincus. Le Veau d'or. Arabella. Eucharis. Jovita. La Naïade. Sacountala. La Maschera. Les Mécontents. François Villon. Saül. Mes Œufs de Pâques. Mademoiselle la Duchesse de La Vallière. Le Jour de l'An. La France et l'Espagne. — **Tome XVIII.** Jonathas. La Morte vivante. Cyrus. Le Nègre. Le Roi Lear. Fénélon dans son diocèse. Le Bourgeois aristocrate. L'excès en tout est un défaut. Les Extrêmes se touchent. Qui compte sans son hôte compte deux fois. — **Tome XIX.** La Collection de Vénus. Le Petit Poucet. L'Huître et les Plaideurs. Le Secret de Cour. Monsieur de la Rocambole. L'Homme qui a bu. Les Sabots. Les Cosaques. Abondance de biens... Mazagran. L'Impromptu des Harangères. Grand Combat du Combat des Montagnes. Encore un Vampire. Le Solitaire. La Tulipe à Jeanne-d'Arc. Les deux Journées. Cadet Leblague et Fanfan la Tulipe. La Montagne de Belleville. Cadet Buteux sortant des Danaïde. Cadet Buteux au Paris. Cadet Buteux à l'École des Vieillards. La Marie Stuart de Schiller. M. Feuilleton. — **Tome XX.** Mademoiselle de La Faille. Persiflés. Africo et Menzola. Victorine ou la nouvelle Nina. Le Monde renversé. Galantine et l'Endormi. L'Orpheline Polonaise. Le Nouveau parvenu. Monsieur Bonhomme. Les Sauvages. Téglis. L'Armure. Les Amazones modernes. Mathilde. Les Partis. — **Tome XXI.** Venzel. Le Bouquet. Impromptu. Le Voyageur. Marthe. Le Connétable Duguesclin. Les Folies amoureuses. Pierre Bagnolet et Claude Bagnolet. Le Petit Chaperon rouge. Tésée et Philomèle. Les Femmes-Filles. L'Amour et Psyché. La Montre d'or. La Fête de Jean-Jacques Rousseau. Poisinet en Espagne. — **Tome XXII.** Un double Ménage. Antipater. Jane Gray. Il curioso indiscreto. Le Secret découvert. La Vocation. L'École du Monde. Les Galettes du Jour. Sterne à Paris. Le Forçat libéré. Les Pommiers et le Moulin. Mégare. — **Tome XXIII.** La Comtesse de Chateaubriand. Le Blanc et le Noir. Don Phèdre. Elise. La Bataille de la Moskowa. Brutus et Cassius. Le Couronnement de Junon. Le Spectre et l'Orpheline. Chao-Kang. Monsieur Dupignac. — **Tome XXIV.** La Reine de Portugal. Henri VI. Norma. Statira. Le Café du Printemps. Théagène. Mahadi. Octave. — **Tome XXV.** La Mort de Louis XI. Bayard à la Ferté. Frogène et Loupion. La fausse Sensibilité. Le Nabab. Le Triomphe d'Alcide à Athènes. Vatel. Ringois. Le Mariage des Grenadiers. 25 pour 100. Le Rival confident. La Bergère de qualité. — **Tome XXVI.** Les Georgiennes. La Cloison. Tout comme il vous plaira. La Cantatrici Villane. Mérinval. Au Bord du Rhin. Le Malade par amour. Les Mœurs et la Loi. Hector. Une Aventure de Plombières. Le Persifleur. L'Homme de Feu. Othello. La Lettre sans adresse. Le Baron de Trenk. — **Tome XXVII.** Les Etats de Blois. Clairgio. La Princesse de Lamballe. La Famille. Castille et Léon. Le Siège d'Alise. — **Tome XXVIII.** La Mort de Robespierre. L'Ecole de la société. Toussaint. Louverture. — **Tome XXIX.** Les Cœurs sensibles. Une Sœur. La Cour plénière. Le Lever de Boville. L'Homme de cour. Horiphesme. La Servante maîtresse. — **Tome XXX.** Marie. Les Trois sortes de pièces. Clarisse Harlowe. Le Bal des Variétés. Le Traité de paix. Lac-Ley. Le Destin du nouveau siècle. Les Commis. Le Théosinode. Louis XI dans les fers. Le Triomphe de Sophocle. L'Hôtel de Lorraine. Les Deux Veuves. Memnon. Les Memnon français. — **Tome XXXI.** Les Trois Rivaux. Les Boudeurs. Le Dénouement impromptu. Théodebert. La Clubomanie. Les Les Vierges de vingt ans. L'État restitué. L'Honnête Aventurier. Le Médecin libéral. Le Dansomane de la rue Quincampoix. Le Cadet de Gascogne. Misère et Gaîté. Le Départ d'une diligence. Avis aux Mères. Le Siège et la reddition de Paris. — **Tome XXXII.** Théonoé. Les Deux Médecins. Mademoiselle de Lespinasse. Les Vœux accomplis. La Tête à perruque. Le Manteaux écarlate. Les Ermites. Une Vengeance d'amour. Est-ce une fille ? Est-ce un garçon ? Sophie. Tout pour la Liberté. Clovis. — **Tome XXXIII** La Duchesse de Guise. Le Vieux Sergent. Les Ermites blancs. Persé et Andromède. Un Tour de Carnaval. Roberto Devereux. L'Homme noir. La Débutante. Les Trois Cousins. Clorinde. Le Monde renversé. Le Déguisement pastoral. Le Séjour

Militaire. La Timide. La Sybarite. — **Tome XXXIV.** Le Mari poussé à bout. Le Sac d'Avoine. L'Hospitalité. La Rosabianca e la Rosa rossa. Les Fils inducteurs. Départ pour l'Icarie. Momie. Les Trois Folies. La Vérité trouvée au fond du Puits. La Matinée d'un jeune homme. Les Fureurs de la Mère Michel. Pierre de Provence et la Belle Maguelonne. Le Degré des âges. Les Voyageurs en retard. — **Tome XXXV.** La Tour de Londres. Les Méprises de l'amour. Le Danger des conseils. Versenil. Maiso-Manie. Le Temple des Chimères. La Marquise de Montalle. Le Dédit mal gardé. Le Menteur. La Dernier Bulletin. Albert. Romeo et Juliette. — **Tome XXXVI.** Amasis. Roland. Mahomet. Barbe-Bleue. Les Deux Seigneurs. Eraste. L'Entrée des Français à Madrid. La Double Fête. Sophie. Le Mauvais Négociant. Massilia. Catherine de Courlande. L'Emprunt secret. — **Tome XXXVII.** Une Erreur. Le Duel singulier. L'An 1835. L'Enfant Prodigue. Les Deux Diligences. Rosalie et Dorsin. Le Gouverneur de Lectoure. Les Deux Veuves. Durmont. La Destruction de la Ligue. — **Tome XXXVIII.** Le Choix d'Alcide. Sophonisbe. Basile et Quitterie. Les Amazones. Le Chaudronnier de Saint-Flour. Les Deux Commères. Bizane. Cornilla. Moulinet Ier. La Dansomanie. — **Tome XXXIX.** Le Duel. La Veuve rusée. Le Médecin malgré tout le monde. Bayard, page. Le Cachemire. Darius. Le Bon Richard. L'Apothéose du Duc de Montebello. Les Enfants trouvés. La Mort d'Abel. — **Tome XL.** Le Défiant. Le Carnaval de Beaugency. Venus et Adonis. Caliste. Le Valet intrigué. L'Enfant Prodigue. Maximien. La Veille d'une grande Fête. La Revue de l'An XI. L'Antiquaire. Bon naturel et Vanité. Roger Bontemps et Javotte. — **Tome. XLI.** La Mort du Connétable de Bourbon. Les Comédiens Simple Dénouement. Insipidus. Les Législatrices. La Comtesse. Les Auvergnats. Les Viennois à Berlin. Le Carnaval et les arrêts. Luzzile. L'Isoladisabitata. A la Louange de la Belle Lislé. Le Jour de l'An. Les Veuves. La Fête du Village. — **Tome XLII.** Eschyle. La Rançon. A. Du Guesclin. Erminie et Philandre. La Grande Métamorphose des Comédiens italiens. Germanic. Le Jeune Médecin. La Croix protectrice. Rose d'Amour. La Belle-Mère. L'Elysée. — **Tome XLIII.** Le Mauvais Joueur. L'Inganno Felice. Le Curieux. Mitilde. Les Avant-Postes. Taquine. La Bavarde. Les Statuaires d'Athènes. Délis. Les Beaux Nœuds. Galathée. Le Béarnais. — **Tome XLIV.** Sethos. L'Education de l'Amour. Angélique. Marie. Les Bergers de qualité. Valsain et Florville. Abdelager. Epaphus et Memphis. Les Amants inquiets. Chaque Homme dans son caractère. — **Tome XLV.** Fernand Cortès. Arlequin Hulla. Arlequin au sérail. Arlequin et Colète. Arlequin, soldat-magicien. Arlequin, garçon-marchand. Arlequin à Genève. Arlequin, perruquier. Arlequin jokey. Arlequin Jacob et Gilles Esaü. Arlequin, peintre. Arlequin, muet. Le Train de Paris. Louis XII à Reims. La Mort de Henri III. — **Tome XLVI.** L'Héroïne polonaise. Le Minutieux. Les Acteurs déplacés. La Romance. L'Enseigne. Les Bracelets. Ne pas croire ce qu'on veut. La Femme médecin. Paulina. Les Lettres anonymes. Œdipe à Thèbes. La Danse. Le Jeune Frondeur. L'Ami de cour. Le Lion parlant. — **Tome XLVII.** La Tour d'Astuce. L'Eucide. Le Cabriolet jaune. Linda di Chamouni. Le Perruquier. Les Filles de trente ans. Le Curieux puni. Le Tribunal des Femmes. L'Asile de l'Amour. Madelon. La Sorcière. L'Obligeant maladroit. Le Mariage par entendement. Hélène. Les Paroles et la Musique. — **Tome XLVIII.** Beatrix Cenci. Caroline et Douville. Œnone. Parodie d'Annette et Lubin. L'Héroïne suisse. Gracieuse et Pertinet. Une Faute par amour. L'Epreuve singulière. Arabelle et Altamont. Les Flacons. — La Cinquantaine dramatique de M. de Voltaire. Sophie de Brabant. Il Mercati di Malmantile. Les Indiens en Angleterre. La Quête de volailles. — **Tome XLIX.** Walpole. Les Intrigants. La Congrégation et la Diplomatie. Robespierre. La Manie des trônes. La Chute de l'Empire. — **Tome L.** Antigone, Jean et Geneviève. Priam au Camp d'Achille. Le Coureur d'héritages. Il Convito. Hailaz. La Fille, la Veuve et la Femme. La Petite Maison. La Double prévention. Le Médecin de la Montagne. L'Amant en gage. La Colombe. La Fausse Statue. Il Fanatico per la Musica. Le Paysan picard. — **Tome LI.** Ceila. Le Prodige. Le Quartier général. La Restitution légitime. Madame Prologue. Deucalion et Pyrrha. L'Infidèle puni. L'Hercule gaulois. Diomedon. Caton d'Utique. Annibal. — **Tome LII.** Virginie. L'Epicurien. La Bataille de Fontenoy. Un Avertissement aux jaloux. La Revue et le Jugement du XVIIIe siècle. Sapho. Les Bohémiens en foire. L'Ami comme il y en a peu. Le Cultivateur hospitalier. Les Embarras du père de famille. — **Tome XLIII.** La Fille du roi Don

Jacques. L'Ascendant de la Vertu. La Mort d'Hercule. L'Auteur satirique. Lucrezia Brombinelli. Le Poète au foyer. Le Fou théâtral. Les Fausses Affirmations. L'Inconnu. La Journée de Salamine. La Langue musicale. La Fausse Mère. Les Frères Amis. Le Triomphe de Flore. — **Tome XLIV**. Jeanne d'Arc (Haldy). Jeanne d'Arc (Mercier). La Mort de Jeanne d'Arc. Mélina. L'Epoux généreux. L'Anti-Lucrèce. La Folle Prétention. La Conspiration manquée. La Fête de Pluton. L'Aveugle clairvoyant. — **Tome LV**. Les Conjurés napolitains. Albert et Emilie. Don Carlos. Coriolan. Coriolan chez les Volsques. Coriolan devant Rome. Coriolinet. Socrate. Les Gaules sauvées. La Feste de la Nymphe Lucrèce. L'Hommage du Cœur. Les Fêtes de l'Inconnu. — **Tome XLVI**. Au travers du mur. Elisabeth, reine d'Angleterre. Ismaël. Thamma. Montesquieu à Marseille. La Belle au bois dormant. La Principessa in campagna. Constance. Ismenor. Piron aveugle. L'Anti-Vaccinateur. Les Complices. L'Ecole du Soldat. La Fausse Duègue. Minerve, protectrice de la France. — **Tome XLVII**. Charles d'Anjou. Trois Femmes. Le Rentier. Les Mannequins. Le Puits du Diable. Achille. Nina. L'Ecole du Temps. Le Règne de douze heures. La Raison. L'Hymen et l'Amour. La Famille réunie. Bagarre. La Naissance d'Amadis. La Journée de Titus. — **Tome XLVIII**. Achille et Patrocle. Le Comte d'Angoulême. L'Heureuse Soubrette. Azor. Marie-Stuart. Milon. — Les Deux Visionnaires. Les Deux Mai. Cagliostro. La Ruse d'aveugle. — **Tome XLIX**. Dion. Zoé. Le Valet menteur. La Noce interrompue. Baiaco et Serpilla. Les Epoux malheureux. Romeo et Giulietta. Romeo et Juliette. Jeanne d'Arc. (Plusieurs Livrets). — **Tome LX**. L'Ecole des députés. Le Roi Rodrigue. Œdipe Roi. Frédéric, prince royal de Prusse. Jocabed. Les Fils de Clodomir. La Bourse et la Vie. — **Tome LXI**. Le Classique et le Romantique. Une Soirée chez M. de Peyronnet. Le Congrès des ministres. Un Conseil du ministère Polignac. Crispin gentilhomme. Le Diable boiteux. Le Roman. L'Alibi. Le Compliment de Nicette. Pauline. L'Elève de la nature. La Femme de chambre. La Bourbonnaise. Henriette. Grimoire. — **Tome LXII**. Gaston. La Belle Esclave. Fanny Morna. Fredégilde. Pauline et Valmont. Boabdil. La Famille des badauds. Le Bon Ami. L'Aveugle supposé. L'Homme noir. (1re édition). Gonzalve et Zulema. La Pastorella nobile. Sophie Francourt. La Comédie aux Champs-Elysées. Le Café du Ventriloque. — **Tome LXV**. L'Homme d'Etat imaginaire. La Cachette. L'Amant par vanité. Le Cri du cœur. L'avènement de Titus à l'empire romain. Monsieur Mayeux. L'Homme généreux. La rencontre imprévue. La Saint-Louis villageoise. David. La Femme en parachute. Saint Adalbert, martyr. — **Tome LXIV**. Le siècle de Numa Pompilio. Le quatrième siècle. Demetrius. Leonore Petrocori. Arthur Ganem. Eulalie. — **Tome LXV**. Mucius Scævola. Le Protecteur bourgeois. Le Contrat signé d'avance. Les Méprises. Silistrie. La feste de la Saint-Electre. Le Clergé dévoilé. Le Français à Amsterdam. Le Siège de Tyr. Les amants valets. Les deux voyageurs de Paris à Beauvais. Lassone. Fortunas. Les Trois pouvoirs. — **Tome LXVI**. Le Fourbe. Philippe. Les Deux amis. La Capricciosa corretta. La Fontaine merveilleuse. On ne s'y attendait pas. Dejanire. Le Sacrifice d'Abraham. Les Indes dansantes. Jenni. Les Auteurs par hasard. Léa, comtesse de Sunderland. — **Tome LXVII**. L'Esclavage des noirs. Isabelle de Portugal. Corinne. Barberousse le Balafré. L'Anneau du Diable. La Rinegata. La Création. Le Créancier. Peut-on aimer sa femme? Le Berceau de Henri IV à Lyon. Le Double écueil. Dalmanzy. Le rival secrétaire. L'Argent du voyage. Les Deux élèves. Le Consentement inattendu. — **Tome LXVIII**. Darius Codoman. L'Assemblée des ombres aux Champs-Elysées. Le Journaliste des ombres. L'Héritier de Paimpol. Carlin débutant à Bergame. Les revers de l'Amour. Le Roi et le Ministre. La Cigale et la Fourmi. Amour, Folie et Beaux-Arts. Cymon. — **Tome LXIX**. Hécube. Amilla. Les Filles. Une Journée de Séville. La Bergerie. Jérusalem délivrée. Idylle de Saint-Cyr. Bélisaire. Amanda. Althéa. Les Gondoliers. Les Orphelins. — **Tome LXX**. Rienzi. Pline. Charles II, roi d'Angleterre. Philippe II, roi d'Espagne. Henri et Perrine. L'Humeur à l'épreuve. Le Bienfait et la Reconnaissance. Les Villageois détrompés. Térentier. La Rancune trompée. — **Tome LXXI**. Les Ruses du Mari. Le Chinois poli en France. Lequel des deux? La Sagesse humaine. Le préjugé excusable. L'Aîné et le Cadet. La Fête du village. Zanetti. Andremo a Parigi? L'Homme de confiance. Jouachim, bey de Tunis. — Une Macédoine. La Rencontre imprévue. Mon oncle Tobie. La queue du Lapin. — **Tome LXXII**. Les Tribulations de M. le Préfet. Erreur n'est pas compte. La Veuve comme il n'y en a pas. Le juge d'Asnières. I Misteri Eleusini. Robin des Bois. L'Au-to-da-fé. Le massacre de la Saint-Barthélemy. Il fanatico brulato. Achmet et Almanzine. Roger de Sicile. La Pomme et la Citrouille. La Didone. — **Tome LXXIII**. Le Trésor. Les Bons et les Méchants. Le More de Venise. Samson. Le Seigneur supposé. L'indifférent. Valaski et Ophélie. M. de la Giraudière. La Grotta di Trofonio. Une Ville de province. Oreste. Hurluberlu. L'Amour délicat. Le Théâtre à la mode. Fabius. — **Tome LXXIV**. Le Majorat. L'Oiseau bleu. Valombré. Le Forgeron. La Tête rouge. L'Isle des Femmes. Le Mariage de Janot. La Tendresse villageoise. L'Heureux jour. Monsieur Brouillon. Isidore et Monrose. Le Goûter. La Femme comme il y en a tant. Le Ravisseur joué. — **Tome LXXV**. Rafaël. Les Poètes en voyage. Monsieur Têtu. Monsieur Mutin. Les Frères rivaux. La Meule de foin. Tzigane. Monsieur Désormais. Werther et Charlotte. L'Amant déguisé. Les Poissons d'avril. Les Mariages de Caserte. Une Espièglerie d'Arlequin. Les Jeunes mariés. L'Heureux retour. L'Amant muet. Le Libérateur. — **Tome LXXVI** Elisabeth d'Angleterre. Le Jugement suprême. Le Projet manqué. Les Français en Espagne. Malherbe. Le Départ interrompu. L'Anglais à la Foire. La Cachette. La Fille bourrue. Janot au Salon. Lisia. La Pension de Jeunes demoiselles. L'Epouseur de Vieilles femmes. Le Faux-Seing. Henri V et ses compagnons. — **Tome LXXVII**. La Saint Barthélemy. La Prise de Paris. Le Soufflet et le Baiser. Garrihdouble. Florestan. Le Sacerdoce littéraire. La Gélosie villane. Le Retour d'un fils. Le Fou par amour. Le Vétéran. Le Procès du Canean. Un Procureur. Don Juan. La Perruque blonde. Monsieur Courtois. — **Tome LXXVIII**. La mort de Charles Ier. Ninon de l'Enclos. Arsinoé. Monsieur Quinquina et Mademoiselle Bourrache. La belle Pescatrice. Achille. Le Menuisier de Vierzon. Le Livre de l'Ermite. Le Prince Noir et Blanc. Le Barbier de la Cité. Miltiade à Marathon. Faut-il se marier? La laitière Polonaise. Le prisonnier Français. Un Jour de Bonheur. — **Tome LXXVIX**. Le Forçat par circonstance. Le Dévouement de Missolonghi. Le Passe-Partout. Les Adeptes. L'Enfant sauvage. Judas Macchabée. Dumollet à Lyon. Rhadasmane. Jeanne d'Arc. Richard III. Mars et Vénus. Junius. La festa de Mirza. L'Héloïse de l'île Saint-Louis. Le Petit Pêcheur. — **Tome LXXX**. L'Académie. Hélène et Francisque. M. Jocrisse au sérail de Constantinople. Charles IX. Les Boudeurs. La Jalousie de Barbouillé. Le Médecin volant. L'Inauguration du Théâtre-Français. — **Tome LXXXI**. La conjuration d'Amboise. (De Jouy) La conjuration d'Amboise. Les Deux Sœurs. Catilina. Le serment de Wallace. La Passion de Jésus-Christ. Le Temps est un grand maître. Betty. Le Neveu de Biragne. Tibère à Caprée. — **Tome LXXXII**. Le Pirate. L'Opérateur chinois. L'Inconnue persécutée. Le Naturaliste. Jean Flébergue. Le Fils naturel. Le Duel. Le Pavillon du Calife. Monsieur Chose. Barnevelt. Une Première représentation. Les Honnêtes gens. L'engagée de Chaumont. Julia. Caïn. — **Tome LXXXIII**. Lucrèce Borgia. Les Rivaux heureux. Mon oncle Antoine. La Bourbonnaise à la guinguette. L'entrée des Français au Caire. Le Russe. Cléopâtre. Le Bal masqué. Les Aventures amoureuses. Le Vaudeville qui n'en est pas un. Atala et Chactas. Les deux Magots de la Chine. Le Jeune médecin. Le Dénouement en l'air. Zozo. — **Tome LXXXIV**. Jean Galéas. La Mort de Napoléon. L'Ecole des époux. Pas plus de six plats. — **Tome LXXXV**. La nouvelle Italie. Le marquis de Moncade. Thésée. Roméo et Juliette. La Jeune épouse. La Blonde et la Brune. Voltaire apprécié. La Saintongeoise. La Mère coquette. Le Valet en bonne fortune. Les Jeux de l'amour. Semire et Mélide. Paris sauvé. L'avenir. Rigoletto. — **Tome LXXXVI**. Zaïda. L'enlèvement d'Hélène. Le Vannier et son Seigneur. L'Ecole des frères. L'Amour et Bacchus au village. Le Commerçant de Bordeaux. Le Pouvoir des talents. Les Quatre fils d'Aymon. Le Jeu à la mode. L'Enchanteur Morto-Rivo. L'Ecole du silence. Le Menuisier de Bagdad. — **Tome LXXXVII**. La Veuve-Mère. L'Illuminé. Monsieur Deseffrois. Pélopée. Mandrin pris. La Roche du Diable. La Chercheuse d'esprit. Héraclite. Le Portier du Parnasse. Le Comédien de Bruxelles. Beaucoup de bruit pour rien. Le Savetier joyeux. Constantin. La Matinée d'un directeur de spectacle. Armand et Mathilde. — **Tome LXXXVIII**. Caïus Gracchus. L'Ours et l'Enfant. Le Faux misanthrope. La Vieille femme colère. Le Fabricant de Londres. Proserpine. Le Lever de rideau. Les Trente. Emilie. La Fiancée du pays de Caux. Romans. Tiens bon, tu l'auras. Le Fermier d'Issoire. La closière. — **Tome LXXXIX**. Le Banqueroutier du Jour. Ballet des Incompatibles. Les Dragons de Charonne. Les Laitières de Bagnolet. Il Barbiere di Siviglia. Charbonnier est maître chez lui. L'Adoption villageoise. Le Prix académique. Don Quichotte chez la Duchesse. L'Epigramme. La Séraflna. L'Espion. Caligula. La Philosophie en défaut. Les Fileuses. — **Tome XC.** Les Templiers. Le comte d'Olsbach. Menzikow. L'amateur de musique. Hortense et Seligny. Christine, reine de Suède. Arménide. Le Vrai philosophe. Les Alchimistes. Les Troyennes en Champagne. Fœdor et Wladamir. Le Rappel des Dieux. La Prise du fort Saint-Philippe. Edgar et Emma. Zirphile et Fleur-de Myrte. — **Tome XCI.** Sapho. Chacun son métier. Percy. Laure et Pétrarque. Le Diner d'un héros. Je m'émancipe. Le Difficultueux. L'Anglaise déguisée. Les Voleurs. Bétharlie délivrée. Le Vampire. Oh! voilà bien le Diable. Les Bonnes gens. Le Prix d'un moment. — **Tome XCII.** Rameau. La mort d'Abel. Lilliput. La Pensée d'un bon roi. L'Hermitage des Pyrénées. Cornélie. Aristée-le-Grand. Soliman. Les Français à Cythère. Le Père de province. L'Etourdie. Le Drapeau. Le Joyeux moribond. La physicienne. — **Tome XCIII.** Les Deux Crispins. L'Amateur corrigé. Le Paria. Le Journaliste. Les Deux neveux. L'Homme au masque de fer. La Manufacture d'indiennes. La Sibille. Le Moyen d'être heureux. La Partie de campagne. L'Isle des Amazones. Le Bouquet. Flore au Parnasse. La Rage d'amour. Les Trois Taris. Hercule et Omphale. La Leçon de l'oncle. La Haine par amour. Le Rosier parlant. — **Tome XCIV.** La Décoromanie. Azor et Thémire. Apollon et Climène. Le Bal militaire. Une Culbute. Le Bienfait récompensé. Le Jeune oncle. Philoclès. Ninon de Lenclos. Les Femmes soldats. Mistouflet. La scènomanie. La Petite maison. Les Deux frères. Dorat et Fréron. Une promenade à Saint-Cloud. Moussu Jus. Les Couronnes. Le Retour d'un acteur. Hercule au Mont Œtna. — **Tome XCV.** Bertram. Le Prince de Kiof. Boïeldieu aux Champs-Elysées. Le Presbytère. Le Nouveau ministère. Les Représailles. Marie Stuart. Marie en Ecosse. Laurent de Médicis. Caïus Caligula. — **Tome XCVI.** Washington. Le Pape et le Mufti. Le Déjeuner anglais. Une Nuit de Paris. Monsieur Général. Voltaire à Romilly. Voltaire triomphant. Le Mannequin parlant. La Maison murée. Le Jour des élections. L'Intrigue dans les caves. La Conjuration comique. La Lanterne de Diogène. L'Ecole des Français. — **Tome XCVII.** Le Protecteur et le Mari. La Robe et les Bottes. Le premier Jour de l'An. Le Soldat fermier. La Fête d'un Grenadier. Le Siège de Poitiers. Monsieur Paterne. La France et l'Italie au pied des Alpes. La Mort de Kléber. Le Maréchal de Richelieu aux Champs-Elysées. L'Ecole des censeurs. Le Dormeur éveillé. — **Tome XCVIII.** Louis XVI. Le Siège de Thionville. Le Mariage de Molière. Molière chez Ninon. Molière à Toulouse. Gulliver dans l'isle des Géants. Monsieur Partout. Dix-neuf coups de canon. Mylord Go. Le nain de Sunderwald. L'Acteur dans sa loge. Marseille sauvée. Le Cabinet de figures. — **Tome XCXIX.** Mademoiselle de Sombreuil. Charlotte Corday. La Papesse Jeanne. Le Rival par amitié. Geneviève de Brabant. La Folle soirée. La Forteresse de Rio-Tercero. Monsieur Pistache. La Journée d'Austerlitz. Mars en Carême. Le Café littéraire. Monsieur Boucacous. La Vérité dans le puits. Les Médecins d'aujourd'hui. — **Tome C.** Haine aux Français. Le Grand Bailliage. La Révolution. Le vicomte de Bayoteaux. L'Epoux Républicain. Les Peuples et les Rois. Les Persans à Paris. L'Institution. Le Combat des Thermopyles. Les Salpêtriers républicains. Le dernier Couvent de France. Descente en Angleterre. Une Matinée du Luxembourg. La Rencontre d'auberge. Montcalm.

7. **Vieux Théâtre.** 10 vol. in-12, dem.-rel. basane rouge, renfermant 82 pièces, publiées depuis 1630 jusqu'à la fin du XVIIIe siècle. Editions de Londres, Lisbonne, de Metz, de La Haye, de Douai, d'Amsterdam et de Paris.

Tome Ier. Malagrida Paros. Cromwel, le Mensonge généreux. Les Quartiers d'hyver. L'Hypocrite corrigé. La Méchanceté. Hilas et Silvie. — **Tome II.** Vathelo. Le Naufragé au Port-à-l'Anglais. Adamire. Le Plagiaire. Les Amours de Calotin. Paméla en France. La Critique de Vaimet. La Comédie des proverbes. — **Tome III.** Crispin musicien. Margot. La Bouquetière. La fausse Suivante. La nouvelle fausse Suivante. Le Retour de l'ombre de Molière. Osaureus. — **Tome IV.** Les Courses de Tempé. Les Femmes docteurs. Zarès. L'Héritage et l'Honnête Huissier. Julie. La Toilette de Vénus. Les Fêtes du sérail. La Duchesse de La Vallière. Les Aveugles de Francanille. — **Tome V.** Philobouill. Socrate. Les Tuteurs. Le jeune Homme. Les Sœurs jalouses. La Couronne de roses. Fernand Cortès. Le Tripot comique. — **Tome VI.**

Télémaque dans l'isle de Calipso. Le Tombeau de maître André. Les Cadenas. Plus de mondaines. Alizon. La Chasse du cerf. Le Temple de la Vérité. Ponfale. — **Tome VII.** Adraste. L'Amarante de Gombauld. Le Poète emprunteur. Poisson, comédien aux Champs-Elysées. Programme du fameux siège. La Joye imprévue. L'Epouse suivante. La Manie anglaise. — **Tome VIII.** Les Philosophes manqués. Gersy et Gersylie. Tabellion. La Gageure de village. Le Rival par ressemblance. Anne de Bretagne. Les Colifichets. Les Amants trompés. — **Tome IX.** Les Juifs. La Partie de campagne. La Comédie des comédies. L'Italien maire à Paris. Arlequin marchand de pantins. Le Retour du goût. Les Intrigues de la loterie. Les Eaux de Passy. — **Tome X.** Baléasar. Yphis. Le Mariage de la Raison avec l'Esprit. Jephté. Sylla et Glaucus. L'Amateur. Les fausses Infidélités. Isabelle de Valois. Didon heureuse. Le Prix prudent et équitable. Armide.

8. **Bayard** (J.-F.). Théâtre, précédé d'une notice par Eugène Scribe. *Paris, Hachette*, 1855; 12 vol. in-12, dem.-chagrin rouge (84 pièces).

9. **Théâtre.** 56 vol gr. in-8 dem.-veau rouge, dos orné. Réunion complète de toutes les pièces parues à deux colonnes, éditées par Marchand, Barba, Tresse, Brandus, Michel Lévy, Beck, etc., etc. Quelques-unes sont éditées en province. 2,240 pièces. Chaque volume contient environ 40 pièces. Cette collection peut convenir à un directeur de théâtre; il y trouvera réunis les meilleures comédies, vaudevilles, drames, opéras, opéras-comiques, opérettes, joués sur les théâtres de Paris pendant les cinquante dernières années. Beaucoup de pièces s'y trouvent en édition originale.

Tome 1er. Bob. Le Loup dans la bergerie. La Marquise de Rantzau. L'Almanach des 25,000 adresses. Le Bon ange. Le Cent-Suisse. La Dette à la Bamboche. Un Fils. Monseigneur. Les Assurances conjugales. Faublas. L'Orangerie de Versailles. Richard Savage. La Sirène. La Vie de château. Napoléon. Mathieu Lœnsberg est un menteur. Exilé. La Chasse du roi. Les Treize. Les Mystères de Paris. Les 2 Sœurs de charité. Le Baiser par la fenêtre. La Démence de Charles XI. Esther. Une Femme de lettres. La Mère de la Débutante. Le Tremblement de terre de la Martinique. Les Noceurs. Le Lierre et l'Ormeau. La Chasse aux maris. La Marquise de Carabas. Jeannie le Breton. Fragoletta. Sur la Rivière. La Fille du Tapissier. Un Premier souper de Louis XV. Le Bonheur en bouteille. Il y a seize ans. Une Histoire de voleurs. — **Tome II.** Sultane. Marcelin. L'Ouverture de la chasse. Les Infortunes de Jovial. Constantine. Les Trois sœurs. Une Saint-Hubert. Rosita. Péché et Pénitence. Un Voyage en Espagne. L'Honneur d'une femme. Mégarie. Le Bambocheur. La Guerre des servantes. Calas. Bacon le comédien. L'Homme aux 106 millions. Françoise et Francesca. Lambert Simnel. La Femme de ménage. Agamemnon. Le Lac des fées. Chacun de son côté. L'Enfant de la balle. Une Femme à la mode. Les Philanthropes. Au Croissant d'argent. Le Marquis de Carabas. Rocambolle le bateleur. Les deux Philibert. L'Embarras du choix. Le Mirliton. L'Inconnue de Ville-d'Avray. La Polka. Un premier Tenor. L'Oiseau du bocage. Précepteur à vingt ans. Zampa. Un Ane de marié. Le Grand Palatin. — **Tome III.** Perugina. Une Nuit au Sérail. Un Premier bal. Lelia. Floridor le choriste. Guillaume Colmann. L'Enfant trouvé. Le Carlin de la Marquise. L'Homme de paille. Les Murs ont des oreilles. Les Comédiens. Le Perruquier de la Régence. Les 4 Quartiers de la lune. La Grisette au vert. Marguerite. Un Neveu du faubourg. L'Homme au masque de fer. Une Leçon d'actrice. L'Amour. La Modiste au camp. Les Bonnes d'enfants. Delphine. César. Une Révolution d'autrefois. Les Circonstances atténuantes. La Suisse à Trianon. La Révolte des marmousets. Le Tailleur de la place Royale. Sur les Toits. Mazagran. Les Femmes de Paris. Mon Illustre ami. Bigon. La Jeunesse de Charles XII. L'Elève de Saumur. Trois Gobe-Mouches. Les Hussards et les Lingères. La Bohémienne de Paris. — **Tome IV.** Un Carnaval d'ouvriers. Une Fête de Néron. Le docteur St-Brice. Le Coiffeur des Dames. La Nuit du meurtre. Le Châle bleu. Henri III et sa cour. Daniel le tambour. La belle Bourbonnaise. L'Eunuque. Les deux Lanternes. Paris à cheval. Colin Tampon. Turlurette. Robert chef de brigands. Frisette. Mlle de Mésanges. Une Journée à Versailles. Sujet et Duchesse. Le Tambour-Major. Vert-Vert. 1840. Les Caravanes d'Ulysse. Vingt-six sous. Iphigénie. Les Héritiers du Comte. Pierre le Noir. La Vie en partie double. La Maschera. Le nouveau Bélisaire. Lady Henriette. Un Amour de Molière. Le Bourru bienfaisant. Le Chat noire. La Pie voleuse. Un Mari du bon temps. La Camargo. La belle Françoise. Le Mari de la Fauvette. La Dragonne. — **Tome V.** Zizine (de la porte St-Antoine). Zizine (Vaud.) La Passion secrète. Le Bourgeois de Gand. Le Lansquenet et les Chemins de fer. Pen Peters-colt. L'Inondation de Lyon. Marie (op. com.) Mlle Desgarcins. Les Chevaux-Légers de la Reine. Fra Diavolo. Un Homme sanguin. Un Miracle de l'amour. Luxe et Indigence. Angélique et Médor. Le Pot aux roses. Promettre et tenir. Suzanne de Croissy. 10 Ans de la vie d'une femme. Les Pénitents blancs. Le Jettator. Trianon. La Vieille. Sans dot. Un Testament de dragon. La Salle d'armes. La Lune rousse. D'Aranda. L'Ecole buissonnière. Les Canots. Le Bon moyen. L'Avocat pédicure. Judith. Un Ménage Parisien. Les 4 Fils Aymon. L'Eau merveilleuse. Rebecca Les Viveurs. La Princesse Aurélie. L'oncle de Normandie. — **Tome VI.** Ce bon M. Blandin. La Maîtresse de poste. L'Espionne. Le Trompette de M. le Prince. Les Ebénistes. Le Salon dans la mansarde. Le Métier et la Quenouille. Le Puff. La Dame du second. L'Heroïne de Montpellier. Le Ménage de Rigoletto. Louisette. La Nuit de Noël. Le Conteur. Le Pendu. Le sire de Baudricourt. Les trois Cousines. Le Mari prêté. Les Camarades du ministre L'Elève de Rome. Deux Loups de mer. Carte blanche. Bal et bastringue. Le Chevalier du guet. La Fille du matelot. Les Débuts à Bordeaux. Contre Fortune bon cœur. La belle Bouchère. Les Marins d'eau douce. L'Homme heureux Le Page et la Danseuse. La Chasse aux belles Filles. L'Eclair. M. Bergolin. La Boulangère a des écus. La Fille du ciel. Frédégonde et Brunehaut. L'Enfant de giberne. Les Prétendants. Les deux Chemins. — **Tome VII.** Le Corrégidor de Séville. Le Ménestrel. Jean de Bourgogne. Les Parents d'une danseuse. Mlle Bernard. Une Femme charmante. La Courte paille. Marino Faliero. Femmes et Pirates. Les Poletais. Chasse royale. Le Fiacre et le Parapluie. Les Brasseurs du Faubourg. Les deux Anes. La Maupin. Madame de Sévigné. Un Enfant sur les bras. Picaros et Diego. Thérèse. La Mantille. Les petites Danaïdes. Une heure de Mariage. A la belle Etoile. Le Conscrit de l'An VIII. La mort du duc de Clarence. Une Position délicate. La Liste de mes maîtresses. Le Chevalier du Temple. La Fille d'un voleur. La Sœur de la Reine. Robin des Bois. Le Trombone du Régiment. Le Carillon de Saint-Mandé. La Main de fer. La branche de Chêne. Les Parvenus. Le Mal du pays. Attendre et Courir. La Pluie et le beau Temps. — **Tome VIII.** Le Roi de carreau. La Chaine électrique. Mlle Rose. Carline. Eudonie. La Reine Margot. Trafalgar. L'Homme à la mode. Le Coffre-Fort. Le Monument de Molière. La Camaraderie. Les Maris vengés. Charles VI. Van Dyck à Londres. Deux Papas très bien. Pâquerette. L'Avocat de sa cause. Les Comédiens ambulants. Deux Systèmes. C'était Moi. Un Cordon bleu. Un droit d'Aînesse. Loisa. La Bonne vieille. La Sainte-Catherine. Un Conte de fée. L'Incendiaire. L'Amour vient après. Ma Maison du Pecq. Les Floueurs. Les Maçons. C'est ma chambre. Un Page du Régent. Les Caprices. Deux vieux Garçons. Le Chemin de fer de Saint-Germain. Le Hochet. Une Coquette. La Bonbonnière. — **Tome IX.** La Verrerie de la gare. Mario. Babolard. Le capitaine Charlotte. La belle Tournure. Une Famille au temps de Luther. Les jolies Filles du Maroc. Le Moyen le plus sûr. Trois Femmes, trois secrets. Farceur de soldat. Les petits Mystères de Paris. Un Moment d'imprudence. Les Etrennes de ma barbe. La Grisette romantique. Les Pêcheurs du Tréport. Alix. Deux Paires de bretelles. La Canaille. Les Pages de Louis XII. Un Neveu, s'il vous plait. Régine. Les trois Paysans. Guido et Ginevra. Mérovée. La Dame blanche. Jean de Nivelle. Lucrèce. Lebel. Belisario. La Main de ma femme. Les Commères de Bercy. Isabelle de Montréal. Le Début de Cartouche. Mme Lavalette. Zinguo. Le Chalet. Tout pour les filles, rien pour les garçons. Victorine Pulcinella. Les Pilules du diable. — **Tome X.** Le Lion du désert. Mon cousin Jacques. La belle Ecaillère. Mignonne. Souvenirs et regrets. Les deux Ménages. Le Chérif. La Fille de Jacqueline. L'Intérieur des comités révolutionnaires. Job et Jean. Le Papillon jaune et bleu. Mlle Clairon. La Marchande à la toilette. Camoëns. Paris à la campagne. La Campagne à Paris.

Les Chevilles de maître Adam. Les deux Frères. Le Naufrage de la Méduse. L'esclave Andréa. Haïdée la pestiférée. Les Serments. Une Femme laide. Thérèse. Industriels et industrieux. Les Pupilles de la garde. Le Mannequin du prince. Les Avoués en vacances. Breteuil. L'Obstacle imprévu. Le Camp des croisés. Les Rois d'un jour. Un Duel sous le cardinal Richelieu. Une Voix. L'Elève de Presbourg. Un troisième Larron. La Maîtresse de la maison. Le Célibataire et l'homme marié. Le Facteur. La Vie d'un comédien. Les belles Femmes de Paris. — **Tome XI**. Les Invalides. Le Géant. La Bouquetière. Constant la Girouette. La nouvelle Héloïse. L'Angélus. Passé minuit. Quitte pour la peur. La Tour de Nesle. Les Enfants d'Adam et d'Eve. La Fiancée de Lammermoor. Le Mariage au tambour. L'Amour à l'aveuglette. La Dame de Laval. La Journée aux éventails. On demande des Professeurs. Mme Duchâtelet. La Famille Fanfreluche. Le Caporal et la payse. Les Diamants de la couronne. Entre l'Arbre et l'écorce. Le chevalier de Grignon. La Laitière de la forêt. La première Affaire. Porthos à la recherche d'un équipement. Le Voyage à Dieppe. Talma en congé. Suzette. Le Sculpteur. Le Poëte. Les trois Grenouilles. Rigoletti. Le premier Succès de Jean-Baptiste. L'Obstiné. La Descente de la Courtille. Les Frères à l'épreuve. La belle Limonadière. Les Indépendants. La Prison d'Edimbourg. — **Tome XII**. La Diligence de Brives-la-Gaillarde. La Guerre de l'Indépendance. Le dernier Marquis. Nizza de Grenade. Jaspin. Misanthropie et repentir. Une Femme compromise. Rose et Blanche. L'Anneau de la marquise. Le Pied de mouton. Petit Pierre. Le Mariage d'argent. L'Ile du prince Tonton. Le Kiosque. Les Guêpes. Les deux Anglais. Eva. Une Visite nocturne. Farruch le Maure. Le Chapeau gris. Absent et présent. Un Conte d'autrefois. Les deux Joseph. La Folle de la Cité. Une Fille terrible. Les Ouvriers. Les Matelots à terre. La Journée d'une jolie femme. Les Bayadères de Pithiviers. Le Couvent à Tonnington. L'Ecole d'un fat. Grand papa Guérin. L'Huissier amoureux. Monsieur Gogo. A la Bourse. Richard Darlington. L'Enfant prodigue. Argentine. Capitaine de voleurs. Thérèse. La Mère et l'enfant se portent bien. — **Tome XIII**. L'Assassin de Bouvin. Le Dîner de monseigneur. Eustache, La Belle aux cheveux d'or. Frère Galfâtre. Perinet Leclerc. Geneviève la blonde. Le fidèle Berger. Le Prince d'un jour. L'autre Part du diable. Le Temple de Salomon. Francesco Martinez. Le Soldat de la Loire. Les Prétendants. Les Pâtissiers de Darmstadt. La Rose de Péronne. Mlle ma femme. Le Quinze, avant midi. Roch et Lise. Jeanne et Jeanneton. Gras et maigre. La Mère Saint-Martin. Edouard et Clémentine. Ango. Le major Gravachon. Les Iroquois. Rossignol. Les Paysans. L'Automate de Vaucanson. Les Vêpres siciliennes. L'Enfant de la maison. L'Art et le métier. Elle est folle. Le Paradis de Mahomet. Dagobert. Tantale. Vingt ans après. Le Père Pascal. Ruy Brac. L'Ogresse. — **Tome XIV**. Le Béarnais. Le Philtre. Robert le Diable. Gustave III. La Juive. Les Huguenots. La Favorite. Carmagnola. Le Vaisseau fantôme. Dom Sébastien. Othello. Jeanne la folle. Mme Grégoire. L'Auberge des Adrets. Robert Macaire. Le Gentilhomme campagnard. La Fin du monde. Le Mari anonyme. Monte-Cristo (1re soirée). Monte-Cristo (2e soirée). Sous Clé. Les Economies de Cabochard. Un petit de la mobile. Un Gendre aux épinards. Le Buveur d'eau. Le Club champenois. Le Voyage de Nanette. Les Filles de la liberté. Le Val d'Andorre. Une Femme qui se jette par la fenêtre. Les 20 sous de Périnette. Mme veuve Larifla. Le Moulin à paroles. Le Socialisme. La Poule aux œufs d'or. Les deux Anges gardiens. L'Eté de la Saint-Martin. La Propriété, c'est le vol. Les Grenouilles qui demandent un roi. Mignonne. — **Tome XV**. La Jeunesse des mousquetaires. Richard en Palestine. Les Farfadets. Les Burgraves. Les Buses graves. Marie Mignot. La Nièce du pasteur. L'Image. Les Adieux au pouvoir. La Fille de l'air dans son ménage. Tic-tac, tic-tac. Le Diable des Pyrénées. Le Susceptible. Polichinelle. Les Réparations. Zalkoi le Conspirateur. Une Assemblée de créanciers. La Maîtresse d'un ami. Les Mémoires du diable. Un Frère de quinze ans. Le Prophète. Un Turc pris dans une porte. Marie. Le Renard et la Cigogne. Le Lorgnon. Léon, Georges et Marie. La Reine de Chypre. Louis de Lignerolles. L'Hôtel de Rambouillet. Paris aux îles Marquises. Le Code des femmes. Les Martyrs. 1841 et 1914. La Reine d'Yvetot. Margot. — **Tome XVI**. L'Aveugle de Bagnolet. Un Scandale. C'est encore du bonheur. Le Chevalier de St-Georges. Son Portrait. Le Bonheur sous les toits. Mme Gibou et Mme Pochet. Le Petit Poucet. Rue de la Lune. Le Vengeur. Les Jumeaux béarnais. Un voyage à Melun. Deux Compagnons du tour de France, Carlin à Rome. Le Vicomte de Létorières. La Grand'mère. Les Fleurs animées. La Poupée. Roger Bontemps. Les Blancs-Becs. Mme de Cerigny. Les Femmes laides de Paris. Chatterton mourant. Maître Job. Lady Seymour. Les Maris sans femme. Canaille et canaille. Indiana et Charlemagne. La Belle et la bête. La Mère Michel. Le Cheval de Crequi. Michel Perrin. L'Ile de Robinson. Un Tribunal de femmes. La Fausse clé. Les Lilas et les grisettes. Mlle de Boisrobert. L'An quarante. Les Résurrectionnistes de Londres. L'Omelette fantastique. — **Tome XVII**. Le Proscrit. Un Premier amour. La Mère de famille. Le Chiffonnier. O Amitié! Les Canards de l'année. Nanon, Ninon et Maintenon. La Laitière de Montfermeil. Raimbaut et Cie. Les Filles du docteur. Changement d'uniforme. Le Cheval du diable. Le Vicomte Giroflée. Louis XI. Les Frères Dondaine. Le Code noir. Par les femmes. Les Pommes de terre malades. Sept heures. La Vendetta. 24 et 24 février. Paris à tous les diables. Estelle et Nemoria. Le Roi des frontins. Le Cadet de famille. Les Talismans. Les Vieux péchés. L'Homme qui tue sa femme. L'Idiote. L'Article 170. Mlle Mimi Pinson. Catherine. Un voyage en Icarie. Haydée. Les Dieux de l'Olympe à Paris. Le Caquet du couvent. Peau d'âne. La Comtesse de Leicester. La Fille du Cid. Emma. — **Tome XVIII**. La Grille du manoir. L'Homme aux trois culottes. La Calomnie. La Famille improvisée. La Chaste Suzanne. L'Idée de Toinette. Marie Stuart. L'Assassin par humanité. Est-ce un rêve? Les Premiers fiacres. Le Bal d'enfants. Le Château de Vincennes. La Muette de Portici. La Polka en province. Japhet. Trois portraits même numéro. Une vie de polichinelle. Toujours. Le Marquis de Brancas. Les Mousquetaires. Jean Lenoir. Oh! que l'amour est agréable. Ne touchez pas à la Reine. La Mère Gigogne. Le Paria. Le Roi d'Yvetot. Les Belles têtes. Le Camp de Fontainebleau. Les Amours d'un rat. Les Égarements d'une canne et d'un parapluie. L'Ile de Monte-Cristo. Les Mystères d'Udolphe. Une Nuit terrible. Les Beaux hommes de Paris. Mis Kelly. L'Hospitalité d'une grisette, Un Enfantillage. La Fille du diable. Les Trois amoureux de Mariette. La carotte d'or. — **Tome XIX**. La Veuve de Malabar. Le Bal Mabille. Les Chanteurs ambulants. Le Prisonnier d'Abd-el-Kader. L'Uniforme de grenadier. M. de Maugaillard. Le Sacripant. La France et l'Industrie. Le Bourgeois grand Seigneur. Tiennette. Un souper sous la Régence. Les Nouvelles à la main. Coucou. Angélique. La Bataille de la vie. Les Cendres de Napoléon. Enfant chéri des dames. La Grâce de Dieu. L'Homme des rochers. Mazagran. Le Toréador. Un homme de ménage. Farine et charbon. Les Bons enfants. La Fille de Figaro. Le Moulin de la Galette. Frascati. Mirliton mirlitaine. L'Inconsolable. Les Vengeurs de Pologne. Je m'en moque comme de l'an quarante. Les Belles femmes de la rue Mouffetard. L'Héritage du mal. Le Maître à tous. Barbe-Bleue. Le Naufrage de la Méduse. Clermont. Titine à la cour. Allons à la chaumière. Du haut en bas. — **Tome XX**. Un mois à Naples. Le père Lantimèche. La femme de mon mari. Une mauvaise plaisanterie. La Fiancée du troupier. La belle cauchoise. Un Amour criminel. Les Noces de Jocrisse. Trois femmes sur les bras. La Famille Poisson. Le Père Turlututu. Brutus. L'Officiér de marine. Un Cœur et 30.000 livres de rente. Bobèche et Galimafré. Le Dernier vœu de l'empereur. Si nos femmes savaient. Qui dort dîne. La Fiancée. Ma Bête noire. Le Mariage de Scaron. La Veuve de quinze ans. Serment d'ivrogne. Le Lion et le Rat. Les Chansons de Béranger. La Popularité. Le Favori et la Favorite. 1836 dans la Lune. 1837 aux Enfers. 1842 à l'hôtel Bullion. Un ange au sixième étage. Il Signor Pascarello. Meurtre et Dévouement. Part à deux. Rosière et Nourrice. Les Trois étoiles. Timoléon le fashionnable. J'attends un omnibus. L'Ame en peine. — **Tome XXI**. Pigeon vole. Un comique à la ville. La Foire St-Laurent. Randal. Les Deux Impératrices. Le Chamboran. Le Tailleur de la Cité. 99 Moutons et un Champenois. Un cas de conscience. Bianca-Contarini. Sous une porte cochère. Bertrand et Raton. Thomas le rageur. Valentine. Denise. Le Caleb de Walter-Scott. Le Portrait vivant. Le Beau-Père. Gaëtan il mammone. Les Cuisines parisiennes. Le Panier fleuri. L'Acte mortuaire. Léontine. Le Duel et le Déjeuner. Le Roi des goguettes. Le Planteur. Mlle Rolie. Le Cachucha. Samuel le marchand. La reine Jeanne. Le Diamant. Florina. Le Marquis de Brunoy. Le Veau d'or. Mlle d'Alvigny, lieutenant des dragons. Un mari charmant. Le Duc d'Olonne. La Famille Dulaure. Sophie Arnould. La Mazurka. — **Tome XXII**. L'Étoile de Séville. Davis. La Folle de Toulon. Le Tasse. Un Cheveu pour deux têtes. La Poésie des amours et... 1760. L'Ane à Baptiste. Un troupier dans les confitures. Le Grande dame et le chiffonnier. Egille le démon. Les Sept billets. Paris au bal. Noémie. Les Beautés de la cour. La Montagne qui accouche. Le Héros imaginaire. Breda street. Frère et mari. Lorette et Aristos. Guillaume-Tell. Un vendredi. La Saint Sylvestre.

Les Femmes sauciales. Edmond Kean. Les Chansons populaires de la France. La Mort à trente ans. Charlot. Le Marquis de Carabas. Le Club des maris et le club des femmes. Gracioso. Une femme qui a une jambe de bois. Daniel. La Protégée sans le savoir. L'Habeas corpus. Un Socialiste en province. L'Hurluberlu. Le Diable à Paris. La Petite prisonnière. Les Étouffeurs. — **Tome XXIII.** Les Bourgeois des métiers. Une Jeunesse orageuse. Une femme de quarante ans. Geneviève. Le Jésuite. Les Trois portiers. Lisbeth. La Permission de dix heures. Carlo et Carlin. Paris bloqué. La Nouvelle Clarisse Harlowe. Mauviette. Dominique. La Part du diable. L'Enseignement mutuel. Les Deux filles de l'air. Philippe II, roi d'Espagne. L'Abbé galant. Un Monsieur et une Dame. Je connais les femmes. Bertrand l'horloger. Le Juif-Errant. Mlle Déjazet au Sérail. Sans le vouloir. André Chénier. Mme Roland. Le Maçon. Brigitte. Le Pré aux Clercs. Le Bœuf gras. Les Moyens dangereux. Satan. L'Oncle Baptiste. Les Nuées. Les Faubourgs de Paris. L'Article 213. Oscar. Henri Hamelin. Jeanne. Le Ménétrier. — **Tome XXIV.** La Ligue des amants. L'Étoile du berger. Le Magasin de la graine de lin. Eulalie Pontois. Le Roman de Pension. Le Prisonnier sur parole. Un bouillon d'onze heures. Marie Tudor. Les Paniers de Mademoiselle. Un intérieur comme il y en à tant. Le Garde Forestier. Un cœur de grand'mère. Le Tribut des cent vierges. Les Comédiens et les marionnettes. La Famille. Adrienne de Carotteville. Si j'étais homme. Michel Brémont. Un Lièvre en sevrage. Rifolard. Une double leçon. Place Ventadour. Mal noté dans le quartier. La Comtesse d'Altenberg. Les Représentants en vacances. Les Grands écoliers en vacances. Le dernier amour. Une Confidence. L'Enfant et les voleurs. La Mansarde du crime. Un tigre du Bengale. Simplice. Malheureux comme un nègre. Les Trois muletiers. Le Moutard des faubourgs. Les Compatriotes. Le Billet de faire part. La Veille de Wagram. La Fille obéissante. Les Cascades de St-Cloud. — **Tome XXV.** Passe-temps de duchesse. La Dot d'Auvergne. Une Chaise. Les Brodequins de Lise. Le Premier malade. Tout pour de l'or. Secours contre l'incendie. Candinot roi de Rouen. Henriette et Charlot. Une Semaine à Londres. Brelan de troupiers. Didier l'honnête homme. Jean de Bourgogne. Les Bains à quatre sous. Mathilde. Le Bonhomme Job. Le Connétable de Bourbon. Mme Barbe-Bleue. Quatre vingt-six moins un. Le Pacte de famine. Les Aides de camp. Mlle Agathe. La Fée aux roses. Les Incompris. Bélisaire. Le Château de la Roche-Noire. Le Miracle des roses. Les Couleurs de Marguerite. Le Fruit défendu. L'Ingénue de Paris. Gaiffat. Les Deux perles. Mme de Croustignac. Partie à trois. Faute d'un pardon. Les Bains à domicile. Le Marché de Londres. Le Boulevard du crime. L'Avare et le Normand. — **Tome XXVI.** Lucrèce à Poitiers. Entre ciel et terre. Le Général et le Jésuite. Le Capitaine Roquefinette. l'Avenir dans le passé. La première Ride. En pénitence. Trois Épiciers. Le Flagrant délit. Le Père Trinquefort. Stradella. Le Mari de la Reine. Un domestique pour tout faire. Henri IV. Le Porteur d'eau. L'Œil de verre. Le Vampire. Emma. La Perruche. Clotilde. L'Amour en commandite. Cartouche. Plus heureux qu'un roi. Les Filles de l'enfer. Les Bombés. L'Escadron volant de la Reine. L'Orpheline de Waterloo. Le Bénéficiaire. La Servante du curé. Le Chevalier d'Harmental. Toby le Sorcier. L'Enfant du carnaval. Les Associés. La Mère et la Fille. Un jeune Homme charmant. La Perruquière de Meudon. Mme Camus et sa Demoiselle. Zanetta. Paul Darbois. Les Etudiants. — **Tome XXVII.** Un Ménage parisien. La belle Amélie. Le Pauvre idiot. La Fille du régiment. Les Sept merveilles du monde. Les Roueries du marquis de Lansac. La Guerre des femmes. La Correctionnelle. Le Bourreau des crânes. Le Maître d'école. Le Suisse de Marly. Une journée chez Mazarin. La Peur du mal. La Corde de pendu. Un grand criminel. La Femme électrique. Un Jeune caissier. Monsieur Gribouille. Le Chevreuil. La Grisette de Bordeaux. La Fille à Nicolas. Le Tyran d'une femme. Une Chaise pour deux. Le Second Mari. Carabins et carabines. La Peau du lion. Diégarias. Le Retour de Saint Hélène. Une nuit au Louvre. Le Sylphe d'or. Les Deux serruriers. Francine la gantière. La Camarade de lit. Pierre le millionnaire. Mon Gendre. L'Écuyer tranchant. Les Premières et les Dernières amours. L'Italien et le Bas-Breton. Pauline. Le Lansquenet. — **Tome XXVIII.** Antonine. Le Valet de son rival. La Folle de Waterloo. Marie de Rohan. Les Jeux innocents. Le Coin de rue. Une maîtresse anomyme. Au bout du monde. La Tante Baza. Un Poisson d'avril. Les Merluchars. Les Spéculateurs. Riche d'amour. Montbailly. Jalket's-club. Le Gamin de Londres. Le Marchand de bœufs. Babiole et Jollot. Fargeau le nourrisseur.

Monsieur Lafleur. Prosper et Vincent. Adrien. **La Croisée de Berthe. La mère** Godichon. Le Roman comique. Le Jardin d'hiver. La Chanoinesse. Paquita. Matolots et Matelotes. La Gardeuse de dindons. Manoel le soldat. Les Anglais en voyage Le Premier chapitre. Mlle Nichon. La recherche de l'inconnu. La Meunière de Marly. Le Poil de la prairie. Mlle Montansier. Point du jour. **Tome XXVIX**. Les Libertins de Genève. L'hôtel des quatre nations. Les Garçons de recette. Ravel en voyage. Catherine. Deux dames au violon. Les Aventures de Télémaque. La Caisse d'épargne. Nicolas Nickleby. La Barcarollle. Les Fables de La Fontaine. Les Compagnons. Les Batignollaises. Le Gendre d'un millionnaire. Le Docteur Robin. Cagliostro. Le Brigand et le Philosophe. Francesca. La République, l'Esprit et les Cent jours. Deux Normands. Aline Patin. Juanita. Le Dernier Figaro. Amina. Une veuve de la grande armée. La Citerne d'Albi. La Tutrice. La Contrebasse. Les Amants de Mercie. Le Mariage du gamin de Paris. Les Deux gentilshommes. Le Cousin du ministre. Amour et Biberon. Les Hures graves. Le Zéro. Les Pontons. La Ferme de Bondy. Le Dernier banquet de 1847. Les Amours de Psyché. Le Comte de Mansfeld. — **Tome XXX**. Léonore. Iwan le Moujick. Le Mendiant. Les Aristocraties. Les Ennemis. Une Séparation. Les Deux favorites. Glenawon. Les Bédouins de Paris. L'Empire. Georges et Thérèse, Le Tisserand de Ségovie. Biribi la mazourkiste. Hernani. Harnali. L'Audience secrète. L'École du monde. Benoît. L'Oncle modèle. Torrino le savetier. Lauzun. Jeanne d'Arc. Les Deux César. Casimir. Un Veuvage. Les Éléphants de la Pagode. Gringalet, fils de famille. Juliette. La Esméralda. Les Deux couronnes. Le Dernier oncle d'Amérique. Lucrèce Borgia. Eloi l'innocent. Une présentation. Fleur de Genêt. L'esclave du Camoëns. Les Deux voleurs. Les Grisettes en Afrique. L'Opéra à la cour. Cédric le Norwégien. — **Tome XXXI**. Le Freyschütz. Molière au XIXe siècle. Polchette et Bamboche. Un bal de grisettes. La Gloire et le pot au feu. Judith. Les Peureux. Les Malheurs d'un amant heureux. La Filleule à Nicot. Une jeune veuve. La Pêche aux beaux-pères. L'Amour dans tous les quartiers. Une existence décolorée. O! Néa. Ecorce russe. Cœur français. Le Puits d'amour. Malbranche greffier ou plumitif. Les deux Sergents. La Graine des mousquetaires. Un Tuteur de vingt ans. Latréaumont. La Fin d'une République. Jocrisse en famille. Adrienne Lecouvreur. Le Mobilier de Bamboche. Préville et Taconnet. V'là c'qui vient d'paraître. Le Fils de Cromwel. Le Moulin joli. Les Cabinets particuliers. La Fille d'honneur. Un Nuage au ciel. Un Mari perdu. Une Année à Paris. E. H. Un monstre de femme. Le Troubadour omnibus. Le Corbeau rentier. Les deux Factions. La Loi salique. — **Tome XXXII**. La Vestale (trag.). Le Séducteur et le mari. Un Enfant du peuple. Le Cauchemar de son propriétaire. Les Suites d'un feu d'artifice. Boquillon à la recherche d'un père. L'Homme de soixante ans. Trumeaux. Les Jolies filles de Stilbéry. Wallace. Manon. L'École des fauvettes. Un père d'occasion. Ma Tabatière. Le Débardeur. Lord Spleen. La Rue Quincampoix. Les deux pierrots. Moiroud et compagnie. La Femme blasée. La Charbonnière. Le Marchand de marrons. Un Ange tutélaire. Un Péché de Jeunesse. La Villa Duflot. Mlle Faribole. Le Verre d'eau. La Jeunesse de Charles-Quint. La Dame de Saint-Tropez. L'Eau et le feu Le Roi Dagobert à l'exposition de 1844. Le Père de la débutante. La Déesse. Le Gentilhomme de 1847. Lucienne. Rhum. La Fille de Dominique. Paris sans impôts. Le Duel aux mauviettes. Le Chevalier de Beauvoisin. — **Tome XXXIII**. Les trois Femmes. Elle... ou la mort. Ralph le bandit. Les Prodigalités de Bernerette. Rabelais. Mort civilement. Patineau. Le Mousse. Les Chroniques. bretonnes. Un vieux de la vieille. Deux Filles à marier. Le Seigneur des broussailles. Un Mari, s'il vous plait! La Grande bourse et les petites bourses. La Maison en loterie. Une Femme à deux maris. La Rose de Provins. La Morale en action. Heur et malheur. Le Phare de Bréhat. Les Brodeuses de la Reine. Masaniello. Un cheveux blond. Marion Delorme. Le Retour du conscrit. Fanfan le bâtonniste. La Duchesse de Marsan. La Garde-malade. L'Enfant de quelqu'un. Les Mystères de Passy. Nouvelles d'Espagne. L'Héritier du czar. L'Ile des bêtises. Daphnis et Chloé. La Marquise d'Aubray. Les Partageux. La Sirène du Luxembourg. Ce qui manque aux grisettes. Les Deux Tambours. Les Amours de M. et Mme Denis. — **Tome XXXIV**. Arlequin. Une passion de salon. Le Débutant. L'Amour d'un ouvrier. Ma Maîtresse et ma femme. La Chasse aux jobards. Evelyne. Don Pascale. Phœbus et Borée. Hercule Belhomme. Raymond Varney. Pérolino. Ah! enfin. Le Nourrisson. Pierrot posthume. Werther. Beaugaillard. Nicolas. Poulet. Carlo Béati. Recette contre l'embonpoint. Marie Michon. Giuseppo. La

Course à l'héritage. Nicaise à Paris. L'Héritage de mon oncle. Le Chevalier de Saint-Rémy. Les Filles d'honneur gris. La Tante Jean. C'est Monsieur qui paie. Babel. Le Grand-Duc. La Fiancée du prince. — **Tome XXXV.** L'Amazone. Thomas l'imprimeur. L'Esclave à Paris. Agnès Bernan. Le Voisin Bagnolet. Un Secret de femme. Les Convenances d'argent. L'Homme qui se cherche. Le Lazaret. Le Troisième mari. Les Charpentiers. L'Écolier d'Orford. La Planète à Paris. A Minuit. Elevés ensemble. Le Serpent de la paroisse. Mon voisin d'omnibus. Le Gibier du roi. Derrière l'alcôve. Le Secret du soldat. L'Académicien de Pontoise. Un jour de liberté. L'Ange de ma tante. La Sainte-Cécile. Un Vœu de jeunes filles. La Chasse aux vautours. La Veille du mariage. Trente-quatre francs! ou sinon! Jacques Maugars. Croquignole. Touboulic le Cruel. Le Client. Follette. Les Deux Pommades. Une Averse. Un Voyage à Paris. Chez un garçon. Une Femme sous les scellés. En Carnaval. Le Mobilier de Rosine. — **Tome XXXVI.** La Dame de Trèfle. Le Maréchal de Montluc. l'École des vieillards. La Tireuse de cartes. La Rose jaune. Les Gueux de Bruges. Jeanne d'Arc (de Soumet). Don Pasquale. Les Gardes françaises. Don Sébastien de Portugal. La Peur du Portugal. Don Juan (op.). Un Mystère. La Justice de Dieu. Un moment d'ambition. L'Ombre. Mme de Lucenne. Le Parleur éternel. Le Turc. La Nouvelle école des maris. La Perle des servantes. Treize à table. Mon Coquin de neveu. Phœbus. Un de perdu, une de retrouvée. Les Surprises. Le Roi s'amuse. Les Contrastes. Le Marché des Innocents. Le Diable à quatre (vaud.). La République des lettres. L'Héritière (com.). Pour mon fils. Le Jeune Mari. Castagnette. La Symphonie. Lucie de Lammermoor (op.). Les Malheurs d'un joli garçon. Le Dompteur de bêtes féroces. Christophe le cordonnier. — **Tome XXXVII.** Figaro en prison. Le Bonheur sous la main. Un Ménage de garçon. Une Spoliation. Mme Panache. L'Auberge de Chantilly. Une Andalouse. Les Trois lionnes. Un Jeu de dominos. Les Inondés de Lyon. Les Maquignons. Cyprien le vendu. La Femme de l'émigré. La Mort de Gilbert. L'Opium et le champagne. Le Sauf-conduit. La Ferme de Montmirail. Les Voilà bien trois. Le Chevalier de Kerkaradech. Mariette. Pile ou face. La Raison propose. La Paix ou la guerre. Les Sirènes. Une Expiration. Robert Macaire et Bertrand. Le Dîner du général. Premier début de Dazincourt. Le Chien du contrebandier. Un Déshonneur posthume. Mon parrain de Pontoise. Abd-el-Kader à Paris. Pendu ou fusillé. Trim. Misère et génie. Une Parisienne. Un Souper tête à tête. L'Amie et l'amant. Les Trois polka. — **Tome XXXVIII.** L'Enfant prodigue. La Croix de Malte. Jenny l'ouvrière. Deux vieux papillons. La Paysanne pervertie. Le Manchon. Le Comité de bienfaisance. L'Art de ne pas donner d'étrennes. Meublé et non meublé. Le Comte Hermann. Les Trois Dondon. Le Dire. Blanche et Blanchette. Le Diable à Lyon. La Belle-Sœur. Les Marocains. La Chute des feuilles. Les Secrets du diable. Méphistophélès. Un Vendredi (amb.). La Famille Grandval. Boudjali. Camille Desmoulins. Camille Desmoulins (mon.) A bas la famille! Sans cravate. Le Vendéen. Les Quenouilles de verre. Le Mardi gras à l'hôtel des Haricots. La Goton de Béranger. Les Pailles rompues. Bonaparte. Une Discrétion. Le Postillon Franc-Comtois. Le Mari de sa cuisinière. Entre deux Cornuchet. Fillion de Paris. Quand on va cueillir la noisette. Cravate et jabot. Le Renard et les raisins. — **Tome XXXIX.** Un ami malheureux. Les Chevaliers du Lansquenet. La Vapeur d'éther. La Fille bien gardée. Colombe et perdreau. Le Cachemire vert. Les Sociétés secrètes. Une mauvaise nuit est bientôt passée. Les deux amoureux de la grand'mère. Les Vieilles amours. Une Femme par intérim. Henri le lion. Le Nouveau Juif-Errant. Mollor. Les Frères Corses. L'Alchimiste. Pruneau de Tours. Un Service d'ami. Saül. Léonore. Paquette et Grivel. La Misère. Les deux paires de lunettes. S. A. Badigeo Ier. Jacques II. A la Bastille. Le Bureau de placement. Les Rubans d'Yvonne. L'Alsace en 1814. La Porte secrète. Une Matinée aux prés Saint-Gervais. Les Chercheurs d'or de Sacramento. Les Chercheurs d'or. La Prise de Constantinople. Le Moulin des Tilleuls. M. le duc et Mme la duchesse. Céline la créole. Monck. Le Sac à malices. — **Tome XL.** Les Pharaons. La Famille du mari. Les Débardeurs. Le Trembleur. Une bonne fille. L'Armée de Sambre-et-Meuse. Une Invasion de grisettes. La Chasse au chartre. La Faction de M. le curé. La Veuve Pinchon. Urbain Grandier. Le Monde volant. Le Chemin des amoureux. Il y a plus d'un âne à la foire... Le Petit tondu. Souvenir de l'Empire. Le Congrès de la Paix. Un Duel à Valence. La Femme de ménage. Pauline. Mamz'elle fait ses dents. L'Homme au manteau bleu. Ah! que les plaisirs sont doux! Un Dragon de vertu. Deux anges. La Mort de Gilbert. L'Auberge de Schawasbach. Gabrina. Maurice et Madeleine. Georges le paysan. Les Muses et le pot-au-feu. Le Serment de collège. La Barrière de Clichy. Les Quatre coins de Paris. Charles le Téméraire. Le Diable. Célestin père et fils. Mina. Le Nouveau pied de mouton. Le Comte de Montefiasco. — **Tome XLI.** La Nonne sanglante. Le Maître chanteur. Pantagruel. L'Auberge du crime. Le Chevalier de Pézénas. Jocrisse maître et Jocrisse valet. Ma Femme et sa chambre. A la nuit close. Allez vous coucher. L'Argent par les fenêtres. La Cocarde tricolore. Passé midi. Le Journal pour rire. L'Ouvrière. Judith et Holopherne. Jean le cocher. Angélina. Dieu et Diable. Les Physiologies. Les Secondes noces. La Cuisinière bourgeoise. Un Talisman sous M. de Sartines. L'Argent. Je vous y prends. Le Bel Antinoüs. Le Bon ange. La Croix de St-Jacques. Un Pacte d'amour. Le Bal de la Halle. La Fiancée de l'apothicaire. Le Mari de la favorite. La Dame aux cobéas. Mila. Congé avant midi. Entre l'enclume et le marteau. Toupinal. Le Ménage du savetier. Les Domestiques à Paris. La Course au plaisir. L'Enfant du petit monde. — **Tome XLII.** Zaline. Prunes et Chinois. Les Fiançailles des roses. La France pittoresque. Le Stagiaire. La Pompadour des Porcherons. L'Amant mystérieux. Une Aventure suédoise. Chérubin. La Fille de Robert Macaire. Histoire d'un sou. Un Bal à émotions. Les trois Ages des Variétés. Endymion. L'Idée du mari. Blondette. Dans une armoire. Discrétion. Le Palais de Cristal. La Vieillesse d'une grisette. La Reine des bals publics. La Poissarde. Chambre à louer. Le Potager de Colifichet. Caravage. Le Comte de Morcelf. Le Garçon d'écurie. Sarah la Créole. Giralda. Le Droit de visite. Le Violon du père Dimanche. Claude Belissen. La Question d'Orient. La Femme, le Mari et l'Amant. Malice et Pas si sotte. Les Violettes de Lucette. La Chasse aux grisettes. Un Relais dans la Manche. Une Rivière dans le dos. — **Tome XLIII.** Les Capulets et les Montaigus. Le Mari, la Femme et le Voleur. Un Coin du Palais de cristal. Le Réveil de l'Ambigu. L'Hôtesse de Saint-Eloy. Contre fortune bon cœur. Deux Tuiles. La Marchesa. La Poupard. Après la bataille. De la Lumière s'il vous plaît. Le Festin de Balthasar. Sur la Gouttière. Dzing! Boum! Boum! Stéphen. Le Commanditaire. Mme Basile. Au petit Bonheur. Pendant l'Orage. L'Habit fait le moine. Le Porteur des Halles. Les Victimes cloîtrées. Les Tirailleurs français. Un Papa charmant. Les Binettes contemporaines. La Poudre de Perlimpinpin. Une Fille à établir. Où sont les Pincettes? L'Ame transmise. Un Doigt de vin. Trois Ans après. L'Amoureux d'en face. Le Fils adoptif. Un Monsieur qui n'a pas d'habit. Don Quichotte aux noces de Gamache. Don Quichotte et Sancho Pança. Rouenneries. Un Noviciat diplomatique. Un Mari tombé des nues. Une Paire de bottes. — **Tome XLIV.** Juanita. La Perle du régiment. Le chevalier de Caylus. Sans Tambour ni Trompette. Les Hirondelles. A qui Mal veut, Mal arrive. Le Réveil d'une grisette. Une Emeute au Paradis. Baigneurs et Baigneuses. Le Vampire de la rue Charlot. A Turc, Turc et demi. Deux Femmes légères. Griselde. Minuit. Job l'afficheur. Le Bonhomme Dimanche. Une Soirée agitée. La Salamandre. L'Honneur de ma fille. Colibri. Viens, gentille Dame! Tout Chemin mène à Rome. L'Espion du grand monde. Le Planton de la marquise. Le Musicien de Valence. M. de Marlborough. L'Anneau d'argent. Le Latin de la vallée. George. Le Gueux de mer. Une Lettre anonyme. Une Nuit sur la scène. Une Femme qui s'ennuie. Un Antécédent. Le Novice. Un Coup de canne. Mme Flambant. Les Troupiers en cotillon. Un Voisin de campagne. Claire. — **Tome XLV.** La Dame de pique. Les petits Moyens. Le Carnaval des blanchisseuses. Les deux Jakets. Le Palais de chrysocale. La Magicienne. Le Pot de fer et le Pot de terre. Le Braconnier. Le Roi Lear. Allons-y gaiement. Le Mari au bal. Pilbore et Frisquet. Le Quart de monde. Le Roi, la Dame et le Valet. L'Ombre d'Argentine. La Locandiera. Femme à vendre. La Fée cocotte. La Lettre au bon Dieu. Un Suicide à l'encre rouge. La Terre de Haute-Futaie. Le Miroir. L'Ecole des épiciers. Trompe la balle. La Rédemption. Passiflor et Cactus. La Société du doigt dans l'œil. La Perle du Brésil. Drinn-Drinn. Rose des bois. Un Service à Blanchard. Les Papillons et la Chandelle. La première Chanson de Gallet. La Chasse aux canards. La Fiancée du diable. Poste restante. Mon Rival. La Rose de Florence. Les Extases de M. Hochenez. Supplice de Tantale. — **Tome XLVI.** Casilda la bohémienne. La Tour Saint-Jacques-la-Boucherie. L'Homme aux souris. English spoken. Les Inconvénients de la sympathie. Les Œuvres d'Horace. Marco Spada. Le Mariage extravagant. Un Soufflet n'est jamais perdu. Manon Giroux. Mon Etoile. Le Mari par régime. Une Veuve inconsolable. Le Pont cassé. La Fosse aux ours. Le Baiser de l'étrier. Le Chien de garde. La Croix de ma mère. Grassot embêté par Ravel. L'Organiste. C'en était un! Sullivan. La Foire de Lorient. Une petite Fille de la Grande-Armée. Le Poignard de Léonora. Deux Princes indiens. Marié au second. Garçon au cinquième. Les Echelons du mari. La Circassienne. Le Jour et la Nuit. Bertrand c'est Raton. Livre III, Chapitre 1er. Les Balançoires de l'année. Constantinople. Le Chat de Cendrillon. Le Paysan. Louis XVI. Petit Bonhomme vit encore. Le Cheval de bronze. Quatorze de dames. — **Tome XLVII.** Loyse de Montfort. L'Ami de la maison. En trois Visites. Un Mois de fidélité. La Cassette de Jeanneton. La Dame aux trois maris. L'Habit d'un grand seigneur. Histoire d'un châle. Le Jeu du cœur. Masque et Visage. Un Monsieur bien mis. Monsieur de la noce. Nous en ferons un Avocat. Les petits Péchés de la grand'maman. Le Porc-Epic de Charles-Quint. Le Professeur de cuisinières. Sous le Paillasson. Les Voleurs. Une Rivale. Ma dernière Maîtresse. L'Ile de Calypso. Héloïse et Abeilard. Le Banquet de camarades. Une Aventure d'une épingle. Trois par secret. Sur Terre et sur Mer. Un Quinze-Vingts. La Queue de la comète. Un Provincial qui se forme. Un Homme sur le gril. Les Infidélités conjugales. Jaqueline Doucette. Le Laquais d'un nègre. Mme Schlick. Les Femmes de Gavarni. Né coiffé. Une Heure dans l'autre Monde. Le Pour et le Contre. Le Père nourricier. — **Tome XLVIII.** Histoire d'une Rose et d'un Croquemort. Les Dragées du 16 mars. Un Dîner à l'Ermitage. Mme la Comtesse. Le Lion de Manosque. Le Sire de Framboisy. La Pâté de canard. Une Femme qui n'en est pas. Arsène et Camille. Un Mari à l'étouffé. Elisabeth. Obéron, roi des fées. Un Monsieur qui veut exister. La jolie Voyageuse. La Bride sur le cou. La Nièce du précepteur. Les Jaloux heureux. Les Tribulations d'un journaliste. Le premier Feu. Les deux Camusot. La Peine du talion. Le Mari malgré lui. Canuche. Le Monde. La Mariée est trop belle. Louis XI à Péronne. La Lorgnette. Deux Drôles de corps. Les sept Femmes de Barbe-Bleue. L'Ecole des princes. Les Orientales. Un Mariage à propos de bottes. S'aimer sans y voir. Ida. Tout pour l'honneur. Les Revenants de Pontoise. La Rentrée à Paris. Le Jour de charité. Les Aides-de-camp du général. — **Tome XLIX.** Christian et Marguerite. Napoléon. Amour et Amour-propre. Le Voisin de l'avare. Dans une cave. La Réparation forcée. Une Action d'éclat. L'Original et la Copie. Un Gendre en mi-bémol. La Ferme des Trois-Chemins. Deux Proscrits. Un Bonheur sans nuages. Les Escargots sympathiques. Voilà le Plaisir, Mesdames. La Course aux pommes d'or. Aniéla. Le Portier de sa maison. Jacquot. L'Athée. Poète et Savetier. Naissance et Mariage. Le Porte-Drapeau d'Austerlitz. Le marquis de Carabas. Pougatscheff. Une Femme qui mord. La Fille d'Hoffman. Un Spahis. Mme J'Ordonne et Cie. Marion. Le Chien des Pyrénées. Allez vous-en, gens de la noce. Plaisir et Charité. Le Père Joseph. L'Amour et Psyché. Un Valet sans livrée. La petite Provence. L'Armonique. Lequel? Le Géant des montagnes. Ah! il a des bottes, Bastien. — **Tome L.** Geneviève de Brabant. Les Vins de France. Après nous, la fin du monde. Une première Représentation. La jolie Meunière. Les Moustaches grises. Ah! quel plaisir d'être garçon! La première Maîtresse. L'Hiver d'un homme marié. Oreste. Guerre au sexe. Oscar XXVIII. Un Festival. La tante Ursule. La Grenouille du régiment. Le Tremblement de terre de Lisbonne. Le Mari qui bat et le Mari qui est battu. Les Fourberies d'Arlequin et les Indignités de Colombine. Histoire d'une Femme mariée. L'Amour et les Champignons. Un Fantôme. On dira des bêtises. Les Giboulées. Le Dernier des Mohicans. Le Soufflet de l'amour. La Fille invisible. Un Bal en robe de chambre. L'Auberge du Lapin-Blanc. Le Raphaël de la Courtille. Jouvenel des Ursins. Les Fredaines de Troussard. La Famille Robinet. Gilbert. L'Enfance de Boïeldieu. A qui la mèche? La Femme doit l'obéissance à son mari. La Danseuse espagnole. Habitez dans votre immeuble. Les Enfants de la victoire. — **Tome LI.** Mignon. Lisette. Les trois Racan. La Mère Moreau. Le Jardinier du château. Les Mémoires de ma tante. L'Hôtel des haricots. La Dame aux œillets blancs. Puisque des Rois épousaient des Bergères. Les Couverts d'argent. Peau d'âne. Le Gendre de M. Cabab. Entre deux Tisons. La Foire aux plaisirs. Les Marocains. Notre-Dame de Paris. Le Cabaret du Pot-Cassé. Un Homme grave. Gérald. L'Etudiant marié. Manoir de Nivelle. Les premières Dents d'un lionceau. L'Orgue de Barbarie. Une Coutume russe. La Vénus à la fraise. Les Tartelettes à la Reine. Un Groom de lettres. Louise de Vouvraye. Chou-Blanc. Un Mari dans les nuages. La Dette et la Dot. M. et Mme Robinson. L'Huître et les Plaideurs. Les Débuts de la modiste. M. Simon. Dans une Ile déserte. Le Marchand de parapluies. Le Rat de ville et le Rat des champs. La Vivandière des zouaves. Mademoiselle mon frère.

— **Tome LII.** Trombe alcazar. Une Vie de polichinelle. Les Amours de Claudine. Une grande Dame de la halle. Qui paie ses dettes s'enrichit. Le Feu sous la cendre. Les Leçons de Betzy. Mêlez-vous de vos affaires. La Question d'Occident. Pincé au demi-cercle. Quelle mauvaise Farce. L'Anneau mystérieux. Les Orphelins du faubourg. Le Voyage d'Anacharsis. La Vengeance de Pistache. Le Moulin des amoureux. M. Croquemitaine. La Dette de Jacquot. Rompons. Marguerite et Bouton d'or. La Pupille de la garde. Galuchon. Les Nains d'un roi. La Marquise de la Bretèche. Le Banquet des Barbettes. Le Roman chez la portière. Un Brelan de turcos. La Chanson de Margot. La Fille mousquetaire. Un Monsieur qui voit tout en jaune. Maître Cabochard. Les trois Nicolas. Les Jockeys improvisés. Nous marions papa. Un Chapitre de Balzac. Les Filles sans dot. Le Sanglier des Ardennes. Chez vous, chez nous, chez moi. Le Diable. Une Queue rouge. — **Tome LIII.** Alain Chartier. Une Botte de foin dans un violon. La Fête à Pontoise. Mon Gigot et mon gendre. Le Forgeron de Gretna-Green. Les Lettres des anciennes. La Jeunesse de Franklin. Les deux Bergères. La Peste de Jaffa. Colombe et pinson. Deux vieilles gardes. Fra Diavolino. Hardi comme un page. Marcassin. Le Marin de Cherbourg. Le Panier de pêches. Quel drôle de monde! Recette pour marier ses filles. Sur la Frontière. Les Turlutaines de Françoise. Un vieux beau. Laïtou et tralala. Macaroni d'Italie. Rue de l'Homme-Armé, n° 8 *bis*. Le Pays des échasses. Parc à virer. La Comète. Impôt sur les célibataires. La Chasse aux biches. Les Exploits de César. La Queue du diable. La Chasse à ma femme. Une Giroflée à cinq feuilles. Entre Amis. Les Pieds de Damoclès. Sous un Parapluie. Les Anciens et les nouveaux. Le Père aux écus. Le Voyage à Vienne. Les trois Voisines. — **Tome LIV.** Rosita. Zémire et Azor. Pendu ou marié. L'Agent matrimonial. La Fille du hussard. L'Œuf de Pâques. Un Père prodigue. Qui crève les yeux, les paye. On demande des domestiques. Les Portraits dramatiques. A Coups de bâton. Aide-toi, le Ciel t'aidera. La Corde du pendu. Léa. Les mille et un Songes. L'Automne d'un farceur. Le Ver luisant. Un Mari dans l'embarras. Le Drapeau d'honneur. La Belle au bois dormant. Les Etrennes du diable. Monsieur Beauminet. Le Pêcheur béarnais. Les Bourgeois de Paris. La Vache enragée. L'Antichambre en amour. Les Mystères d'Udolphe. Le Bonheur de vivre aux champs. A la Recherche d'un million. Après la pluie. Le Carnaval des maris. Mesdames les Pirates. L'Amour, qué qu'c'est qu'ça. La Fête d'un vieux garçon. Les Egarements de deux billets de banque. Les Postillons de Crèvecœur. La Chatte métamorphosée en femme. Un Monsieur tombé des nues. Page et pensionnaire. — **Tome LV.** Monsieur Serpolet. Les premièrss Années de Fanfan la Tulipe. Une jolie Jambe. Le Bureau des objets perdus. L'Alma. Mme Roger Bontemps. La Dame de Franc-Boisy. Un Papa de trente livres. Les Fiancés d'Herbesheim. La Tour de Quiquengrogne. Taureau le brasseur. Batandier. Les deux Dots. A quoi tient l'Amour? Le Diable au corps. Les Talismans de Rosine. Il n'y a plus de Grisettes. Cadet Roussel, Dumollet, Gribouille et Cie. Les Noces du bouffon. Les 16 ans de Lucienne. Une Provinciale. Les Délassements à la belle étoile. Les Epouseux d'campagne. Le Corrégidor de Pampelune. Tout est bien qui finit bien. Un Déluge d'inventions. Une Poule mouillée. Monsieur Mézière. L'Enfant gâté. Amour et poésie. La Chanvrière. Le Servitude des maîtres. Le Duel au baiser. Un Pistolet qui ne vent pas partir. L'Eventail de Géraldine. Dans un Bouton d'habit. Le Cauchemar. Un Ami dans la peine. Edwige. — **Tome LVI.** L'Eunuque. Alfred. Une Position fausse. Les deux Aveugles. La Laitière et le pot au lait. Mlle de Navailles, Malnfroy le Maudit. L'Enfant du régiment. Le Secret de la confession. Le Cousin du pays de Caux. Les Vacances de ma nièce. Le Fauconnier. La Canne d'un grand homme. Pharamond II. Un Monsieur comme il faut. Anna. Les Absents ont raison. La Gamine. Un Monsieur trop exigeant. L'Esprit frappeur. Fraîchement décoré. L'Homme du destin. Faust et Framboisy. Marie Stuart (tragédie italienne). La Voix humaine. La Porte Saint-Denis. La Comédie en rêvant. L'Orfèvre du Pont au Change. L'École des marchands. Les Métamorphoses de Bougival. Une Chanson de Béranger. Le Défaut de la Cuirasse. Le dernier troubadour. La Guerre des chouans. Le Médecin des Cœurs. Le Roi des Korigans. Les Capitaines de Henri IV. Une Mansarde d'étudiant. Le Mari de Mademoiselle. Un Martyr de la victoire. — Une Table manuscrite est jointe à chaque volume.

10. **Le Monde dramatique.** Revue des spectacles anciens et modernes (1835 à 1839). 8 vol. gr. in-8 demi-chag. rouge, *Paris, au bureau du journal et chez Marchand, éditeur*, Figures, portraits et scènes des principales pièces qui ont été représentées pendant ces années. Lithographies et gravures sur bois. Exemplaire incomplet de quelques tables et de quelques figures.

11. **Magasin théâtral.** Choix de Pièces nouvelles jouées sur les théâtres de Paris (1834-1846). *Paris, Marchand*, 1834; 42 vol. gr. in-8, dem.-veau rouge. 600 pièces environ réunies et classées avec une table imprimée à la fin de chaque volume.

12. **Ancelot.** Marie de Brabant. *Paris*, 1828; in-8 cartonné, vieux papier du temps. Envoi d'auteur à Mme Ducis. — Merville, la Famille Glinet. *Paris*, 1818; in-8 vél., cartonné. Hommage de l'auteur à la duchesse de Berry (*Ex libris* de Rosny).

13. **Ancelot.** Théâtre. 50 Pièces réunies en 4 vol. non rognés, dem.-rel. — 3 vol. petit in-8 et 1 grand in-8 à 2 colonnes (1819-1844).

Tome Ier. Les Brigands des Alpes. La Grille du parc. Le Régent. Pharamond. Un An. La Nuit d'avant. Mme du Châtelet. Anna. Le Dandy. La Fille du soldat. Richelieu à 80 ans. — **Tome II.** L'Homme du monde. L'Espion. Henriette. La Mendiante. Mme du Barry. La Mort. Le Dernier de la famille. — **Tome III.** Le Château de Saint-Bris. Une Séduction. La Robe de chambre. Reine, Cardinal et Pape. Les Papillotes. Le Fils de Ninon. Les Liaisons dangereuses. Une Rivale. — **Tome IV.** Charlotte. Mme Edgmont. La Consigne. Le Domino rose. Un Secret de famille. La Robe déchirée. Heureuse comme une princesse. L'Ami Grandet. Le Tapissier. Une Camarade de pension. Un Mariage raisonnable. La Laide. Le comte de Horn. D'Aubigné. Le Roi malgré lui. Les Pontons de Cadix. Clémentine. La Champmeslé. La petite Maison. La comtesse de Chamilly. Clémence. La Lionne. Quitte. La Sainte-Cécile. Une Femme de l'Empire. — Presque toutes les pièces sont de la 1re édition, avec des envois à Carmouche.

14. **Anicet Bourgeois et divers.** 20 Pièces, quelques-unes dérelées.

15. **Anonymes.** Un lot de 50 Pièces brochées, la plupart des 1res éditions (1751-1853).

Aliquandbon. L'Anesse et la Lune. L'Arrivée à l'épape (Saint-Omer). Les Aveux imprévus. Béranger. Les Bourgeois parisiens. Une Culbute. Les Commis. Le Commerçant de Bordeaux (Amsterdam). Le Club des dames. Les Capulets et les Montaigus. Les Déguisements. Le Danseur éternel. L'École du soldat. L'Extravagance amoureuse. Le faux Ermite. La Fille petit-maître. Fin contre fin. Frédégonde et Brunehaut. Les Héros français. Les Hommes du jour. Jacqueline de Bavière. L'Impromptu du sentiment. Mazaniello. La Mort du duc d'Enghien. Le Mariage à la diable. Mandrin. Lucrèce. Le Lendemain des noces. Jupiter (Opéra allég.). Jacques Molay, grand-maître des Templiers. La Partie de chasse des écoliers. Le Perruquier. La petite Galerie. La Pérouse dans l'île de Taïti. La Pomme et la Citrouille. Les Protégés. Les Provinciaux détrompés.

16. **Antony** et **Béraut.** Carton contenant 8 Pièces brochées, 1res éditions de 1802-1828.

16 *bis*. **Arnaut.** Œuvres complètes, 4 vol. papier hollande, non rognés, cartonnés, in-8. *La Haye*, tomes I, II, III; *Paris*, tome IV (1817-1819).

16 *ter*. **Arnault** (A.-V.). Deux cartons renfermant 17 pièces. La Cantate sur la naissance du roi de Rome, exécutée au Conservatoire, y est jointe. Editions de 1790 à 1830.

17. **Aubin-Dessaugerais.** Un Carton contenant 4 pièces broch., 1res éditions (1799-1824).

18. **Avenel** (Paul). Alcôve et Boudoir. Scènes de la Comédie humaine. 1 vol. in-12, dem.-rel. *Paris*, 1855.

19. **Avisse.** Œuvre de théâtre. 1 vol. in-12, rel. v. plein. *Paris*, 1758.

20. **Arnould.** Théâtre. Volume grand in-8, dem.-rel., tête dorée et ébarbée.

21. **Bailly.** Théâtre et Œuvres mêlées. *Paris*, 1768; 2 vol. in-12, v. plein.

22. **Balzac.** Théâtre. *Paris*, 1853; in-12. dem.-bas. — Dans le même volume, Mercadet. *Paris*, 1850; 1re édition.

23. **Baour-Lormian** (P.-M.-L.). Le Classique et le Romantique. Dialogue. 1 vol. rel. in-8. *Paris, Amb. Dupont et Roret*, 1825.

24. **Baour-Lormian.** Un Carton renfermant 6 pièces. Éditions de 1804 à 1825.

25. **Barbier** (Tragédies de Mlle). *Paris, P. Ribou*, 1707; in-12 veau plein. Théâtre lyrique avec une préface où l'on traite du poème de l'Opéra, par M. Le Brun. *Paris*, 1717; in-12, v. plein.

26. **Barthe.** Un Carton renfermant 7 pièces. Editions de 1760 à 1780.

27. **Barthélemy** (M.). Théâtre contenant 10 pièces en 1 vol. cartonné, non rogné (1804-1816). — Bourdet de Santerre. 10 Pièces en 1 vol. cartonné, non rogné (1758-1799).

28. **Bayard.** Théâtre. 2 Cartons contenant 52 pièces brochées, non rognées (1826-1836).

29. **Baron** (Théâtre de), augmenté de 2 pièces. *Paris*, 1759; 3 vol. in-18, v. racine, dos orné.

30. **Baw** (Mme de). Théâtre. Un Carton contenant 8 pièces brochées (1802-1861).

31. **Beaunoir.** Carton contenant 22 pièces dérelées, 1res éditions (1765-1810).

31 *bis*. **Bernard de Bonnard.** Poésies diverses, avec un portrait de l'auteur gravé par de Launay (1791); 1 vol. in-8 broché. *Paris*.

32. **Bernos** (Alexandre). Carton, 11 pièces. Éditions de 1805 à 1817.

33. **Bertin**. Carton contenant 5 pièces brochées ou dércliées, 1res éditions (1760-1790).

34. **Bièvre** (De). Un Carton contenant 2 pièces brochées et reliées, 1res éditions (1778-1783).

35. **Bignon**. Théâtre. Carton contenant 5 pièces, 1res éditions (1792-1802). (Il manque seulement Petit Pêcheur.)

36. **Boindin** (OEuvres de). *Paris*, 1753; 2 vol. in-12, v. pl. — Guyot de Merville (OEuvres de théâtre de). *Paris*, 1766; 3 vol. in-12. — Poisson-Philippe (OEuvres de théâtre de). *Paris*, 1743; 2 vol. in-12, veau plein. — Pradon (les OEuvres de). Nouvelle édition. *Paris*, 1744; 2 vol. in-12, veau plein.

37. **Bonel**. 16 pièces réunies en 1 volume cartonné provisoirement, ébarbé par en bas (1800-1805), 1res éditions, sauf deux pièces.

38. **Bonjour** (Casimir). Carton renfermant 5 pièces. Éditions de 1821 à 1833.

39. **Bonjour** (Casimir). Le Presbytère, comédie en 5 actes et en vers, 1re édition; couverture originale. (Envoi de l'auteur.)

40. **Bosquier**. Carton contenant 2 pièces brochées, 1res éditions (1807-1808-1810).

41. **Bouchardy**. Un Carton contenant 2 pièces brochées, 1re édition. Léa (dr.). — Hermann l'Ivrogne (dr). (1836-1847).

42. **Bourgueil**. Un volume cartonné contenant 4 pièces, dont 3 de 1re édition et de 1802.

43. **Boutard**. Un Carton contenant 3 pièces brochées, 1res éditions (1800-1802).

44. **Bouteillier** et **Desprez**. Un Carton contenant 5 pièces brochées, 1res éditions (1771-1791).

45. **Brazier** et **divers**. 183 pièces en 5 cartons.

46. **Bret** (OEuvres de théâtre de). *Paris*, 1765; 1 vol. in-12, veau plein.

47. **Brifaut**. Un Carton renfermant 4 pièces. Editions de 1814 à 1820.

48. **Bursay**. Un Carton contenant 5 pièces traduites de l'allemand, brochées. 1res éditions (1765-1813).

49. **Cahusac.** Un Carton contenant 4 pièces dérelićes, 1res éditions (1754-1784). Zoroastre, opéra. — Les Fêtes de l'Hymen. — Pharamond. — L'Algérien.

50. **Cailhava.** Théâtre. 2 vol. in-8, dem.-rel. (1781).

51. **Cailleux.** Un Carton contenant 5 pièces brochées (1761-1785).

52. **Théâtre de Carmouche et Compagnie.** 4 vol. petit in-16, dem.-rel. veau rouge. Sous ce titre, on a réuni 23 pièces (1820 à 1842).

53. **Chabanon** (De). Œuvres de théâtre et autres poésies. 1 vol. in-8°, reliure veau plein. *Paris*, 1788.

54. **Chalumeau.** L'Adultère, drame en 3 actes en prose formant un volume cartonné (1791).

55. **Chamfort.** Théâtre. 6 pièces réunies en un volume cartonné non rogné (1764-1777).

56. **Champmeslé** (De). Œuvres de théâtre. 1 vol. in-12, rel. veau plein. *Paris*, 1735.

57. **Charlemagne** (Armand). Théâtre. 18 pièces réunies en 2 volumes demi-reliure (1793-1822).

Tome Ier. M. de Crac. L'Insouciant. Les Ecoliers. La Fille à marier. Le Père aveugle. L'Adoption villageoise. Le Souper des Jacobins. L'Homme de lettres et l'Homme d'affaires. L'Agioteur. La Soirée de Vaugirard. Les Paroles et la Musique. — **Tome II.** Les Voyageurs. Le Fou supposé. L'Amour romanesque. Les Descendants du menteur. Le Testament de l'oncle. Le Voyageur fataliste. La Journée des dupes. Le Testament singulier.

58. **Châteauneuf.** Un Carton contenant 5 pièces brochées ou dérelićes. 1res éditions (1822-1834).

58 *bis*. **Chazet.** Théâtre (1798-1811). Réunion de 47 pièces cartonnées en 3 vol. non rognés.

58 *ter*. Pièces comi-parades (1808-1811), par divers auteurs. Réunion de 9 pièces cartonnées en 1 vol. in-8 non rogné.

59. **Châteauvieux.** Théâtre. Un Carton renfermant 11 pièces brochées (1792-1805), 1res éditions.

60. Chefs-d'œuvre du Répertoire des Mélodrames joués à différents théâtres. *Paris, veuve Dabo*, 1825; 20 vol. in-8. dem.-rel. veau rouge. Bel exemplaire.

61. **Chénier** (M.-J. de). Théâtre posthume. 3 vol. in-8, dem.-rel. *Paris*, 1818.

62. Chimène ou le Cid, tragédie en trois actes, représentée à Fontainebleau, devant Leurs Majestés (1783). 1 vol. in-4 br., 1re édition. — Louis IX en Egypte, opéra en trois actes. 1 vol. in-4 br., 1re édition (1790). — Les Horaces, tragédie lyrique en trois actes, représentée devant Leurs Majestés, à Versailles, en 1780, 1re édition, 1 vol. in-4, br.

63. **Cogniard.** Carton contenant 7 pièces, 1res éditions, avec un envoi signé de l'auteur (1834-1854).

64. **Cogniard.** La Fille de Triboulet. 1 vol. br. non coupé. 1re édition.

65. **Cogniard** frères. Pauvre Jacques! comédie-vaudeville en un acte, 1re édition.

66. Collection de 16 pièces de théâtre, formant 16 plaquettes in-8, dem-rel., de 1802 à 1831.

67. Collection factice de 9 vol. gr. in-8 (texte à 2 colonnes), composée de pièces parues dans le Magasin théâtral et dans la France dramatique, de 1834 à 1838. (Dem. toile.) (Cette collection renferme les tomes 1, 2 et 3 du Magasin théâtral, avec titre et table.)

68. **Petit-Corneille.** 16 vol. demi-basane (1690). *Paris*, à la Sphère. (Reliure fatiguée.)

69. **Cottenet.** Un Carton contenant 10 pièces brochées, 1res éditions (1817-1827).

70. **Coupait.** Un Carton contenant 10 pièces brochées. 1res éditions (1802-1826).

71. **Courcy** (De). Théâtre, contenant 58 pièces réunies en 4 volumes non rognés, dem.-rel.; 3 vol. in-12 et 1 vol. in-8.

72. **Cousin Jacques** (Beffroy de Reigny). Carton contenant 8 pièces, 1res éditions (1786-1799).

73. **Creuzé de Lesser.** Théâtre. 17 pièces réunies en 2 volumes cartonnés non rognés (1795-1832).

Tome Ier. Les Voleurs. L'Ecolier en vacances. Un Français à Cythènes. Ninon. M. de Bièvre. Clé forée. M. des Chalumeaux. Le Déjeuner de garçons. Le Secret du ménage. — **Tome II.** La Revanche. Le Diable à quatre. Le Billet de loterie. Le Magicien sans magie. Ninette à la cour. Mlle de Launay. Nouveau Seigneur. Prince et Grisette.

74. **Cubières.** Deux Cartons contenant 15 pièces brochées (1777-1806).

75. **Cubières** (Le Chevalier de). Théâtre moral ou Pièces dramatiques nouvelles. 2 vol. in-8, rel. veau plein. *Paris*, 1786.

76. **Alainval** (D'). Théâtre. 1 vol. veau plein (1725-1733).

76 *bis*. **Alainval** (D'). Un Carton contenant 2 pièces brochées, 1res éditions. Le Comte de Waltam. — L'Ecole des Bourgeois (1779-1789).

77. **Dalban**. Un Carton contenant 6 pièces brochées, 1res éditions (1804-1844).

78. **Dancourt**. Un Carton contenant 9 pièces brochées, 1res éditions (1760-1783).

79. **Dancourt**. OEuvres de théâtre. 12 vol. in-18, veau plein. *Paris*, 1760.

80. **Daubigny** (Baudouin). 14 pièces, 1res éditions (1816-1835).

81. **Delrieu**. Théâtre. 9 pièces réunies en 1 vol. dem.-rel. (1797-1822).

82. **Décour**. Un Carton contenant 10 pièces brochées, 1res éditions (1804-1824).

83. **Dejaure**. Deux Cartons contenant 16 pièces brochées, 1res éditions (1790-1810).

84. **Demautort**. Un Carton renfermant 8 pièces, 1res éditions (an-II à an IX).

84 *bis*. **Demautort**. Vadé chez lui, 1 vol. broché, 1re édition (1800).

85. **Delagrange-Chancel**. OEuvres de théâtre. 2 vol. in-18, reliure veau plein, *Paris* (1758).

85 *bis*. **Delavigne** (Casimir). Les Enfants d'Edouard, en un vol. broché, avec un portrait de l'auteur, deuxième édition.

86. **De la Ville de Mirmont**. Théâtre. 6 pièces en 1 vol. demi-rel. (1810-1826). — Artaxercès, avec une lettre autographe de l'auteur.

86 *bis*. **Delestre**. Un carton contenant 17 pièces brochées, 1res éditions (1812-1822).

87. **Désaugiers**. Théâtre. Réunion de 106 pièces dans 4 cartons. Les pièces sont catologuées sur les cartons, dans l'ordre alphabétique des titres. (La réunion de ces pièces est presque impossible aujourd'hui).

88. **Deschamps**. Deux pièces : Antiochus et Cléopâtre. 1re édition (1715). — Médus, tragédie, 1er édition (1739).

89. **Desfaucherêts-Brousse**. Trois pièces cartonnées, non rognées.

90. **Desfontaines**. Un Carton contenant 24 pièces dérelićes (1765-1802), 1re édition.

91. **Desforges**. Théâtre. Trois volumes cartonnés, non rognés.

91 *bis*. **Desforges**. Le Sourd, vol. broché, 1re édition.

92. **Desmahis**. Œuvres complètes : 2 vol. in-12, rel.-veau plein. *Paris* (1778.)

93. **Després**. Un Carton contenant 10 pièces brochées ou dérelićes, 1res éditions (1776-1883).

94. **Deniaux**. Un Carton contenant 2 pièces brochées (1802).

95. **Devineau**. Recueil factice de poésies et de tragédies, en 2 vol. in-8, reliés veau plein tr : jaspées.

96. **Diderot**. (Œuvres de théâtre), Amsterdam (1756), in-12 veau plein.

97. **Garrick** (David). Œuvres. *Paris* 1784, 2 vol. in-8 veau plein. Théâtre de Société de M. D***. Billard de Mausseau, 1 vol. in-8 relié. — **Marin**. Pièces de théâtre. *Paris*, Duchesner 1765, 1 vol. in-8. Ensemble : 4 vol. in-8.

97 *bis*. **Théâtre de MM. Piis et Barré**. *Paris* (1731). in-8 mar. rouge, tr. divers (rel. fatiguée). Théâtre de M. Laffichard (1746), in-8 veau pl. Proverbes dramatiques de M. de Laisse, (1797), in-8 v. pl. J. et E. Vigie, œuvres diverses, *Paris*, (1797), in-8. v. plein. Mailhol, l'Avare, comédie de Molière, en 5 actes, mise en vers. Bouillon, (vers 1780), in-8 1/2 rel. La Philis de scire, in-12 veau plein (1669). Ensemble : 6 vol.

97 *ter*. **Goumay**. Théâtre en 1 vol. cartonné non rogné. — **Le Blanc**. Théâtre en 1 vol. reliure pl. veau. — **Favières**. Théâtre complet, 1 vol non rogné cartonné de (1799-1813).

97 *quater*. **Hauteroche**. Théâtre de Noël le Breton (sieur de), nouvelle édition. *Paris* (1772), 3 vol. in-12 veau plein. Desmahis (œuvres de) 1re édition. *Paris*, 2 vol. in-12, veau plein. Legrand (œuvres de) nouvelle édition. *Paris* (1770), 4 vol. veau plein.

98. **Dorat**. Deux Cartons renfermant 9 pièces (1760-1785).

99. **Dorat**. Les Prôneurs; Adélaïde de Hongrie, 2 vol. in-8 brochés.

100. **Danchet**. (Théâtre de) Paris sans date, 4 vol. in-12 veau plein, titre gravé, portrait.

101. **D'Outremont**. Théâtre historique. 1 vol. cartonné non rogné.

102. **Dorvo** (1793 à 1816). 17 pièces en un carton.

102 *bis*. **Drap-Arnaud**. Théâtre (1817-1828). 9 pièces réunies en 1 vol. in-8 cartonné non rogné.

102 *ter*. **Dubois** (J.-B.). (1801-1821). 38 pièces réunies en 3 vol. in-8 cartonnés non rognés.

103. **Dubuisson**. Un Carton contenant 7 pièces dércliées (1763-1790).

104. **Ducange**. Théâtre. 37 pièces réunies en 5 vol, demi-rel. (1815-1837).

105. **Dufour**. 2 pièces en un vol. cartonné provisoirement, non rogné, 1res éditions.

106. **Dumanoir**. Un Carton contenant 5 pièces, 1res éditions. 4 brochées et reliées (1836-1852).

107. **Dumanoir**. Trois Cartons contenant 68 pièces de théâtre dont 3 dérreliées (1828-1861).

108, **Dumersan**. 4 Cartons renfermant 120 pièces de théâtre, dont 27 dérreliées (1802-1843).

Le pauvre Diable. La Pensionnaire ou 100 francs par mois. La Pension bourgeoise. Les Peuples au cabaret. Le Pont des Arts. Le Protégé. Le Pygmalion du faubourg Saint-Antoine. Les quatre Adam. Le Retour d'un acteur. Rodomont. Le Roi et le Pèlerin. Les Rouliers. Le Sabotier ambitieux. Sage et Coquette. Sous la ligne. Théophile. Le Tocsin. Trilby. Le Tribunal des femmes. Turlupin. Zoé. Rimbaut. Crime et Mystère. M. Dasnière. Un Trait de Fanchon. Le Tyran peu délicat. Une Macédoine. Une Matinée d'autrefois. Une Heure de prison. La Vaccine. Le Valet de ferme. Le Valet ventriloque. Les Vendanges de Champagne. La Visite du prince. Le Voyage impromptu.

109. **Théâtre de Dumaniant**. 4 vol. cartonnés contenant 31 pièces non rognées.

110. **Dumaniant**. Carton renfermant 6 pièces, 1res éditions (1809-1818).

111. **Delautel**. Théâtre. 1 vol. cartonné contenant 5 pièces (1761-1765).

112. **Dumolard**. Recueil de pièces. 15 pièces réunies en 1 vol. dem.-rel. (1802-1813).

113. **Dupaty** (Emmanuel). Recueil factice de 1798 à 1823. 53 pièces en 6 vol. in-8 cartonnés.

113 *bis*. **Duperche**. Théâtre (1806-1813). 12 pièces réunies en 1 vol. in-8 cartonné non rogné.

114. **Dupeuty**. Un Carton contenant 13 pièces brochées 1res éditions (1824-1841).

115. **Dupin**. 1 Carton contenant 22 pièces dércliées 1res éditions (1811-1830).

116. **Duport**. Un Carton contenant 6 pièces brochées 1res éditions (1830-1831).

117. **Durieu** (E. B.). 1 Carton 5 pièces éditions (1798-1803).

118. **Duval** (G.). 3 Cartons renfermant 47 pièces éditions (1790-1845).

119. **Duval.** (G.). Un Carton contenant 36 pièces brochées (1794-1845).

120. **Duvert et Lausanne**. 31 pièces, quelques-unes dércliées, en un carton.

121. **Duveyrier** (Baron), Théâtre. Mélomanie. Cour plénière, 4re édition. Deux éditions : Anecdotes historiques en 2 vol. dem.-rel.

121 *bis*. **Ernest** (J.) **et Clouard**. Carton contenant 10 pièces dont 9 cartonnées en 1 vol. (1800-1813)

122. **Ernest**. 5 Pièces brochées parues à Bordeaux (1808-1810).

123 *bis*. **Ernest**. 6 Pièces en 6 vol. brochés.

124. **Espagny** (d'). 2 Cartons contenant 12 pièces brochées (1820-1849).

125. **Des Essarts d'Amberville**. Théâtre complet. 5 pièces en 1 vol. cartonné barbé (1809-1826).

126. **Etienne** (G.). (OEuvres de). *Paris* (1846). 5 vol. dem.-rel. veau, plus un vol. même rel. contenant en éditions originales 11 pièces. Ensemble : 6 vol.

127. **Etienne** et **collaboration**. 3 Cartons contenant 42 pièces éditions (1795-1825).

128. **Fallet**. Théâtre complet en 1 vol. cartonné non rogné (1782-1795).

129. **Famin**. Un Carton contenant : 1° l'École de la Médisance; 2° Mes Opuscules et Amusements littéraires (1807-1810).

130. **Fardeau**. Un Carton contenant 4 pièces brochées (1773-1784).

131. **Faur**. Un Carton contenant 7 pièces brochées. (1793-1805).

132. **Favart**. 7 Cartons renfermant 63 pièces éditions (1735-1785). — A beaucoup de ces pièces est jointe la musique.

133. **Favart.** Théâtre choisi. 3 vol. cartonnés non rognés, *Paris* (1809).

134. **Ferrières** (de). Un Carton contenant 4 pièces brochées (1798-1822).

135. **Feuillet** (Oct.). Echec et Mat, 1re édition brochée.

136. **Flins.** Théâtre (1791-1807). 9 Pièces in-8 dans un carton.

137. **Fontan.** Théâtre. 3 vol. brochés, 24 Pièces (1830-1839).

138. **Fonvielle** (le chevalier de). Œuvres dramatiques, 2 vol. in-8 cartonnés, *Paris* (1821).

139. **Forgeot.** Un Carton renfermant 12 pièces (1780-1800).

140. **Francis** et **divers.** 35 Pièces brochées ou dérеliées en 1 carton.

141. **Framery.** Un Carton contenant 5 pièces broch. (1754-1781).

142. **Frédéric** (Dupetitmèré). 42 Pièces en deux cartons.

143. **Fusetier.** Un Carton contenant 4 pièces broch. 1724-1732).

144. **Gabrot de Salins.** Un Carton contenant 9 pièces brochées, 1res éditions (1780-1804).

145. **Gabriel** (En collaboration avec). 19 Pièces cartonnées (1818-1854).

146. **Gaugiran-Nanteuil.** 16 Pièces en 1 vol. cartonné non rogné (1800-1820).

147. **Gensoul** (Justin). Un Carton contenant 16 pièces, éditions de 1805 à 1830.

148. **Gentil.** 9 Pièces en un carton (1810-1823).

149. **Gersin.** Un Carton contenant 20 pièces dérеliées (1798-1826).

150. **Gosse** (Etienne). Proverbes dramatiques. *Paris*, 1819-1820; 2 vol. in-8 dem.-veau rouge. — Le même, dem.-veau fauve, coins.

151. **Gosse.** Théâtre (1812-1817). 14 Pièces réunies en 2 vol. in-8, dont un vol. cartonné.

152. **Gouffé** (Arm.). Théâtre. 32 Pièces in-8, de 1796 à 1824.

Change. Cassandre. Agamemnon et Colombine. Cassandre. Le Chaudronnier de Saint-Flour. Clémence Isaure. Clément Marot. Coco-Ricco. Cri-cri. Les deux Jocrisses. Le Diner d'un héros. Le Duel et le Déjeuner. Carrick double. L'Intrigue dans la hotte. L'Ivrogne et sa Femme. La Journée de Saint-Cloud. Marmontel. Le Médecin turc. M. Beldam. M. Mouton. La nouvelle Cacophonie. Médard fils de Gros-Jean. Le Médecin turc. Nicaise. Philippe le Savoyard. Piron à Beaune. Qui l'aura? Le Retour à Valenciennes. La Revue de l'an VIII. La Tante et la Nièce. Tivoli, Vadé à la Grenouillère. Le Val de Vire. Le Valet sans maitre.

153. **Grétry** (neveu). 10 Pièces broch. en un carton (1795-1815).

154. **Guillet.** Théâtre en 1 vol. cartonné non rogné (1798-1805).

155. **Guimot.** 18 Pièces en un carton (1829-1857).

156. **Guyot de Merville.** Le Consentement forcé, comédie en un acte, in-12, 1740, dérelié. — Agamemnon, tragédie. *Paris*, 1780, dérelice. — Boyer. Judith, tragédie. *Paris*, 1695. — Clothilde, tragédie. *Amsterdam*, 1705; in-12 dérelié, — Duché. Jonathas tragédie. *Paris*, 1713; in-12, dérelié. — Absalon, tragédie par Duché. *Paris*, 1712; in-12 relié vél. blanc. 6 pièces.

157. **Guys.** Théâtre. 1 vol. cartonné. 2 pièces (1752-1753).

158. **Halévy** (Léon).

Beaumarchais à Madrid. Les Caprices. Le Chevreuil. Le Czar Démétrius. La Dilettante d'Avignon. Le Duel. Les Fileuses. Les trois Etoiles. Folbert ou le Mari de la cantatrice. Généreux ou la Grisette de province. Le grand Seigneur et la Paysanne. Grillo ou le prince et le Banquier. Indiana. Le Sauveur Luther. Le Mari aux épingles.

159. **Halévy** (Ludovic). Ba-ta-clan. Les Moulins à vent. 2 vol. brochés, 1re édition (1856-1862).

160. **Hapdé** (Aug.). Deux Cartons renfermant 61 pièces de théâtre, dont 16 dérelieés (1797-1820)

161. **Henrion** (1802-1806). 31 Pièces en un carton.

162. **Hoffmann, Patrot, Mazères,** etc. Ensemble 10 pièces en un carton.

163. **Hubert.** Un vol. et un carton contenant 22 pièces, quelques-unes avec envoi d'auteur (1811-1825).

164. **Jacquelin.** Théâtre. 2 vol. cartonnés non rognés, contenant 36 pièces (1798-1825).

165. **Jars.** Théâtre complet. 3 Pièces en 1 vol., dem.-rel., ébarbé (1803-1807).

166. **Jaure** (De). Un Carton renfermant 12 pièces. Éditions de 1790 à 1804.

167. **Jourdain** (Éliacin). 18 Pièces de théâtre, in-12 br., de 1853 à 1860.

168. **Jouslin.** Un Carton contenant 7 pièces brochées (1821-1826).

169. **Kock** (P. de). Un Carton contenant 37 pièces de théâtre, dont 3 dérelieés (1815-1852).

169 *bis*. **Labiche**. Un Carton contenant 8 pièces brochées. 1res éditions (1852-1858).

Le Misanthrope et l'Auvergnat. Embrassons-nous. La Fiancée du bon coin. L'Amour. Deux Merles blancs. Un Monsieur qui prend la mouche. On demande des culottières.

170. **La Chabaussière**. Théâtre. 1 volume cartonné contenant 14 Pièces non rognées.

170 *bis*. **La Harpe**. 3 Cartons renfermant 23 pièces (1760-1805).

171. **Laine** (Mme de). Proverbes dramatiques. 2 tomes en 1 volume, dem.-rel. (1877). — Nouveaux proverbes dramatiques. 2 vol. in-8, veau plein, 1767. — Recueil de pièces dialoguées ou Guenilles dramatiques, ramassées dans une petite ville de Suisse, par Camille, Lamy, etc.; 2 tomes en 1 vol. dem.-rel. (1777). Ens. 4 vol.

172. **Lalone**. Un Carton contenant 6 pièces brochées (1822-1833).

173. **Lamartelière**. Un Carton renfermant 11 pièces (1793 à 1824).

174. **Lamey**. Théâtre. Romulus. — Elvire. — Irza. *Paris*, *Barba*, 1807-1809-1810; 1 vol. in-8, cartonnage *Bradel*.

175. **La Ribardière**. 4 Pièces et un carton (1759-1769).

176. **Laujon**. Un Carton contenant 4 parodies dereliées. (1745-1762).

177. **Lauzanne** (Auguste de). Harnabi ou la Contrainte par Cor. Parodie, 1re édition, brochée.

178. **Laverpillière**. 2 Pièces dereliées (1835-1836).

179. **Leber**. 2 Pièces brochées (1815-1827).

180. **Leblanc de Ferrières**. 18 Pièces en un carton, 1802 à 1842.

181. **Le Brun-Tossa**. Un Carton renfermant 7 pièces (1795-1805).

182. **Léger**. 31 Pièces dereliées, en un carton (1792-1819).

183. **Legrand**. 3 Pièces brochées (1781-1792).

184. **Legros**. Théâtre complet. 1 volume cartonné non rogné (1801-1830).

185. **Le Mierre**. 7 Pièces (1753-1784).

186. **Lemonnier**. 8 Pièces brochées (1660-1680).

187. **Léopold.** 3 Pièces brochées (1815-1825).

188. **Le Prévost.** Théâtre. 9 Pièces en 1 volume cartonné, non rogné (1795-1806).

189. **Leroy** (Onésime). 14 Pièces, dont 7 reliées en 1 volume; les autres en carton.

190. **Lesguillon.** 3 Pièces brochées (1825-1837).

191. **Leuven.** 9 Pièces brochées (1822-1834).

192. **Levrier-Champion.** Théâtre. 1 volume cartonné, non rogné (1792-1804).

193. **Loaisel.** 3 Pièces brochées (1796-1804).

194. **Loaisel** (Tréogate). Théâtre (1796-1801). 9 Pièces en 1 vol. in-8, cart. non rogné.

195. **Lockroy.** 17 Pièces brochées ou dereliées, en 1 carton 1831-1851).

196. **Lombard.** 5 Pièces brochées ou dereliés (1795-1818).

197. **Longchamps.** Théâtre. 13 Pièces en 1 volume cartonné non rogné (1798-1826).

198. **Longpré** (De). 7 Pièces brochées (1830-1844).

199. **Louis.** 8 Pièces brochées (1812-1819).

200. **Loraux.** 6 Pièces dereliées (1802-1816).

200 *bis*. **Leroy** Un Carton renfermant 10 pièces (1814-1852).

201. Lot de 25 Pièces reliées (XVIIIe siècle).

202. Lot de 21 Pièces (XIXe siècle, 1802-1835), cartonnées et reliées.

203. Lot de 25 Pièces diverses. Par unité.

204. **Lonja.** 4 Pièces brochées en 1 carton (1797-1821).

205. **Lubize.** Un Carton contenant 5 pièces brochées (1833-1859).

206. **Magne de Saint-Aubin.** 6 Pièces dereliées (1781-1810).

207. **Mailhol.** Théâtre. 1 vol. dem.-rel., contenant 4 pièces (1754-1757).

208. **Maillot.** 4 Pièces brochées en carton (1786-1801).

209. **Maisonneuve.** Théâtre et Poésies. 1 vol. cartonné, non rogné (1785-1818).

210. **Marchand.** 2 Pièces en 1 carton (1772-1778).

211. **Maréchall** et **Majeur**. 15 Pièces brochées en 1 carton (1788-1824).

212. **Marsollier**. Œuvres choisies. *Paris*, 1825; 4 vol. in-8, dem.-rel. veau bleu. — Le tome 4 est formé par les pièces où il a collaboré.

212 *bis*. **Martainville** (De). Théâtre (1795-1815). 30 Pièces réunies en 2 vol. in-8 cartonnés non rognés.

213. **Martelière** (La). Théâtre. 11 Pièces en 1 vol. dem.-rel. (1793-1824).

214. **Martelli**. 3 Pièces brochées (1799-1813).

215. **Martin-Deslandes**. 3 Pièces dérelìées (1822-1829).

216. **Maurice** (Charles). Un Carton de 8 pièces (1805-1822).

217. **Mazères** (Édouard). 15 Pièces de théâtre. In-8 (1821-1827).

218. **Mélesville**. Théâtre. 8 Cartons contenant 188 pièces brochées (1802-1864).

219. **Menissier**. 6 Pièces brochées (1819-1826).

220. **Mennéchet**. 7 Pièces en 1 Carton (1820-1835).

221. **Mercier**. Théâtre complet, avec figures en taille-douce. Nouvelle édition. *Amsterdam*, 1778; 3 vol. cartonnés.

222. **Mercier**. Pièces de théâtre, avec pagination spéciale. (1781-1785); 3 vol. in-12 et 1 vol. in-8, dem.-rel. veau fauve, figures. Ens. 4 vol.

223. **Mercier**. Théâtre complet, avec belles figures en taille-douce. 4 vol. in-8, rel. veau plein, tranches rouges. *Amsterdam*, 1768.

224. **Merle**. Un Carton contenant 35 pièces brochées ou dérelìées (1808-1831).

225. **Merville**. 12 Pièces dérelìées en 1 carton et Recueil factice de 9 Pièces (1810-1835). Ens. 21 Pièces.

226. **Méry**. 5 Pièces brochées (1856-1859).

227. **Minant**. 4 Pièces brochées. 1res éditions (1801-1824).

228. **Molière** (Œuvres de). *Amsterdam*, 1704 (à la Sphère); 4 vol., veau plein, figures.

229. **Moline**. Pièces séparées, 1res éditions (1765-1817).

230. **Monnier** (Henri). La Famille improvisée; scènes épisodiques. 1res éditions.

231. **Monnet.** 9 Pièces brochées en 1 carton (1787-1804).

232. **Montperlier** (de Lyon). 9 Pièces (1812-1816).

233. **Monvel.** 2 Cartons renfermant 26 pièces (1770-1830), et 17 pièces. 2 vol. in-8, dem.-rel. Ens. 41 pièces.

234. **Moreau.** Théâtre. 2 Cartons contenant 52 pièces brochées (1801-1830).

235. **Morel.** Un Carton contenant 2 pièces brochées (1785-1807).

236. **Murville.** Un Carton contenant 3 pièces brochées. — Pièces anecdotiques des événements qui se sont passés au théâtre de l'Odéon, les 22 et 29 novembre 1812-1813). 1 vol. broché.

237. **Naudet.** 2 Pièces brochées (1821-1822).

238. **Nougaret.** 5 Pièces brochées, dércliées (1760-1777).

239. **Nougier** père. Œuvres dramatiques. *Paris*, 1855; gr. in-8, cartonné non rogné. — Le même, en dem.-rel. chag. violet, tranches jaspées.

240. **Ourry.** 2 Cartons contenant 27 pièces brochées (1805-1823).

241. **Pain** (J.). Théâtre. 2 volumes cartonnés contenant 12 pièces (1798-1812).

242. **Palaprat.** Œuvres. Nouvelle édition. *Paris*, 1712; 2 vol. in-12, veau plein.

243. **Parisaut.** Un Carton contenant 11 pièces brochées ou dérceliées (1780-1788).

244. **Parmentier.** Un Carton contenant 7 pièces dérceliées (1739-1759).

245. **Patrat.** 26 Pièces de théâtre. In-8 (1778-1808), dont 7 dérceliées.

246. **Pellegrin.** Catilina (1742) ; Pelapée (1743), tragédies dérceliées.

247. **Périn** (René). 1 Carton contenant 24 pièces brochées ou dérceliées (1795-1821).

248. **Pezai.** La Rosière de Salenci, pastorale (1774); le Prix de Cythère, (op. c.) (1767). en un carton.

249. **Philipon** de la **Madelaine.** Un Carton contenant 9 pièces (1794-1806).

250. **Picard**. Neuf Cartons contenant 74 pièces (1790-1830).

251. **Pieyre**. Dix Pièces en 1 vol. cartonné ébarbé (1787-1825).

252. **Pieyre** (Alexandre). Pièces de théâtre. *Orléans*, 1811, 2 vol. in-8, dem.-rel. veau fauve. — Le même ouvrage, 2 vol. in-8, dem.-rel. chagrin rouge avec une dédicace au tome 1er.

253. **Pigault-Lebrun**. Un Carton contenant 4 pièces brochées (1792-1810).

254. **Pillon**. Neuf Pièces brochées (1800-1814).

255. **Pixérécourt**. Théâtre choisi, précédé d'une introduction par M. Nodier, *Paris*. Tresse et Nancy, chez l'auteur (1841). 4 vol. in-8 dem.-rel. chagrin bleu ; une lettre autographe de l'auteur est jointe au tome premier.

256. **Pixérécourt**. Théâtre choisi. Nancy, chez l'auteur, (1841), 4 vol. in-8. Pièces écrites en collaboration, formant 3 vol. Ensemble : 7 vol. in-8 dem.-basane grenat.

257. **Pixérécourt** (Gilbert de). Vingt-trois Pièces, quelques-unes dércliées.

258. **Planard** (Eug.) Deux Cartons contenant 48 pièces de théâtre, dont 11 dércliées (1807-1853).

259. **Plancher de Valcour**. Dix-neuf Pièces de théâtre (1786-1802), en deux cartons.

260. **Pompigny** (de). Théâtre. 10 Pièces en 2 vol. cartonnés (1782-1806).

261. **Ponet**. Un Carton contenant 11 pièces brochées (1802-1826).

262. **Pujoula**. Un Carton contenant 11 pièces brochées (1780-1800).

263. **Quétant**. Théâtre. Quinze Pièces réunies en 2 vol. cartonnés non rognés, (1756-1783).

264. **Radet**. Théâtre. Deux Cartons contenant 11 pièces brochées, et 2 vol. in-8 cartonnés renfermant 25 pièces, Ensemble : 36 pièces (1784-1825).

265. **Ravrio**. Deux Pièces dércliées : La Maison des fous ; la Sorcière.

266. **Raynouard**. Quatre Pièces en carton (1794-1814).

266 *bis*. **Redon**. Un Carton contenant 12 pièces brochées (1805-1829).

267. **Tronchin de Genève.** Mes récréations dramatiques, *Genève*, 1779, 4 vol. in-8 veau plein.

268. **Révéroni.** Un Carton contenant 7 pièces brochées (1816-1827).

269. **Ribié.** Un Carton contenant 12 pièces brochées (1779-1822).

270. **Ribouté.** Théâtre. 5 Pièces en 1 vol. cartonné non rogné (1808-1826).

271. **Riccobioni.** Un Carton contenant 4 pièces brochées (1745-1761).

272. **Rivarol.** Un vol. broché, contenant 3 pièces (1818-1827).

273. **Rivière du Fresny.** Nouvelle édition, *Paris*, 1747, 4 vol. in-12, veau plein.

274. **Rochelle,** Un Carton contenant 6 pièces brochées (1799-1809).

275. **Rochon.** Un Carton contenant 7 pièces brochées (1753-1783).

276. **Romagnési.** Un Carton contenant 8 pièces brochées (1730-1822).

277. **Romagnési** (Œuvres de). Nouvelle édition. *Paris*, 1772, 2 vol. in-12 v. pl.

278. **Romieu** (A.), Proverbes romantiques, 1 vol. dem.-rel. in-8, *Paris* (1827).

279. **Romieu** (A.). Proverbes romantiques. *Paris*, Ladvocat (1827). 1 vol. in-8 dem.-veau rouge.

279 *bis*. **Sauvage** (J.-B.). Proverbes dramatiques. *Paris*, Ponthieu (1828). 1 vol. in-8 dem.-veau rouge.

280. **Roucher.** Un Carton contenant 8 pièces brochées (1818-1823).

281. **Rougemont** (de). Deux Cartons contenant 101 pièces (1803-1836).

282. **Rouhier.** Un Carton contenant 6 pièces brochées.

283. **Rousseau** (J.-J.). Le Devin de village, intermède. *Paris*, 1792, in-8 cartonné. (Edition originale).

284. **Rousseau.** Un Carton contenant 5 pièces dérreliées (1748-1759).

285. **Rouy** (Mme de). 4 Pièces brochées, 1res éditions (1863-1865).

286. **Royou** (de). Théâtre. 1 vol. demi-rel. (1819-1825).

287. **Rozier**. 3 Cartons contenant 20 pièces brochées (1830-1855).

288. **Rozoy** (du). Un Carton renfermant 10 pièces dérelićes (1770-1814).

289. **St-Ange Martin**. Un Carton contenant 3 pièces brochées (1820-1828).

289 *bis*. **Sauvage** (Th.). Un Carton contenant 29 pièces de théâtre dont 3 dérelićes (1817-1860).

289 *ter*. **Sauvage** (Th.). Théâtre (1817-1831). 22 pièces réunies en 2 vol. in-8 non rognés.

290. **Savin**. Deux Pièces brochées (1782-1788).

291. **Scribe**. Pièces de théâtre, 1res éditions, brochées.

Les Manteaux. La Chatte. Le Loup-Garou. La Lune de miel. Le Prince Charmant. Les Élèves du Conservatoire. La Belle-Mère.

292. **Sedaine**. Œuvres dramatiques, 4 vol. in-8, dem.-bas. *Paris, veuve Duchesnes*, 1776.

293. **Sedaine**. Théâtre. (1781-1786). Don Carlos de Schiller, 1 vol. dem.-rel.

294. **Séjour** (Victor). Compère Guillery. Le Paletot brun. La Tireuse de cartes. Les grands Vassaux. Le Martyre du cœur. 4 pièces en 1 vol. in-12, dem.-rel. veau bleu.

295. **Séguier**. 9 Pièces en 1 vol., dem.-rel. (1799-1809).

295 *bis*. **Servière**. Théâtre (1801-1807). Réunion de 14 pièces en 1 vol. in-8 cartonné non rogné.

296. **Sewrin**. 100 Pièces (1794-1822) en quatre cartons.

297. **Simonnin** (J.-B.). Les Vêpres odéoniennes, parodie des Vêpres siciliennes, broché non coupé.

L'Ane mort et la Femme guillotinée. La Peau de chagrin.

298. **Simonin** (J.-B.). 50 Pièces (1801-1847).

299. **Soulié** (F.). Théâtre. 17 Pièces en 1 vol. gr. in-8, dem.-rel., tête dorée, ébarbé (1820.48).

300. **Souque**. Théâtre complet en 1 vol., dem.-rel. (1816-1819).

301. **Taconet**. Théâtre. Un Carton contenant 22 pièces brochées (1760-1770).

302. **Taylor**. 2 Pièces (1821).

303. **Thuring**. Un Carton contenant 6 pièces brochées 1802-06).

304. **Tissot**. Un Carton contenant 6 pièces broch., 1res éditions (1804-1820).

305. **Tissot**. Carton contenant 6 pièces brochées, 1res éditions (1794-1804).

306. **Tourneux**. Théâtre, Chroniques et Poésies en 1 vol. cartonné (1830).

307. **Vadé**. Œuvres de théâtre, 4 vol. in-8, rel. veau plein, tr. jaspée. *Paris*, 1765.

308. **Vadé**. Théâtre, 4 vol. in-12, dem.-rel. *La Haye*, 1785.

309. **Vadé**. Œuvres. Opéras-comiques, Parodies, etc., 4 vol. in-8, rel. veau plein. *Paris*, 1758.

310. **Vadé**. A la Grenouillère, par Armand Gouffré, jolie poissarde, édition de 1801 ; vol. in-8, broché.

311. **Vaez**. Carton contenant 9 pièces brochées (1830-1850).

312. **Varner**. Carton contenant 9 pièces brochées (1817-1843).

313. **Valville**. Recueil factice de 12 pièces cartonnées, ébarbées (1800-1822).

314. **Vallier**. Carton contenant 2 pièces broch., ans VII et VIII.

315. **Valori**. Carton contenant 2 pièces.

316. **Vanderburch**. Deux Cartons contenant 42 pièces brochées (1816-1857).

317. **Varez**. Carton contenant 6 pièces brochées (1810-1822).

318. **Varin**. Carton contenant 11 pièces brochées (1831-1861).

319. **Vaublanc** (Comte de). Tragédies, 1 vol. in-8, dem.-rel. (1839).

320. **Vernet**. Carton contenant 9 pièces brochées (1815-1835).

320 *bis*. **Vial** (J.-B.). Théâtre (1795-1828). Réunion de 22 pièces en 2 vol. in-8 cartonnés non rognés.

321. **Vigée**. Un Carton renfermant 8 pièces (1776-1820).

322. **Vieillard**. Carton contenant 18 pièces broch. (1800-1856).

323. **Viennet**. Œuvres, 3 vol. in-8, dem.-bas. fauve.

324. **Villeneuve** (De). Carton contenant 10 pièces brochées (1831-1834).

325. **Villeterque.** Recueil factice contenant 6 pièces (1793).

326. **Villiers.** Carton contenant 17 pièces brochées (1801-1824).

327. **Wafflaud.** 10 Pièces en 1 vol. dem.-rel. (1812-1824).

328. **Wailly.** Carton contenant 4 pièces brochées (1825-1838).

329. **Watelet.** Théâtre, en 1 vol. cartonné, non rogné.

330. **Théâtre de l'Ambigu-Comique.** 5 vol. in-12 renfermant 30 pièces dem.-bas. bleue. Drames et mélodrames (1845-1852).

Paul Féval, Saint-Yves, F. Soulié, Zaccone. E. Sue, An. Bourgeois, d'Ennery, M. Fournier, E. Laloue, Labrousse, Gozlan, Souvestre, P. Foucher, Masson, Carré, Barbier, etc.

331. **Théâtre de la Gaîté.** 4 vol. in-12 contenant 28 pièces dem.-bas. (1845-1852).

Auteurs : Auguste Maquet, Barbier, Michel Carré, Dupeuty, Anicet Bourgesis, Michel, Masson, Frédéric Lemaître fils, Paul Féval, Charles Desnoyer, Eugène Nus, Grangé, Bernard Lopez, N. Fournier, Biéville, Dumersan, Delaborde, Rosier, Eugène Süe, Laurencin, Bouchardy, Paul Foucher.

332. **Théâtre du Gymnase.** 7 vol. in-12 renfermant 71 pièces dem.-bas. fauve (1846-1853).

Auteurs : Bayard, Fournier, Varner, Dumanoir, Clairville, Decourcelle, Lévy Laya, Jaime, Mélesville, Anicet Bourgeois, Brisebarre, d'Ennery, Barrière, Michel Carré, Barbier, de Leuven, Brunswick, de Kock, de Beaublan, de Comberousse, Labize, Varin, Mazères, Boyer, Marc Michel, Rosier, Achard, Mme Berton née Sanson, etc.

333. **Gymnase des Enfants**, théâtre d'éducation. 6 vol. in-18. dem.-rel. chag. rouge, contenant 41 pièces, représentées sur le théâtre du Gymnase des Enfants (1833-1845).

334. **Théâtre Historique.** 2 vol. in-12 contenant 13 pièces, dem.-rel. basane (1846-1850).

Auteurs : de Balzac, Alexandre Dumas, Paul Meurice, Paul Foucher, Léon Gozlan, etc.

335. **Théâtre moderne.** 6 vol. in-12 contenant 36 pièces de tous théâtres (1847-1854).

Auteurs : Octave Feuillet, George Sand, Paul Meurice, d'Avrecour, Bayard, Edouard Plouvier, Théodore Barrière, Alexandre Dumas, Mme Emile de Girardin, etc.

336. **Théâtre de la Montansier** (Palais-Royal), 1846-1854. 8 vol. in-12 renfermant 80 pièces, dem.-rel. basane.

Auteurs : Labiche Lefranc, Marc Michel, Nyon, Mélesville, Carmouche, Varin, Xavier, Lefèvre, Dumanoir, Clairville, Duvert, Lausanne, Bayard, Varner, T. Sauvage, F. de Courcy, Léonce et Eugène Nus, Jules de Prémaray, Bernard Lopez, G. Lemoine, de Leuven, Brunswick, de Breville, J. Cordier, Boyer, Cogniard frères, Siraudin, Vanderbuch, Léon Laya, Dupeuty, Anicet Bourgeois, Moreau, Delacour, Ch. Narrey, Arthur de Beauplan, Anicet, Alphonse Royer, Ch. Desnoyer, Verconsin, Henri de Kock, Charles Potier, Th. Barrière, Michel Carré, Adrien Decourcelle, Lafargue, Saint-Yves, A. Choler Léon Gozlan, Laurencin, L. Morand, Marville, Octave Feuillet, Paul Bocage, Lambert Thiboust, E. Grangé.

337. **Théâtre de l'Odéon.** 6 vol. in-12 contenant 54 pièces (1845-1854), dem.-basane verte.

Auteurs : Méry, Gérard de Nerval, Ostrowski, Barbier, Lucas, Deschamps, Duranlin, Souvestre, Octave Feuillet, Bocage, Serret, Anaïs Ségalas, Narrey, Théophile Gautier, A. Houssaye, Mary Lafon, Ponsard, Doucet, Desnoyer, Barbier, Carré, Musset, Gozlan, etc.

338. **Théâtre de l'Opéra-Comique.** 3 vol. contenant 32 pièces (1845-1853).

Auteurs : Scribe, Bayard, Emile Augier, Forges, etc.

339. **Théâtre de la Porte-Saint-Martin.** 3 vol. in-12 contenant 21 pièces (1845-1853), dem.-rel. basane.

Auteurs : Octave Feuillet, Félix Pyat, Léon Gozlan, Barbier, P. Meurice, Méry, Gérard de Nerval.

340. **Théâtres divers.** 1 vol, in-12 contenant 6 pièces, dem.-rel. basane.

341. **Théâtre-Français.** 8 vol. in-12, dem.-basane, contenant environ 64 pièces jouées (de 1847 à 1854).

Auteurs : Samson, Eugène de Stadler, de Mirecourt, Marc Fournier, Adrien Decourcelle, Mme de Casamajor, Léon Laya, Léon Gozlan, Beauvallet, Emile Souvestre, Mme Emile de Girardin, Bayard, Camille Doucet, P.-J. Barbier, Emile Augier, Rolland de Villerceaux, Léon Guillard, Th. Barrière, Méry, Octave Feuillet, Paul Bocage, Baron, Mazères, Ernest Serret, Adolphe Dumas, Jules de Wailly et A. Overnay, de Musset, Armand Barthet, Victor Séjour, Edmond Cottinet, F. Ponsard, A. Seuly, Edouard Foussier, Scribe, Legouvé, Michel Carré, Jules Barbier, Mlle Augustide Brohan, Auguste Maquet, Jules Lacroix, Liadères, Jules Sandeau, Beauvallet, Ferdinand Dugué, Mme Caroline Berton née Samson, Arsène Houssaye, Arthur Tailhand, Hippolyte Lucas.

342. **Théâtre des Variétés** (1847-1854). 8 vol. in-12 contenant environ 72 pièces, dem.-rel. basane verte.

Auteurs : Dumanoir, Siraudin, Clairville, E. Souvestre, Bayard, Duvert, Monnier, Picard, Gozlan, Musset, Augler, Mürger, Dupeuty, Henri de Kock, Labiche, Marc Michel, Lockroy, Emile Augier, Sandeau, etc.

343. **Théâtre Comte.** 27 pièces in-18 brochées et 1 pièce dem.-rel. *Paris.* Ensemble 28 pièces.

344. **Bibliothèque de la Ville et de la Campagne.** Magasin théâtral illustré de gravures sur bois et de portraits en pied d'acteurs et d'actrices de Paris. — Choix de pièces nouvelles jouées sur les théâtres de Paris. *Paris, Marchant,* 1843.

Tomes I à XXIX manquent. Tomes VI, XII, XVI, XXIII et XXVII. En double, deux tomes Ier, un tome XXII et un tome XXIV. Ensemble, 28 vol. gr. in-8 brochés, texte à deux colonnes.

345. **Bibliothèque dramatique de la scène française** ou Collection choisie de nouvelles pièces de théâtre. *Bruxelles,* 1835 ; 11 vol. petit in-16, dem.-rel. veau vert.

346. **France dramatique du XIXe siècle**. *Paris*, 1838. Théâtre-Français. 1 vol.; Variétés et Palais-Royal, 3 vol.; Vaudeville, 1 vol.; Gymnase, 1 vol.; Gaîté et Ambigu, 1 vol. Ensemble, 5 vol. gr. in-8 brochés, texte à deux colonnes, avec titre et table.

347. **France dramatique.** N°s 400 à 1125. Manquent n°s 649, 689, 690, 806, 807, 890, 891, 942, 943, 964, 965. Ensemble, 715 pièces brochées, couvertures imprimées, — état de neuf en huit liasses.

348. **Magasin théâtral illustré.** 10 vol. in-4, dem.-rel. veau, contenant chacun 40 pièces, texte à deux ou trois colonnes (1853-1857).

Table manuscrite à chaque volume.

349. **Magasin théâtral** ou Choix de pièces nouvelles jouées sur tous les théâtres de Paris. *Paris*, 1834; tomes Ier, II et III, 3 vol. gr. in-8, texte à deux colonnes.

Manque la table du tome II.

350. **Magasin théâtral.** *Paris*, *Marchant* (1834-1846). 41 vol. gr. in-8, dem.-basane, dos orné, tr. marbrées, reliure uniforme. Le tome XIV est en livraisons. Ensemble, 42 vol.

351. **Musée dramatique.** *Paris*, *Nobis* et *Barba* (1836-1830). 7 vol. gr. in-8, dem.-rel. basane (Vignettes et lithographies sur chine).

352. **Musée dramatique.** *Paris*, *Nobis* (1836-1837). 3 vol. in-8, dem.-veau rouge (sans titre ni table).

353. **Petit Répertoire dramatique** ou 24 vol. petit in-18, dem.-rel. maroquin rouge grain long, dos orné. Sous ce titre on a fait relier 194 pièces environ, jouées en France sur divers théâtres (1800-1836).

354. **Théâtre du Gymnase**, Répertoire de Madame. *Paris*, 1829; 20 vol. petit in-12, veau racine, dos orné.

Bel exemplaire.

355. **Répertoire général du Théâtre-Français.** *Paris*, 1821; 67 vol. in-18, dem.-rel. maroquin rouge. — Suite au Répertoire du Théâtre-Français. *Paris*, 1821; 81 vol. in-18, dem.-maroq. vert. — Fin du Répertoire du Théâtre-Français. 1824; 45 vol. in-18, dem.-rel. maroq. brun. Ensemble, 193 vol.

Bon exemplaire.

356. **Répertoire dramatique des auteurs contemporains.** *Paris*, 1840-1841; 4 vol. gr. in-8, texte à deux colonnes, cartonnés non rognés, couvertures illustrées conservées. Portraits.

Bel exemplaire.

357. **Répertoire général du Théâtre-Français**. *Paris*, *Ménard* et *Raymond*, 1813; 41 vol. in-12 brochés. Tomes V à XI, XIII à XV. XVIII à XXIV, XXVI à XXX, XXXII, XXXIV à XXXVI, XXXVIII à XL, XLIII, XLV à LI. Les tomes XXI, XXII, XXIII, XXIV et XL sont en double exemplaire.

358. **Répertoire de Jenny Vertpré**. Recueil de 56 pièces brochées, dans lesquelles Jenny Vertpré a joué. Collection faite par elle, plusieurs pièces lui sont dédiées (1810-1827), réunies dans trois cartons.

Auteurs : Mélesville, Carmouche, Brazier, de Leuven, Bayard, Dumersan, etc., etc.

359. **Pièces de théâtre**. Environ 500 pièces de théâtre du Magasin théâtral et de la France dramatique, la plupart avec texte à 2 colonnes, en 15 vol. gr. in-8, dem. rel. diverses.

360. **Délassements-Comiques** et autres théâtres de second ordre, 111 pièces gr. in-8, br., couv. impr.

361. **Folies-Dramatiques**. 61 pièces gr. in-8, br., couv. impr.

362. **Gaîté et Ambigu**. 41 pièces gr. in-8, br,, couv. impr.

363. **Gymnase**. 70 pièces gr. in-8, br.

364. **Grand-Opéra**. 34 pièces gr. in-8, br., couv. impr.

365. 30 pièces gr. in-8, couv. impr.

366. **Opéra-Comique**. 34 pièces gr. in-8, br., couv. impr.

367. **Palais-Royal**. 46 pièces, gr. in-8, br., couv. impr.

368. **Porte-Saint-Martin** et **Porte-Saint-Antoine**. 34 pièces gr. in-8, br., couv. impr.

369. **Théâtre-Français**. 40 pièces gr. in-8, br.. couv. impr.

370. **Variétés**. 76 pièces gr. in-8, br., couv. impr.

371. **Vaudeville**. 69 pièces gr. in-8, br., couv. impr.

PIÈCES DE LA COLLECTION DE LA FRANCE DRAMATIQUE AU XVe SIÈCLE

Réunies en lots et par répertoire des principaux Théâtres

372. **Ambigu-Comique**. 22 pièces br., avec couv. impr.

373. **Comédie-Française**. 78 pièces br., couv. impr.

374. **Folies-Dramatiques**. 15 pièces br., couv. impr.

375. **Gaîté**. 17 pièces br., avec couv. impr.

376. **Gymnase**. 92 pièces br., avec couv. impr.

377. **Palais-Royal**. 27 pièces br., couv. impr.

378. **Odéon**. 58 pièces br., couv. impr.

379. **Opéra**. 20 pièces br., couv. impr.

380. **Opéra-Comique**. 56 pièces br., couv. impr.

381. **Porte-Saint-Martin.** 45 pièces br., couv. impr.

382. **Variétés**. 52 pièces b' , couv. impr.

383. **Vaudeville.** 55 pièces br., couv. impr.

384. **Théâtres divers.** 27 pièces br., couv. impr.

LOTS DE PIÈCES EXTRAITES DU MAGASIN THÉATRAL

Réunies en lots et par répertoires des principaux théâtres.

385. **Ambigu-Comique.** 63 pièces br., couv. impr.

386. **Beaumarchais.** 8 pièces. — **Cirque-Olympique**, 8 pièces. **Délassements-Comiques**. 8 pièces. Ensemble 24 pièces br., couv. impr.

387. **Folies-Dramatiques.** 60 pièces br., couv, impr.

388. **Gaîté.** 56 pièces br., couv. impr.

389. **Gymnase-Dramatique**. 77 pièces br., couv. impr.

390. **Odéon**. 24 pièces, couv. impr.

391. **Opéra-Comique.** 48 pièces br., couv. impr.

392. **Palais-Royal.** 102 pièces br., couv. impr.

393. **Porte-Saint-Martin**. 33 pièces br., couv. impr.

394. **Renaissance**. 15 pièces. — **Gymnase.** 11 pièces. Ensemble 26 pièces br., couv. impr,

395. **Variétés**. 102 pièces br., couv. impr.

396. **Vaudeville**. 125 pièces br., couv. impr.

397. **Théâtre-Français**. 41 pièces br., couv. impr.

398. **Théâtres divers.** 9 pièces br., couv. impr.

PIÈCES DE LA COLLECTION DU RÉPERTOIRE DRAMATIQUE

Réunies par lots et par répertoire dse principaux théâtres

399. **Ambigu-Comique**. 17 pièces. — **Porte-Saint-Antoine**, 10 pièces. — **Théâtre-Français**. 5 pièces. — **Renaissance du Panthéon**. 10 pièces. Ensemble 42 pièces br , couv. impr.

400. **Cirque-Olympique.** 10 pièces. — **Gymnase.** 9 pièces. Ensemble 19 pièces br. couv. impr.

401. **Folies-Dramatiques**. 20 pièces. — **Gymnase-Dramatique.** 26 pièces. Ensemble 46 pièces br., couv. impr.

402. **Gaîté.** 26 pièces. — **Opéra-Comique.** 15 pièces. Ensemble 41 pièces br., couv. impr.

403. **Palais-Royal.** 40 pièces br., couv. impr.

404. **Variétés.** 50 pièces br., couv. impr.

405. **Vaudeville.** 22 pièces. — **Odéon.** 9 pièces. — **Porte-Saint-Martin.** 9 pièces. Ensemble 40 pièces br., couv. impr.

406. Sous ce numéro il sera vendu environ **deux mille pièces de théâtre,** classées par siècle et par ordre alphabétique, la plupart brochées, les autres sont dereliées.

407. **Galerie théâtrale.** Paris théâtral. Paris dramatique. 40 pièces br., avec leur couv.

408. **Théâtre-Parisien.** 15 pièces br., avec leur couv.; représentées pour la première fois sur le Théâtre-Parisien.

409. **Collection** de 45 pièces diverses (1754 à 1856), br. ou dereliées en 2 cart.

410. **Collection** de 144 pièces d'auteurs n'ayant écrit qu'une pièce en 7 cartons (1733 à 1861).

411. **Collection** de 130 pièces non représentées, en 8 cartons (1754 à 1860).

412. **Répertoires** non mis à la scène. Le Chevalier de la Garde, drames et vers, 1855, in-18. Ed. Ourliac, théâtre de Croquignole, 1866, in-12. Belanger. Essais dramatiques, 1855, in-12. — Sophie Doin, Drames et Comédies, 1833, 2 vol. in-12. — Delatouche, 1858, in-12. — J.-M. Fournier, Dialogues satiriques, 1858, in-12. — Hippolyte Poulain, Proverbes et Comédies de société, 1859, in-12. — Mlle de Grandpré, le marquis de Vallert, 1863, in-12 br. — Le chevalier de Sombremore, petites guêpes roses, 1866, in-12. — P.-J. Chorrin (OEuvres de), 1863, in-12.— C. Boyer, le Barbier optimiste, 1855, in-12. — Henri de Lacretelle, avant-scènes, 1855, in-12. — A. Pasquet, Drames intimes, 1838, in-18. — Pierre-Victor-Harold, tragédie, 1825, in-8, couv. impr. (2 exempl.), ensemble 16 ouvrages br.

413. **Album dramatique.** *Paris, Meliez,* 79 pièces br., couv.

414. **La Mosaïque.** Recueil de pièces, 33 pièces br. avec leur couv.

415. **Théâtre.** Ader (1827 à 1830), 8 pièces.— Bastide, 2 pièces. — Beauharnais, 1 pièce, 1767. — Mme de Belfort, 2 pièces. — Blins-Saint-Vieillard, 1 pièce.— Boissel, 2 pièces.— Bonnafoud, 1 pièce.— Bourguignon, 2 pièces. — Boutillier, 1 pièce, 1794. — Camel, 4 pièces. — Chéron, 2 exempl. — Colalto, 2 pièces. — Coupigny, 2 pièces. — Clément de Dijon, 1 pièce. — Clément, 1 pièce. — Desennes, 2 pièces. — Faganet-Dugazon, 2 pièces. — Foupré, 2 pièces. — Guilleau de Formont, 1 pièce. — Gondot, 2 pièces. — Davesne, 4 pièces. Defrenoy et du Châtel, 5 pièces. — Delamare, 2 pièces. — Dercy, 5 pièces. — Deligny, 7 pièces. — Duhorne, 2 pièces. — Dorfeuille, 1 pièce. — Eymery, 2 pièces. — Guillet,

4 pièces. — Hinaux, 2 pièces. — Dupont de Lille, 3 pièces. — Ferrière, 2 pièces. — La Bruère, 2 pièces. — Jalabert, 2 pièces. — Lambert, 3 pièces. — Harel, 2 pièces. — Gorlon, 2 pièces. — Lafont, 1 pièce. — Lefebvre, 1 pièce. — Larochefoucauld (vicomte), 3 pièces. — L'OEillard, 1 pièce. — Lucas (Hippolyte), 3 pièces. — D'Avrigni, 1 pièce. — Jules Leconte, 1 pièce. — Ledoux, 4 pièces. — Lépitre, 3 pièces. — Mlle Leriche, 3 pièces. — Lescènes Desmaisons, 2 pièces. — Maillé de Marancourt, 2 pièces. — Mercier de Compiègne, 1 pièce. — Gernevalde, 1 pièce. — Mailhol, 1 pièce. — Legouvé, 2 pièces. — Martin, 2 pièces. — Martignac, 1 pièce. — De Morand, 2 pièces. — Moras, 2 pièces. — Monrose, 3 pièces. — Mulot, 3 pièces. — Planterre, 4 pièces. — Raboteau, 4 pièces. — Souriquière, 2 pièces. — Thésigny, 2 pièces. — Second, 4 pièces. Süe (Eugène), 5 pièces. Environ 100 pièces, la plupart dérellées, en 15 cart.

PIÈCES DE THÉATRE CLASSÉES PAR ORDRE ALPHABÉTIQUE EN CARTONS

416. 17 pièces de Alboire, Andrieux, Arago, Arnault, Alexandre, Audras, Aubrieu, 1780-1852.

417. 19 pièces. Baculard, Barrière, Blanchard, Blin de Simmore, Boisic, Beaumanoire. Brunswitch, Cadet, Fassicourt, 1740-1857.

418. 20 pièces br. ou dérellées, 1741-1856. Bignon. Nephtalie (Amsterdam). — Bernard-Léon. le Maréchal et le Soldat. — Berrier. L'Egoïste. — Brohan, Qui femme a, guerre a. — Blanchard. Camille Desmoulins, etc.

419. 51 pièces. Cogniard, d'Ennery, Desnoyer, Dumanoir. Dumas père, Duport, Dupeuty, Didier, etc., etc., 1820-1865.

420. 21 pièces. Dartois, Delacour, Despeirs, Dudoyers, Du Roullet, Florian, Feuillet, Faciol, 1780-1846,

421. 17 pièces. Guiraud, Hennequin, Honoy, Jourdan, etc., 1790-1825.

422. 47 pièces, 1817-1863, de Fournier, Jouhaud, Léon Regnault, etc., etc.

423. 7 pièces, 1723-1851. De Geulin, les Fausses délicatesses. — Mme de Girardin, C'est la faute du mari, etc.

424. 18 pièces, 1739-1857. Lafosse, l'Ecole de la raison. — Lagrange, le Prisonnier d'une femme. — Lefranc, les Poètes sans soucis. — Léonard, les Deux Ecoles, etc.

425. 30 pièces br. ou dérellées. Lebrun, Leconte, Marty, etc., 1792-1825.

426. 21 pièces br. ou dércliées, 1775-1864. Naquet, Thérèse Lambert. — Muret. Les Droits de la Femme. — Moreau. Le Cousin du pays de Caux. — Ponroy. Le Monde mêlé. — Quinault. Armide.

427. 26 pièces. Pein. Pillet, 1754-1826.

428. 15 pièces br. Rochefort, Saint-Yricix, Valigny, Toulinière, 1780-1837.

429. **Picard**. 17 pièces en première édition, br., non rog.

430. **Scribe**. 72 pièces in-8, br., en 1re édition.

431. 17 pièces br. Simon. Antier, Avisse, 1810-1831, en 3 cart.

432. 27 pièces br.. Pradel, A. Duval, Pellet, Desbarreaux, Pelissier, Fleury, Gilbert, Saint-Victor, etc., 1752-1831.

433. **Opéras** en édition originale. Charles VI, le Cheval de Bronze, le Prophète, les Huguenots, ensemble 4 pièces in-8, br.

434. **Parodies et Critiques théâtrales** dialoguées. Le Maurice de Venise, 1793, in-8, br. — Jean-Jean, Don Juan, gr. in-8, dérelié, texte à 2 col., 1835. — Sans Tambour ni Trompette, *Paris*, 1843. — Les Malentendus tragiques, ouvrage dédié à Erasme. — Le Puff, orné de Ruy Blag, parodie (dérelié et taché). — Le Panne aux Airs, parodie, 1861. — Le Don Juan de Vincennes, 1856. — Lucrèce à Poitiers, gr. in-8, 1843.

435. **Pièces diverses**. A. Soumet, Saül (avec envoi). — Th. de Montbel, le Siège d'Alise (envoi). — Octavie (envoi de l'auteur *Baude*).— P. de Kock, La Femme, le Mari et l'Amant. —P. Féval, Les Belles de Nuit. — François de Neufchâteau, Paméla, avec changements manuscrits. (Lettre de Mlle Mars) — Collé, Dupuis et des Ronées, comédie. La mort de Bucéphale. Très petites pièces (1782). — Bayard, l'Oncle Philibert. — Du même, Paul et Jean. — Du même, La Reine de 16 ans. Pauvre Jacques. — 4 pièces envoi d'auteurs. Ballande, Latour, Saint-Ybars, Durantin, Alexandre Rolland. Ensemble 21 pièces.

436. **Gardy**. Pièces et Poésies diverses réunies en un vol. br. (1798-1840). Ensemble 8 pièces et 1 vol. — Le Café littéraire ou la Folie du Jour, comédie-prologue par Mlle C*** D***. *Athènes*, 1785, in-8, fig., dérel. — Piron à Beaune, par A. Gouffé, 1799, in-8. Cart. — Le Bureau d'Esprit, comédie en cinq actes et en prose. *Londres*, 1777, in-8, frontispice gravé. Cart. — Le Manteau écarlate, comédie-proverbe par X., 1784. — Pièces de Théâtre du XVIIIe siècle. — Le Brun, La Joueuse, *Avignon*, 1771. Les Hommes, comédie-ballet, 1754. — Monnet, Inconséquente ou le Fat dupé, 1787. — Favart, Isabelle et Gertrude. *Paris*, 1765.

437. Pièces de Théâtre diverses. Planterre, Les Deux Hermites, in-8, dérelié, *Paris*, 1793, frontispice gravé et fig. coloriée. — Prévost. La Vengeance inattendue, 1803, in-8, dérelié. — Du

même, Les Femmes duellistes, 1800, in-8, dérelié. La Mort de Louis XVI, 1814, in-8, br. La Mort de Marie-Antoinette d'Autriche, reine de France, 1814. — Legouvé, La Mort d'Abel, 1793, in-8, br., 3 fig. La Mort de Molière, 1788, in-8, br. — Molière au Théâtre, comédie par Bayard et Romieu, in-8, br., 1824, couv. Ensemble, 8 pièces.

438. 12 pièces de théâtre moderne. Legouvé, Dumas fils, Hyppolyte Lucas, etc., etc.

439. 12 pièces en éditions originales. Henri Monnier. Méry. Léon Gozlan, etc., etc. Ensemble 12 pièces in-8, br. avec leur couverture.

440. Tragédies diverses. (De 1800 à 1825). Lot de 23 pièces, la plupart avec frontispice ou fig. lithographiées et envois d'auteur. — Germanicus, par Arnault (envoi d'auteur à Mme de Saint-Prix), 1817. — Voltaire, La Mort de César, tragédie, 1736. — Fontaine, Argillon, 1769, fig. — Le Blanc, Aben-Saïd, 1743. — Bauvin, Les Cherusques, 1773, fig. — De Sauvigny, La Mort de Socrate, 1763, fig. — Baléasar, tragédie par H. F. Lepelletier, 1771. In-12, veau plein.

441. Pièces du XVIIIe siècle, avec illustrations ou fig. coloriées, 22 pièces in-8 br. — Pièces diverses avec figures, XVIIIe siècle. Mercier, l'Indigent, 1782. — Le Célibataire, comédie en cinq actes, par Dorot, frontispice gravé. — XIXe siècle, Raynouard, Les Templiers, 1805, une fig. — Arnault, Régulus, 1 fig. — A. Guiraud, Les Macchabées, 1 fig., etc., etc.

442. Pièces de Théâtre. — Collections originales et envois d'auteurs. — Gilbert, Opéra-pastorale héroïque des peines et des plaisirs de l'amour. *Paris*, 1672, in-18, veau plein. — Lothaire et Valrode, ou le Royaume mis en interdit, tragédie brûlée à Rome. *Rome, Imprimerie du Vatican*, 1777, in-8, cart., bel exempl. non rogné. Dominique et Romagnes, La Foire des Poètes, L'Isle du Divorce et la Sylphide. *Paris*, 1730, in-8, br. — Ciros, Quelques scènes françaises. *Paris*, 1804, in-8. — Duveyrier-Melesville, La Fosse aux Ours. *Paris*, 1860, in-12, br. (envoi à M. Carmouche). Ensemble 5 ouvrages.

PIÈCES DE THÉATRE RELIÉES EN VOLUMES

443. Divers. 12 pièces du théâtre du Vaudeville, par Désaugiers, Radet, Scribe, etc. (1807-1819), en 1 vol. dem.-rel.

444. **Divers**. 29 pièces en 5 vol., dem.-rel., par Augier, Bayand, Scribe, Melesville, Colin d'Harleville, etc., 1762-1851.

445. Divers. 4 vol. cartonnés contenant 23 pièces de théâtres, par Scribe, Servin-Carmouche, etc., 1790-1860.

446. Divers. 9 pièces brochées ou reliées, 1813-1821, par Auger, H. de Latouche, Scribe, Rodet, etc.

447. **Divers.** 30 pièces en 5 vol. dem.-rel., Beaumarchais, Melesville, Desforges, Diderot, Voltaire, etc.

448. **Divers.** 20 pièces par Duval, Dupaty en 4 vol. cart., 1798-1810.

449. Guillemain. Recueil factice comprenant 2 vol. in-8, cart., 20 pièces et un dossier de 4 pièces broch. non-rog. 1781-1794, ensemble 24 pièces.

450. Prévost. 15 pièces cart., 1800-1810.

451. **Divers.** Recueils factices. — De Morand, 4 pièces, 1735-1739, in-12, dem.-rel. — Favart fils et petit fils, 11 pièces 1780-1810, br., en 1 vol. rog. — De la Montagne, 9 pièces, 1783-1796, dem.-rel. — Vigée, 6 pièces, in-8, rel. bas. 1793-1815. — Philippon de la Madelaine, 1794-1802, 11 pièces cart. in-8. — Favières, 7 pièces, 1789 à l'an VII, (longue note manuscrite de Carmouche), in-8, cart. — J. H. Guy, 7 pièces, 1796-1817, in-8, cart. — Bailleul, 3 pièces 1796-1823, in-8, cart. — Havruy de Guerville, 7 pièces, 1759-1765, in-8, cart. — Landrin, 3 pièces, 1784-1793, in-8, cart. — Ensemble 10 vol.

452. **Réunion de pièces.** d'Arlincourt. Le Siège de Paris, tragédie en 5 actes. *Paris*, 1826, in-8. — L. Vitet, Etats d'Orléans, 1849, in-12. — L. Vitet. La Mort de Henri III, in-8, non-rog. — P. Lebrun, Pallas, Ulysse, Marie Stuart, un 1 vol. in-8. — Charles Maurice, 9 pièces en 1 vol. in-8. — Soumet Alex. Recueil de 5 pièces avec envoi et la lithographie pour la fête de Neron, in-12. — Ensemble, 6 vol. dem.-rel.

453. **Format Cazin.** 27 vol. de la Petite Bibliothèque des théâtres. *Paris*, 1783 à 1787. — 12 vol., rel. bas. pleine. — Autréau, Boissy. D'Hèle Fagon. — 8 vol., rel. veau. — 4 vol. cart., non rog., et 3 br. Ensemble, 27 vol.

454. **Théâtre étranger.** Le Dante. La Divine, comédie. *Paris*, 1796, 2 tomes en 1 vol. in-8, veau plein. — Tisso de Molina, traduit par A. Royer, in-12, 1863 br., 1 vol. Calderon, in-12, traduction de Damas Hinard, 1 vol. il secolo XIX de P. de Virgilie, in-12, dem.-rel. — Schakspeare, Amleto, 1 broch. — La Célestine, tragédie, in-12, dem.-veau. — Faust de Gœthe, *Paris, Gosselin*, 1843. — Ensemble 9 vol. — **Traduction.** Carton contenant : Electre d'Euripide, tragédie, traduite du grec, 1° édition, 1750. — Malagrida, tragédie, traduite du portugais, 1° édition, 1863. — Tchao-Chi-Cou-Tulli ou l'Orphelin de la Maison du tchao, tragédie chinoise, traduite par le R. P. de Prémare. — **Traduction anglaise.** Un carton contenant

3 pièces. — Le père de Rome par Whitehead. — Le bijoutier par Dodsley. — Barberousse, Londres, 1767. — Traduction en langue étrangère de pièces françaises ou de pièces étrangères, en lots.

OUVRAGES RELATIFS AU THÉATRE

ET PUBLICATIONS THÉATRALES COMPRENANT LES ŒUVRES D'UN MÊME ÉCRIVAIN

455. **Agence Guyot.** Auteurs et pièces, juin 1828, août 45. — Annuaires des lettres des arts et théâtres, 1845-46.

456. **Annuaire** dramatique de la Belgique, 1839-1847. Bruxelles, 1839, 9 vol. in-12, cart. à la bradel.

457. Anecdotes dramatiques, *Paris*, 1775, 3 vol. in-12, v. pl. — La nouvelle lorgnette des spectacles de 1801.

493. Anecdotes dramatiques, 3 vol. in-12, v. plein, 1775. — Anecdotes littéraires, depuis François 1er jusqu'à nos jours, 1750, 2 vol. rel. v. pl.

459. Biographies théâtrales. La Reine des théâtres ou suite de Melpomène et Thalie vengées. 3e année, *Paris* an VIII, 1 pl. se dépliant, in-18 br. — L'Espion des coulisses, *Paris*, an VIII, br. (Mouillures). — Anecdotes théâtrales anciennes et modernes, *Paris*, 1837, in-18, br. — Petite biographie des acteurs et actrices des théâtres de Paris avec l'âge de ces dames, *Paris*, 1831-1832, in-18 br.— J. Arago. Physiologie des foyers et coulisses des théâtres de Paris, 1841, in-18, br., couvert. angl. — Adélaïde de Ristori, par A. Morand et H. Montazio, *Paris*, 1857, in-18, br. — Grande biographie dramatique, par l'Ermite du Luxembourg, Paris, 1824, in-18, br. couv. impr. — Duprez, par A. Elwart, *Paris*, 1838, portrait, in-16, br., envoi d'éditeur signé. Ensemble 8 ouvrages.

460. Boucher de Perthes. Sujets dramatiques. 2 vol. in-12, dem. rel. *Paris*, 1852.

461. **Campistron** (œuvres de), nouvelle édition, *Paris*, 1739, 2 vol. in-12, veau plein. — Boursault (œuvres de), nouvelle édition, Paris, 1725, 3 vol. veau plein. — Borde (œuvres de), *Lyon* 1783, 4 vol. dem.-rel. veau bleu. — Ensemble 9 vol.

462. **Carmouche.** Théâtre en province, *Paris*, *Michel Lévy*, 1859, 1 vol. in-12, br. 35 exemplaires.

463. Critiques politiques dialoguées. — Le tableau comique ou l'intérieur d'une troupe de comédiens formant suite à l'optique du jour, par Joseph R. (Rosny). *Paris*, an VII (la figure de Bovinet a été coupée à moitié). — Critique théâtrale. Vérités à l'ordre du jour, *Paris*, an VII, in-18. — Dictionnaire des coulisses à l'usage des habitués des théâtres, *Paris*, 1852, in-18, br. — Roger de Beauvoir. L'Opéra (1854), 2 exemp.; le Portefeullie du Comédien (livraison 1 fév. 1842). — Biographie des acteurs anglais venus à Paris, par Chaulin (1828), 2 exempl. — Rachel. Détails inédits (1858). — Physiologie du théâtre à Paris et en province, vignettes d'Emy, couv. imp. (1842). — Physiologie du théâtre (1841), couv. imp. — Le Sieur Luc, scènes non historiques. — Une Commission de censure, 1 vol. in-8, dem.-rel., *Paris*, 1827. Ensemble 19 ouvrages.

464. Dialogues critiques ou Résumé des critiques, sottises, etc. que l'on entend chaque jour dans les coulisses de nos différents théâtres. — Deuxième Edit., *Paris*, 1811, in-8, dem.-rel. veau. — Soirée historique de la Comédie française, 22 octob. 1852. *Paris*, *Didier* (de la collection diamant), in-18 br. — Ensemble 2 vol.

465. Dictionnaire dramatique. *Paris*, *Lacombe* 1776, 3 vol. in-8, rel. veau plein.

466. Dictionnaire portatif des théâtres. *Paris*, *Jombert*, 1754, in-8, veau plein. — Annales dramatiques ou dictionnaire général des théâtres (par une société de gens de lettres), *Paris*, 1808-1812, manque page 385 à fin, dem.-rel. bas. Ens. 10 vol.

467. P. C. Ducancel. Esquisses dramatiques du gouvernement révolutionnaire de France aux années 1793-94-95. *Paris*, 1830, 1 vol. dem.-rel. non-rog. in-8.

468. — Duval Alexandre. OEuvres complètes, *Paris*, *Barba*, 1822. 9 vol. in-8, dem.-rel., veau, fers à froid, non-rog., portrait, rel. signée Ledoux.

467. Divers. Castil Blaze. l'Opéra italien de 1548-1856. *Paris*, 1856, in-8, br. — de Goncourt. Mystères des théâtres (1852), in-8, br. — Almanach des spectacles (1852-1853). par Palianti; 2 tomes en 1 vol. cart. et rog. — Ensemble 3 vol.

470. Divers. Lemesle Charles. Proverbes dramatiques, *Paris*, 1830, in-8, cart. non-rog.; le même en dem.-rel. — Charles Lerond. Les Matinées de Versailles, esquisses morales et dramatiques. *Paris* 1830, in-8, dem.-veau pl. — Le théâtre sans parterre, par S. D. *Paris* 1858, in-8, dem.-rel. non-rog. — L. Berthe, douze libretti. *Paris* 1834, 2 vol. cart. — Guibert, œuvres dramatiques. *Paris* 1822, in-8, cart. non rog. — Raynouard. Les Templiers. *Paris* 1805, in-8, dem. veau. — C. A. Demoustier. Théâtre. *Paris*, 1804, in-8, cart. (portrait). — Dumolard (théâtre de), 1834, br. Ensemble 10 vol.

471. Divers. Madame la marquise de L***. Nouveau théâtre sentimental à l'usage de la jeunesse. *Paris* 1790, in-8, cart. non rog. ; très joli frontispice ; gravure contenant les portraits de Louis XV, de Louis XVI et de Marie-Antoinette.

472. Divers. Proverbes charades. *Paris* 1858, in-8, dem.-rel. — Rosetti. Théâtre des salons, in-12, cart. non rog. — Œuvres dramatiques. Sujets profanes. *Paris* 1843, in-12 br. (4 exemp.). — C. Derains. Nouveau théâtre des familles, in-12 br. — Cam. Bernay. Œuvres dramatiques. *Paris* 1843, in-12, dem.-rel. — Delatouche. *Paris*, 1858, in-12, cart. non rog. — J. M. Cournier. Théâtre. *Paris*, 1858, in-12, cart. Ensemble 10 vol.

473. L'Entr'acte, 2 vol, grand in-fol. dem.-toile de 1857-1858.

474. Essais dramatiques à l'usage des théâtres de société (par de Menéglèze) ; sans lieu ni date, in-8, rel. veau plein (vers 1780).

475. **Etienne et Martainville.** Histoire du théâtre français. *Paris Barba* 1802, 4 tomes en 2 vol. in-12, dem-veau, fers de l'Epoque (portraits). — J. Rousseau, code théâtral. *Paris* 1829, in-18, dem. veau.

476. Grande biographie dramatique, par l'Ermite du Luxembourg (Maurice Alhoy). *Paris* 1824, in-18 br. couv. impr. (5 exemplaires).

477. **Geoffroy.** Cours de littérature dramatique. *Paris*, 1825, 6 vol. in-8, dem. rel. veau (portrait).

478. **Henault.** Nouveau théâtre français. Dictionnaire enrichi de notes nouvelles (1808), in-8, dem. veau. Ensemble 3 vol.

479. F. B. Hoffmann (Œuvres de). *Paris Lefèvre* 1819, 10 vol. in-8, dem. basane rouge (manque le portrait). — Comte de Ségur. Contes, fables, chansons et vers. 2e édit. *Paris* 1809, in-12, dem.-rel., œuvres choisies. *Paris* 1843, 1 portrait, dem.-rel. — Recueil, factice de 3 pièces. Les Revenants (1798). — Adèle, an VIII. — Le Gondolier, an VIII, in-8. dem.-rel. — Contes et fables. *Paris* 1801, in-8, dem.-rel. Ensemble 14 vol.

480. **Lady Morgan.** Scènes dramatiques empruntées à la vie réelle, traduit de l'anglais, par Mlle A. Sobry. *Paris* 1833. 2 vol. cart. papier, in-8.

481. **Lebrun.** (Ponce-Denis-Ecouchard). (Œuvres de). *Paris*, 1811. 4 vol. in-8, dem.-rel. veau tr. marbrées, portrait. Ensemble 8 vol.

482. **Le Messager du théâtre et des arts.** 5 vol. grand in-fol. dem.-toile (1854-1859).

483. **Nouveau théâtre de la foire** ou recueil de pièces, etc. 5 vol. in-8, rel. veau plein. *Pari,s* 1763.

484. **L'Opinion** du Parterre ou Revue des théâtres, par Volleran, *Paris*, *Martinet* germinal, an XIII, depuis l'origine. 9 vol. in-18, br.

485. Ouvrages sur le théâtre. J. Arago, Foyers et coulisses. Panorama des théâtres de Paris. *Paris* 1852. in-12, br. — Biographie des acteurs et actrices de Paris (1re année 1844-45), in-18 br. — Le Musée des théâtres. *Paris, Lefuel* (sans date); petit in-18, fig. noires, cart. (bel exemp.). — La guerre théâtrale, poème en 3 chants, dédié à Mlle Duchesnois. *Paris* an XI, in-18 br., couv. imp.

486. **Ouvrages sur le théâtre.** Carmouche. Le théâtre en province. *Paris* 1869, in-12 br., 3 exemp.— J. Bonassies, Le Théâtre et le Peuple. *Paris* 1872, in-12 br., 2 exemp. — Eug. de Mirecourt, le Petit-Fils de Giboyer, *Paris* 1863, in-18 br. — A mon fils au moment de ses débuts dans la carrière théâtrale, *Paris*, sans date, in-8, dem.-rel. — Grande biographie dramatique, par l'hermite du Luxembourg (Maurice Alhoy). *Paris* 1824, in-18 br. — Annuaire dramatique; Histoire des théâtres, biographie des acteurs et actrices de Paris, par Bréant de Fontenay et Ed. de Champeaux, 1re année (1844-1845). *Paris*, in-18 br. — Théâtre de M. Comte, dédié à l'enfance. *Paris* 1828, in-18 br. — Almanach des coulisses. Almanach des théâtres (1843), avec un grand nombre de dessins nouveaux, in-18 br. — Statistique des gens de lettres et des savants. — Paris, 1837, in-8, br., couv. imp. Ensemble. 12 ouvrages.

487. Pesselier de Nancy. Œuvres (1758), in-12 veau plein. — Le même (1772), in-8 v. p. — Mercier. Le Campagnard, in-12. — Du même. Philippe, in-8 (1773). — Du même. Du théâtre ou nouvel essai sur l'art dramatique, in-8 (1773). — Du même. Molière, drame en 5 actes (1776).—Théâtre de Monsieur Louis de Boissy (1779), in-8, cart.— Théâtre lyrique de M. de la J... (la Jonchère) 1772. 2 vol. in-12, dem. veau. Ensemble 9 vol.

OUVRAGES DIVERS

488. Poisson (Œuvres de), *Paris* 1743. 2 vol. in-12, veau plein. — Delafosse. (Œuvres de). *Paris* 1747, 2 vol. in-12, veau plein. — Laffichard. (Œuvres de), nouvelle édit. *Paris* 1758, 1 vol. in-12, veau plein. — Lafont. (Théâtre de), nouvelle édit. *Amsterdam* 1747, in-12 veau plein. — Théâtre d'un inconnu (M. Sablier). *Paris* 1765. in-12 veau plein. — de la Noue. (Œuvres de théâtre de). *Paris* 1765, in-12 veau plein (portrait). — Mme de Gomez. Œuvres mêlées contenant ses tragédies. *Paris* 1725, in-12 veau plein. — de Launay. Œuvres de théâtre. *Paris* 1742, in-12 veau plein. Ensemble 10 vol.

489. **Pièces de théâtre** pour la jeunesse et les maisons d'éducation, par J. Macé. — Julie Gouraud. — Mlle Girard Richard, (2 vol.). — L'abbé Godefroy, etc. 13 vol. in-12, dem-rel. chag. rouge. — Théâtre des écoles primaires. Recueil in-18, même rel. — Mlle Girard. Nouveau théâtre dédié à la jeunesse chrétienne, in-12 cart., 1855. 1 vol. Ensemble 15 vol.

490. Rapsodies ou séances des deux Conseils en vaudevilles. 96 numéros en 2 vol., petit in-8, rel. basane.

491. — Répertoire choisi du théâtre français, 1824. — Œuvres choisies de Dancourt avec des remarques, par Ch. Nodier. *Paris* 1831, 2 vol. — De Diderot, de Falbaire et Imbert. 1 vol. de Favart (1824), 1 vol. — Andrieux-Vigée et Pieyre, 1 vol. — Bibliothèque dramatique. Etienne, 2 vol. — Ducerceau, Fuzelier, d'Allainval, Romagnesi, 1 vol. — Fabre d'Eglantine, 1 vol. — Mercier, 1 vol. — Pigault-Lebrun et de Longchamps, 1 vol. — Raynouard et Baour Lormian, 1 vol. — Saurin, 1 vol. — Scarron et Monfleury, 1 vol. — Visé, Lafontaine, Lachapelle, Desmarres, 1 vol. — Baron, 1 vol., dem.-rel., veau fauve tr. jaspées. Ensemble 16 vol. in-8, même rel.

492. — Ricord, aîné. — Les Fastes de la Comédie française. *Paris* 1821. 2 vol. in-8, dem.-rel. chag. rouge, tr. m.

493. Spectacles de la Cour (Fontainebleau, Versailles). Recueil des fêtes 1772-73. — Alphée-Bacchus. Le devin du village. — La belle arsène. — La servante justifiée. — Le journal des fêtes de la cour en 2 tomes.

494. Théâtre de l'hermitage pour Catherine II, 2 vol. dem.-rel. in-8. *Paris* 1787.

495. Théâtre français. Étienne et Martainville. Histoire du théâtre français. *Paris* 1802. 4 vol, in-12, br. (portraits). — Pierre V^{or}. Documents pour servir à l'histoire du théâtre français. 1 br. in-8 br., couv. imp. (1854). — Alex. Soumet, Une Soirée au théâtre français, in-12 br. 1841. — Eug. Laugier. La Comédie française depuis 1830, in-12, dem.-rel. *Paris* 1844. 1 vol.

496. — Théâtre à l'usage des collèges des écoles royales militaires et des pensions particulières. *Paris* 1789. 2 vol. dem.-veau. — Nouveau théâtre d'éducation à l'usage des demoiselles, par M. Pillon Duchemin (1836), in-12 cart. — Comédies par le Chevalier de Bauffret, in-12 cart. *Paris* 1845. — Théâtre par Mme Sophie Doin. *Paris* 1852, 2 tomes cartonnés en 1 vol. — V. Cholet. Petits poèmes dramatiques à l'usage des jeunes gens, in-12 cart. *Paris*, 1837. — Les Soirées de société ou Nouveaux proverbes dramatiques, par Mme Victorine M..., (Maugirard). 2 tomes en 1 vol. cart. — Petit Répertoire du théâtre Chaptal. *Paris* 1845, in-18 dem.-rel. chagrin. — Nouveau théâtre des maisons d'éducation. *Lille*. 1848, in-12 cart. Ensemble 9 vol.

497. **Désaugiers**. 14 pièces dereliées ou cartonnées, 13 pièces brochées, en total 27 pièces in-8.

CHANSONS

498. Album comique, 4 vol in-12 avec gravures, reliés en 2 vol. dem.-veau dos ornés, tranches jaspées. *Paris* 1841-43.

499. Albums lyriques. — Album du Chanteur, tome I à IV. — Album comique. — Album des Salons, etc. ensemble 13 ouvrages in-8, brochés.

500. Almanach de Bacchus. — Chansonnier de Bacchus. — Chansons et poésies d'Antignac. — Les Chants de la mansarde, |d'Arnould. — Almanach de famille. — Altaroche. Chansons poétiques, ensemble 12 vol. br.

501. Almanach des Grâces ou les hommages à la beauté, (1re 2e et 3e années) 1804-1806, in-12 br. 1 figure. — Almanach de société, in-12 br. 1809. — Almanach de famille, *Paris*, 1812, in-12 rel. v. plein, tr. dor. — Almanach libéral p. 1820 (2e année) in-12 br. — L'Ami des Bourbons 1816 (2e année). in-18. br. — L'Anacréon français, in-12 veau plein, en *Grèce* 1780, ensemble 7 vol.

502. Almanach des dames. pour 1815, 1817, 1819, 1827, 4 vol. in-18, cartonnage de l'éditeur tr. dor. figures. — Almanach des dames avec gravures, 12 vol, in-18, 1805-1822, tr. dor., dem. rel. Ensemble 16 vol.

503. Almanach des Grâces. 1784-1785-1787-88-1791-1793-1804-1839, ensemble 10 vol.

504. Almanach des Grâces pour 1790, in-12 mar. rouge frontispice. — Almanach des Grâces, pour 1793, in-12, mar. rouge sans frontispice.

505. Almanach des Muses, 68 vol., demi-rel., de 1765 à 1833.

506. **Almanach des Muses** depuis l'origine 1765 à 1795, ensemble 35 vol., rel. (plusieurs années sont en double).

507. Almanach des Muses, frontispice gravé, 1781-1788-89-91-93-95-96-97-98-99-1800-1801-1802-1804-1806-1807-1808-1809 à 1812-1814-1816 à 1818-1821-1823-1824-1825-1827-1828-1829-1832 1833, ensemble 34 vol., in-18. br.

508. Almanach des Muses, 31 vol., cartonnés, tr. jaunes, in-12 de 1765 à 1795. *Paris, Delalain.*

509. Anthologie française, 4 vol., in-12, avec gravures ; musique dans le texte, veau plein, tr. jaspées, 1765.

510. Le Caveau moderne ou le Rocher de Cancale, 1807 à 1817, 10 vol., fig. in-18 br. et le Nouveau Caveau, 1819 à 1827, 10 vol., br. fig., excepté l'année 1822 rel. veau plein. — Le Recueil du Caveau pour 1826, titre gravé, ensemble 21 vol. collections complètes.

511. Caveau moderne, 12 vol. in-12. cart. tr. jaunes, quelques vol. ont des gravures au commencement, les autres ont un titre gravé. *Paris, Capelle et Renaud*, 1807-1826.

512. Le Caveau moderne ou le Rocher de Cancale, 1806 à 1817, 9 vol. cartonnés non rognés, manque 1814 et 1815.

513. Le Caveau moderne, 1807-1812, 6 vol. in-12, veau plein, tr. rouges, chaque vol. est orné d'une gravure.

514. Le Caveau moderne ou le Rocher de Cancale et le Nouveau Caveau, vol. séparés. — 1807, 1er année, 3 ex. br. ; 1808, 2e année, 1 ex. br. 1 relié; 1809, 3e année, 1 ex. relié ; 1810, 4e année, 2 ex. br., 1 relié; 1811, 5e année, 1 ex. br., 1 relié; 1813, 7e année, 1 ex. br., 2 reliés ; 1815, 9e année, 1 ex. br. ; 1816, 10e année, 1 ex. br. ; 1821, 3 br., 1 relié ; 1825, 1 ex. br. ; 1827, 1 ex. br., ensemble 22 vol.

515. Le Caveau moderne, de la 1re année à la 40e année, 1835 à 1874, ensemble 41 vol. in-12 br.

516. La même Collection de la 1er année à la 38e année. 1835 à 1872, ensemble 35 vol., in-12 br.

517. La même Collection de la 2e année 1836 à la 36e année 1870, moins les 11e, 32e, 34e, 35e années. Ensemble 28 vol. in-12. br.

518. Doubles de la collection du Caveau, 9e année, 1 ex., 12e année 1 ex., 18e année 3 ex., 19e année 6 ex., 20e année 1 ex., 21e année 1 ex., 23e année 1 ex., 24e année 3 ex., 25e année 5 ex., 26e année 2 ex., 27e année 3 ex., 28e année 1 ex. Ensemble 28 vol.

519. Chansons choisies, 6 vol. petit in-12, rel. v. plein avec armes sur les vol. 2,3 et 4. tr. dor., dos ornés. *Londres*. 1783-85.

520. Chansons choisies, avec les airs notés, 6 vol. dem-rel., publiés à Londres, 1784.

521. La Chanson de nos jours, 2 vol. p. in-12, dem.-veau, dos ornés, tr. jaspées. *Paris, Eyssautier*. 1844.

522. Chansonnier des Grâces de 1794 à 1841. 45 volumes, ornés de gravures, dem.-rel.

523. Chansonnier des Grâces. 1809-1818-1816-1821-1826-1829-1830-1836, 12 vol. in-18 br. plusieurs années en double.

524. Chansonnier des Variétés, 17 vol. in-18, br. avec fig. noires ou coloriées.

525. Chansonnier des Théâtres 1826, 1 vol., in-12 br. 7 exemplaires.

526. — Chansonnier du bon vieux temps, 2 vol. p. in-8, ornés d'une gravure, *Paris. Delaunay*, 1809.

527. Le Chansonnier du Vaudeville, *Paris,* Collin, 1795-1810 6 vol. dem-rel. veau.

528. Le Chansonnier du Vaudeville, 13 vol. in-12 dont 11 br. et 2 car., non rognés.

529. Chansonnier français, (1re partie), 16 vol. rel. en huit. Petit Chansonnier français, 3 vol. en tout 11 vol. in-12, v. plein, tr. rouges.

530. Chansons nationales et populaires, accompagnées de notes historiques et littéraires, par Dumersan et Noël Ségur, 2 vol. gr. in-8 dem.-rel., ébarbés, tête dor. orn. de portraits et de nombreuses gravures publiées chez de *Gonet, Paris.*

531. Chansons populaires de France, bibliothèque du Petit Journal, *Paris, Petit Journal*, 1865. — Musique des chansons populaires de France. de la bibliothèque du Petit Journal. *Paris. Petit Journal*, 1866.

CHANSONNIERS DIVERS EN LOTS

532. Le Chansonnier des Grâces avec la musique des airs nouveaux, frontispice, in-16, mar. rouge, tr. dorées 1811. — Etrennes aux Dames, enrichi de 9 gr. avec frontispice, in-16, mar. rouge tr. dorées 1808. — Le Parnasse du sentiment avec lithographie, in-16, v. plein, tr. dorées, ensemble 3 vol.

533. 17 vol., in-18, cartonnés. Lyre gaillarde. — Chansons des Marins. — Le Troubadour français. — Momus à la Caserne. — Triomphe de la gloire. — Bouton de Rose. — Chansons de société, etc. etc.

534. 15 vol. cartonnés et reliés. Les Goguettes. — Chansons des Muses. — Chansons bachiques. — Chansonnier des joyeux banquets de la France. — Desserts de Momus. — Soirées lyriques, etc.

535. 13 vol. cartonnés br. — Matinées de Paphos. — Le Garde Français. — Chansons des Dames. — Chansons maçonniques. — Chansons de Servière, L'anti-libéral, etc.

536. Union du Lys. — Code épicurien. — Le Troubadour. — Chansons du Jour. — Déjeuner de la Folie. — L'Arc-en-Ciel de la liberté, etc. Ensemble 13 vol. in-18 cart.

538. Chansons nouvelles et inédites par Deleury. — Chansons de Soyé. — Etrennes du Parnasse 1777. — Etrennes de Thalie. — Echo des Bardes, etc. Ensemble 10 vol.

539. Le Siècle chantant, romances et chants, 1 vol., in-4 br. — Alex. Tardif: Momus l'ancien, 2 vol. in-12 br. — Testa, chansons, Colmance, chansons, ensemble 6 vol.

540. Le Retour de la gaiété, 8 parties en 4 vol. in-32, *Lille*, sans date, rel. pleine. — Le Glaneur du Montparnasse, in-32 dem.-rel. — Chansons joyeuses p. in-32, dem.-rel. — Soirées lyriques (5e année 1823), 3 ex. br. 1 rel., (6e année 1844) in-12, br. — Soirées lyriques (1821), in-18 br. (1826), 2 ex. br. — Soirées lyriques (1820-1821), 2 vol. br. — Tablettes poétiques, tome 1er br., (1813). — Veillées françaises, par Gilbert (2e année), dem.-rel. ensemble 18 vol.

541. Giraud. Chansons, 3 vol. in-12 br. — Les Chants de l'atelier. La Sirène. — Recueil et Chansons. — Momus à la Caserne. — Le Grelot de Momus. — Gros, Chansons. — Boutades d'un grognard. — Guérin, Chansons, tome II. 8 ex. — Bardou : Les premiers pas 4, ex. — Lachambaudie : Fleurs d'exil, ensemble 30 vol.

542. Choix de rondes à danser p. 1821-1822, 3 ex., in-18 br. — Chansonnier de société ou choix de rondes, 1812 fig. in-18 br. — Les Desserts de Momus par L. France, 3e année, 1830, 3 ex. br. — Chansons nouvelles par J. Servières, 1826, in-18 cart. — Chansons et autres Poésies par Justin Cabassol, 1825, in-8, cart. — Etrennes des maris pour 1811, in-18 cart. — Etrennes de Polymnie, p. 1785, in-18, br., titres et texte gravés. Les mêmes, 1786, rel. veau plein, texte gravé. Les mêmes, 1788, veau plein, musique gravé (ex. sali). Les mêmes, 1787. br., p. 1789, 2 ex. br. — Une Etincelle 1823, in-18, dem.-rel., fig. ensemble 18 vol.

543. Chansonnier de l'Amour et des Grâces. p. 1812 fig., in-18, br. — Chansonnier des demoiselles, p. 1815-1820, 2 vol., in-18, dem.-rel br. fig. ; le même br. pour la 21e année, 1824. — Chansonnier Français ou Etrennes des dames, 4e année 1807, br. ; 7e année, 1810 br. ; 13e année, 1816, br. ; 14e année, 1817, dem.-rel.; 20e année, 1823, dem.-rel. – Chansonnier des Grâces, 8e année, 1804, br. — Chansonnier des Muses, p. 1806, dem.-rel. — Chansonnier du gastronome p. 1831, publié par Charles Lemesle, in-18 br. fig. gravées sur bois tiré sur chine, br. — Chansonnier de Momus p. 1822, in-18, br. — Chansonnier Normand p. 1833, 1e année, br. — Chansonnier des spectacles 1re année, rel. bas, plein. — Chansonnier des Soirées amusantes p. 1814. par J.-J.-F. Suchet, in-18 br., ensemble 17 vol.

544. Le Barde français, 1re année, 2 vol. br. 1825 ; le même 2e année 1826. Les Bouquets de famille p. 1806. — Le Chansonnier de la Grande Armée. in-12, dem.-rel 1809. fig. — Chansonnier des Boulevards, des Ports et des Halles, in-18, br., chez Tiger. — Chansonnier nocturne de la garde nationale parisienne, 1816, in-18 br. — Corbeille de Flore

6

1812 fig. — Chansonnier des Amours pour l'an X, fig. in-18, rel. v. plein. — Chansonnier des dames, in-12 br., fig. vers. 1830. — Chansonnier dédié aux demoiselles, in-12 br. 1844, ensemble 12 vol.

545. L'Enfant lyrique du Carnaval, p. 1818, par Ourry. dem.-rel. — La Gaudriole du vieux-temps, in-18 br. 1840. — La Gaudriole de 1839, in-12 br. — Les Giboulées de mars 1817 br. 2 ex. — La Guirlande, An XIII. — La Lyre d'Anacréon, 1811, in-18 br. — Le même 1812, 2 ex. — Les Lurons chansonnier 1810 fig. br. — Le Papillon 1er année br., An X. — Nouvel Almanach des Muses p. 1805, dem.-rel. — Le nouveau Chansonnier du Vaudeville 1814, in-18 dem.-rel. — Le nouvel Enfant de la Goguette, p. l'année 1823, 2 ex. br. — Offrande aux Muses 1er et 2e années, in-12 dem.-rel. — Le même 1er année br. — Le même 3e année br., ensemble 19 vol.

546. Diners du Vaudeville, 4 vol. — Chansonnier du Vaudeville. 5 vol. ensemble, 9 vol. petit in-12 dem.-rel., v. avec pièces tr. jaunes. *Paris.*

547. Les Dîners du Vaudeville, 10 vol. in-18 br., tome 1 à 10. — Même ouvrage, 59 numéros br. et rel.

548. Dîners du Vaudeville, 9 vol. in-12 non rognés, v. plein. *Paris. Rondonneau.*

549. La Fleur des chansons populaires, 2 vol. in-8 br. — Festeau, chansons 6 ex. br. etc., ensemble 18 vol.

550. **La Gaudriole**. Chansons Sentimentales. — La Mère Godichon. — La Goguette. — Trésor des Chansons. — Le double chansonnier des théâtres. — Les Rimes gauloises, ensemble 20 vol. in-32.

551. Les Enfants du Caveau, 11 vol. cartonnés, quelques-uns ornés d'une gravure (1834-1845).

552. L'Épicurien français (1806-1814), 18 vol. in-12, dem. veau tr. jaune. (*Paris, Poulet.*)

553. L'Épicurien français. 40 vol. rel. plein veau (1806-1816).

554. L'Épicurien français. 36 vol. reliés veau plein (1806-1814).

555. Étrennes lyriques. 41 vol. in-12, veau, tranches dorées (1781-1822). (Chaque volume est orné d'une gravure.)

556. Etrennes Lyriques anacréontiques, *Paris*, chez l'auteur (1781-1784). 4 vol. in-12 veau plein tr. dorée.

557. Etrennes lyriques et anacréontiques. 1re année (1781), veau plein (exempl. fatigué) ; (1785) broché ; (1789) rel. très fatiguée ; (1790) dem. rel. ; (1792) dem.-rel. ; (1793) br. mouillée ; (1794) br. mouillé ; (1797) br. ; (1812) br. ; (1813) dem.-rel. ; (1814) 2 rel. et dem.-rel. et un exempl. broché ; (1817) br. ; (1818) br. ; (1819) br. ; (1820) br. ; (1821) dem.-rel. ; (1822) br. mouillées ; ensemble, 21 vol.

558. Etrennes du Parnasse. 5 vol. in-12, rel. veau plein, *Paris, Fétis*, 1774 à 1785.

559. Gymnase Lyrique. 3 vol. in-12, ornés de gravures, dem. veau, t. jaspées, *Paris, Jehenne*. (*Ex libris* de Paul de Wink, collées à l'intérieur).

560. Gymnase lyrique. Collection de 61 vol. : Tome premier, 4 exempl.; tome 2e, 1 exempl. incomplet du titre; tome 6e, 9 exempl.; tome 7e, 2 exempl.; tome 9e, 8 exempl.; tome 10e, 5 exempl.; tome 11e, 1 exempl.; tome 13e, 7 exempl.; tome 14e, 24 exempl.; tome 15e, 1 exempl.; tome 16e, 1 exemplaire; tome 18e, 1 exempl. in-12 brochés, couv. imp.

561. Gymnase lyrique. Recueil de chansons inédites, en 16 vol. dem.-rel. veau, ornés de gravures (1825-1840). Série complète.

562. Gymnase lyrique. Recueil de chansons et de poésies inédites, orné de deux jolies gravures. 2me Année (1826), 2 exempl.; 4e année (1828), 1 exempl,; 5e année (1829), 1 exempl.; 6e année (1830), 4 exempl.; 10e année (1834), 2 exempl.; 12e et 13e années (1837), 1 vol. Ensemble, 11 volumes.

563. Hommages aux demoiselles, 4 vol. — Hommages aux dames, 4 vol. Echo des Bardes, 1 vol. Ensemble, 9 vol. cart.

564. La Lice chansonnière, années séparées, 32 vol. in-18, plus 3 cartonnés.

565. Lice Chansonnière. 7 vol. in-18, rel. en dem. veau rog. (le titre manque au premier volume). *Paris* 1834-1872. Même ouvrage. 10 vol. in-18, reliés et brochés.

566. La Lyre d'Anacréon, avec 52 airs gravés et avec frontispice, 1811. — La Marotte de Sainte-Pélagie. Un vol. in-12 cart. *Paris* 1825. Ensemble, 2 vol.

567. Mots donnés par les membres du Caveau. Collection de 22 opuscules, in-12 brochés.

568. Nouveau Caveau (1819-1827). 9 vol. cart. parchemin tr. jaunes (*Paris al. Eymery*).

569. Nouvelle anthologie. 4 vol. in-32. — Chansonnier du jour des noces. — Choix de rondes. — Castel choix de chansons. — Clairville : Chansons et Poésies, 2 vol. — Nouvelle anthologie, 2 vol. in-8 brochés. Ensemble, 17 vol.

570. Nouvelles étrennes utiles et agréables. Airs notés à la fin avec le calendrier pour l'année 1749. Un vol. in-18, veau plein (1749). Rare.

571. Paris en chansons, sous la direction de Conte. Dessins et gravures, *Paris* 1853. Grand in-8, première partie, broché couv. imp. fig. sur acier. Deux exemplaires.

572. Recueil de Chansons des épicuriens de Lyon. — La Musette du hameau. Les Productions d'un enfant de la nature. — Les Étincelles. — Couronne poétique. — Bouquet. — Trésor de la chanson. — L'Anti libéral. — Galant chansonnier. — Le Chansonnier des belles. Ensemble, 15 vol.

573. Le Recueil du Parnasse, *Paris* 1743. 4 vol. in-12, dem.-rel.

574. Saisons du Parnasse (1805-1809). 16 vol. in-12, rel. dem. veau. tr. jaspées. *Paris*, *Mondelet*. Chaque vol. est orné d'une gravure.

575. Soirées de Momus. 4 vol. petit in-12, cart. rog. *Paris*, *Emery* 1817-1820. Chaque volume est orné d'une gravure et d'un titre illustré.

576. Les Soupers de Momus. (1814) dem.-rel., et un cartonné, (1815) cartonné, (1816) cartonné, (3 exempl.), (1818) cartonné, (1818) broché (2 exempl.), (1819) broché, (1821) cartonné, (1822) cartonné, (1823) broché (2 exempl.), (1824) broché, (1825) broché, (1826) broché, (1827) broché. Ensemble, 19 vol. in-18.

577. Les Soupers de Momus. *Paris*, *Barba* 1814-1823. 15 vol. in-12, veau plein, tr. jaunes.

CHANSONNIERS DIVERS

578. Alfonsi (Théod.). Chants et Chansons, préface par Jules Noriac. *Paris* 1862, in-12 broché, couv. impr., 14 exemplaires.

579. Les à-propos de Société ou chansons de M. L... (1776). 3 vol. in-8°, frontispices, fig. et vignettes, reliés veau plein. Quelques taches.

580. Bachelier : Recueil de Cantates. (*Alberts et vanden Kloot*, *à La Haye*, 1728). Un vol. in-12. cartonné.

582. Beffroy de Reigny : Soirées du Cousin Jacques. 3 vol. pet. in-8, carton tr. jaunes, *Paris*, *Moutardier* 1803.

583. Beffroy de Reigny : Le Cousin Jacques. Soirées chantantes an XI (1805). 3 vol. rel. bas.; le même ouvrage rel. veau rac. Tome Ier seulement. Le même. tome II seulement. Lunes n° 1, 2, 6, 8, 11, 22, 27, dereliés.

584. Béranger : Œuvres complètes de Béranger, édition unique, revue par l'auteur, ornée de 104 vignettes en taille douce, dessinées par les peintres les plus célèbres. *Paris* 1834. 4 vol, in-8, dem.-rel. veau.

585. Bida. Mes abandons. Chansonnier pour 1814, *Paris* 1813, in-18 broché. 10 exempl.

586. Debraux (Em.) Chansons, *Paris, Terry* 1830. 4 vol. in-18 cart. tr. jaunes, ornés de gravures.

587. Debraux (Em.) Chansons, *Paris*, 1836. 3 vol. in-8, dem.-chagrin rog.

588. Debraux (Em.) Chansons, *Paris*, 1836. 3 vol. petit in-8, veau tr. jaspées.

589. Debraux : Chansons complètes, 3 vol. in-18 broch. — L'Arc-en-ciel de la Liberté. — Dupont : Chants et Poésies, etc., etc. Ensemble, 19 volumes.

590. Désaugiers. Chansons, *Paris*, *Dufey*, 1834, 4 vol. in-18, ornés de gravures dem.-veau avec pièces tr. jaspées.

591. L. Festeau. Les Roturières, chansons et poésies inédites, *Paris,* 1859, in-18 broché. 23 exemplaires.

592. L. Festeau. Les Égrillardes. Édition de luxe ornée de 17 vignettes sur acier, dessinées par Wattier et 27 airs gravés. *Paris*, 1842, in-18 broché. (40 exemplaires.)

593. L. Festeau. Chansons et musique, *Paris*, 1839. Les Égrillardes, 12 vignettes (1842). Chansons nouvelles, musique et épigraphes. (20 vignettes.)

594. L. Festeau. Chansons et musique, 30 vignettes, *Paris*, 1839, in-18 brochés. (5 exemplaires.)

595. Gouffé. Ballon d'essai ou chansons et autres poésies, 4 vol. en 2 tomes in-12 dem.-rel. (1810). — Ballon d'essai ou chansons et poésies, 1re édition. 2 vol. dem. rel. veau avec nervures, tr. jaspées (1802). — Ballon perdu ou chansons nouvelles, 1re édition. Un vol. in-12, veau plein (1805). — Ballon d'essai, 1re édition. 1 vol. broché (1802) ; ensemble, 6 volumes.

595 *bis*. Jehannot de Lescurel. Chansons, ballades et rondeaux, 1 vol. in-12 cartonné non coupé, *Paris*, *Jannet*, 1855.

596. Joliet. Recueil de Chansons, choisies et mises en ordre. Manuscrit d'une bonne écriture en deux volumes contenant un très grand nombre de chansons joyeuses.

597. P. Laujon (Œuvres de). *Paris*, 1811. 1 vol. in-8 dem.-rel. cartonné non rogné (manque le portrait).

598. P. Laujon. Œuvres choisies, *Paris* 1811, 1 vol. in-8 cartonné toile.

599. Leroux de Lincy. Chants historiques, 2 vol. in-12, dem.-chagrin. *Paris*, *Gosslin*, 1841.

600. Lucien de la Hodde, le Grand Chansonnier universel, (8 exempl.). — Eug. de Lonlay, Chansons populaires. 1 vol. Ensemble, 9 vol. in-12, br.

601. Malo (Charles), les Chansons d'autrefois, illustrations par Gustave Doré. — 1 vol. in-12, br., *Paris*, *Laisné*, 1864.

CHANSONNIERS DIVERS EN LOTS

602. **Ouvrages divers.** Leroux de Lincy, recueil de chants historiques des XIIe, XIIIe, XIVe et XVe siècles, 1 vol. in-12, br., le même, XVIe siècle, 2 exempl. br. — La Lyre maçonne, par les FF.·. de Vignoles et de Bois, *La Haye*, 1737, in-12, veau plein.

603. Chansons d'un Invalide (2 exempl., 1 br., 1 en dem.-rel.) — Paul de Kock, chansons. — Chants du loisir, par Keicher (2 exempl.). — D'Iray, souvenirs poétiques, chansons patriotiques. — Paul de Kock, Bulle de savon (2 exempl.). — Imbert, Ballades et chansons (3 exempl.), etc. Ensemble, 15 ouvrages.

604. Brazier, chansons (3 exempl.), in-8, br., 1835. — Le Soldat, chants et récits. — Gazots, chants maçonniques. — Baillet, chansons. — Brault, recueil d'élégies, cantates et romances, 1 vol. in-18, br., 1812. — Le Chansonnier galant, avec fig., 1 vol. in-18, br. — Brazier, chansons nouvelles, 1836, 1 exempl., br. — Brazier, chansons et chansons nouvelles, en 1 vol., 1/2 rel., fig. sur chine. — Beauvarlet, les Troubadours, 1807, rel. veau. — Bonichon, Patrie et Gaîté, 1823, cart. Ensemble, 22 vol.

605. Constant de Baucourt, chansons et poésies, nouveau chansonnier. — Clairville, chansons et poésies (2 exempl.), 1 rel. et 1 br. — Charrin, fables et chansons. — Castel, nouvelle anthologie, 3 vol. br. — Le Chansonnier royaliste, chansons de Colau, etc., etc. Ensemble, 24 vol., 8 cart. et 16 br.

606. Chansonniers divers. — J.-A.-L., les Pavots du Parnasse, in-12, br., ébarbé. — Jules L..., chansons, 1843, in-18, br. (le même), en dem.-rel. — Lablée, romances historiques, in-12 (1802), fig. le même, 5e éd., 1844, 3 exempl. — Lagarde (J.), chansons, 1856, in-18, br. (2 exempl.), le même, 1860, in-12. — Du même, Chants d'automne, 1868. — Larivière, l'Arc et la Lyre, in-12, br. — Lattaignant, choix de poésies, 1810, 1 exempl. br. et 1 cart.—Lavergne, la Muse plébéienne, in-18, dem.-rel. — Leclerc (Jacinthe), chansons, 6 exempl., dont 1 cart. — Led'huy, Loisirs, in-18, cart. — Léger, Macédoine, in-12, br. — Legrand, le Troubadour volage, in-32, br., 2 exempl. — Legret, le Chansonnier des bonnes gens, in-12, br., 1822. — Lemesle (Charles), Chansons, 1833, in-18, cart. — Lepage (Charles), chansons politiques, 1 exempl., br. et 1 dem.-rel. — De Lonlay, chansons populaires, in-18, br. Ensemble, 31 vol.

607. M. Théodore, le Cancanier lyrique, 2 exempl., dem.-rel. et 1 exempl. br. — Mazabraud de Solignac, chansons, in-18, br., 5 exempl. — Magnard (Hippolyte), les Gauloises, 2 exempl., br. — Moluet de la Chesneraye, in-18, br. — De Moldigny, le Ménestrel des Vosges, in-18, cart. — Melaye, 1856, in-18, br. — Le Ménestrel des Familles, in-18, br. — Ménestrier (Casimir), chansons, in-18, br. — Mensuelle, recueil de chansons, in-12, br. — Merson, Scolies militaires, in-12, br. — Michu (Claude), les Clubs de l'industrie, in-12, br. — Le Momus de la liberté, in-12, br. — Montémort (Albert), 1848, in-12, br. 2 exempl.). — Mondor, in-12, br. — Momusiennes, in-12, br. (le même cart.). Moreau (Marcelin), in-18, br. — Moreau (C.-A.), chansons, 1 exempl. dem.-rel., le même (rel. veau pl., tr. dor.), 2 exempl. — La Musette du hameau, in-18, br. Ensemble, 30 vol.

608. Nadaud (Gustave), chansons, 4e éd., 1862, in-12, br., 2 exempl. — Nau, fables de La Fontaine, mises en chansons, 1 vol., format Cazin, cart. — Nouvelles chansons, publication philanthropique, par Vevey, in-12, br. Ensemble, 4 vol.

609. Le Poète de famille (1817), in-12, br., fig. — Pourcet (Michel), in-18, 1 exempl. br. et 1 cart. — Pitou (Ange), le Chanteur parisien, 1 exempl., dem.-rel. en 2 vol., le même, 2 tomes en 1 vol. — Le Petit Chansonnier français, 1780, in-8, br. (quelques notes manuscrites), le Parnasse du sentiment, 1813, fig.; le même, 1840, fig. — Pradel, les Etincelles, 1822, in-18, cart.; du même, chansons nouvelles, 1827, cart. — Le Printemps et l'Amour (vers 1805), in-18, br., fig. — Pontignac de Villars, chansons, in-12, br. — Poncy (Charles), la Chanson de chaque métier (2 exempl. br.). Panard, œuvres choisies, 1803, 2 tomes en 1 vol., dem.-rel. (2 exempl.) — Porte (Ad), chansons, in-18, br.; le même, dem.-rel. Ensemble, 19 vol.

610. Romainville (Ch.). Recueil de chansons nouvelles, in-12, br. 1849 (envoi). — Roman (Félix), chansons, 1834, in-18, br. Regnard (Charles), chanson in-18, br. — Rondes pour les demoiselles, in-12, br., 1825. — Renard et Ronjou, les Grelots de la folie, in-12, br., les Roses du vaudeville, in-12, br. — Les Républicaines, 3 vol. in-18, br. (2 exempl.).— Rousseau (J.), Code épicurien, 1829, in-12 br., fig.— Rougemont (B. de), chansons, 1822, fig., in-18, dem.-rel.— Rabineau (Victor), les Filles du hasard, in-12, br. Ensemble, 15 vol.

611. Sainte-Croix. Le Fonds du sac, 3 exempl. br. — Salgot, chansons, 2 exempl. br.; 1 exempl. des mêmes, cart.— Simonin, sacrées et profanes, 1 vol. br. — Scribe (Eugène), chansons, 4 exempl. br. et cart. — Sybille (S.), la Bluette, les Soirées de Momus, 1818, in-12, fig. (exempl. avec quelques mouillures), — Saint-Gilles, chansons, 3 vol., 3 exempl. br., 1 cart. et 1 rel., les 2 tomes en 1 vol. Ensemble, 23 vol.

612. Vaissière. 4 exempl. br.— Voix du peuple, 1848, 3 exempl. br. — Voix du peuple, 1849, 1 exempl. br. — Valladier, chants et chansons de voyages, 4 exempl. br. — Vieux Grognard, boutades, *Rouen*, 1838, br.— Veissier Des Combes, Mes éphémérides, 1 vol. — Wagon (Charles), le Franc Troubadour.— De Verceil, le Talisman des grâces, in-18, br. 1810. — Vincent et Plouvier, Refrains du dimanche, in-12, br. — Voilquin (G.), chansons, le Vieux Bacchus, fig., in-12, demi-rel. — Chansons de Vaissière, dem.-rel. — De Vevey, nouvelles chansons, in-18, cart. Ensemble, 22 vol.

POÉSIES

613. Annales poétiques, depuis l'origine de la poésie française, 40 vol. cart., contenant chacun 1 portrait, 1788.

614. Anthologie française, 3 vol. in-12. cart., avec frontispices, *Paris*, 1828.

615. **Beffroy de Reigny**. Les lunes du cousin Jacques, 5 vol. in-12, demi-rel. De 1785-1787.

616. Berchoux. Œuvres comprenant : la Gastronomie, la Danse, les Enceladcs modernes, l'Art politique, 1829, 4 vol. in-18, veau pl., 4 fig. — Chénier (œuvres), *Paris*, 1821, 8 vol. in-18, cart., non rog. Ensemble, 12 vol.

617. Choix des vieux poètes français, 4 vol. en 2 tomes in-12, cart., 1810.

618. La Légende de maître Pierre Faifeu, mise en vers, par Charles Bourdigné, *Paris*, *Coustelier*, 1723, in-12, veau pl., tr. dor. Bel exempl. — Œuvres diverses de M. l'abbé De la Marre, *Paris*, 1763, in-12, veau.

619. Lemierre (œuvres de), avec notice, par René Perin, *Paris*, 1810, 3 vol. in-8, rel. veau racine, dentelles sur les plats.

620. Lemierre (A.-M.), (œuvres de), avec notice, par R. Perin, *Paris*, 1810, 3 vol., dem.-rel., basane.

621. Millevoye, œuvres complètes dédiées au roy et ornées d'un beau portrait, *Paris*, 1822, 4 vol. in-8, dem.-rel., tr. marbr.

622. Nouvelle Encyclopédie poétique, publié par Capelle, en 1818-1819, à *Paris*, 18 vol. pet. in-8, rel. veau pl..

623. Petite Encyclopédie poétique, en 13 vol., pet. in-8, 1re édition de 1804-1805, rel. pl. veau.

LOTS D'OUVRAGES DE DIVERS POÈTES

PAR ORDRE ALPHABÉTIQUE

625. (Alex-Edouard) Walpole (1826), in-8. — Caractères poétiques, in-8 br. (1834). — Arnault (A), ouvrages in-18 (1825), br. — Amic, les Méridionales, in-12 br., 3 ex. — Acanthologie ou dictionnaire épigrammatique. *Paris* 1817, in-12 br. — Anthologie française. *Paris*, 1816, 2 vol. in-18 cart. Ensemble 9 ouvrages.

626. D'Anglemont : Roses de Noël, 1 vol. in-8 br. (1860). — Et. Arago : Spa, 1 vol., petit in-8 br. (1852). — Aubigny (Marquis d'), Scènes intimes. 1 vol., in-12 br. (1854). — Amiot. Mes Chansons d'amour in-12 br. (1872), 3 ex. — Allard, Les Marges de la vie, 1 vol. in-8 br. (1857). — Augier. Poésies complètes, 1 vol, in-12 br. (1856). — Arnal. Boutades, in-12 br. (1862). — Alix. Paris et Rome, in-12 br. (1850). — Ancelot. Poésies, in-2 br. (1850). — Aubas. Les Moghrabines, in-12, br. (1855). — Attale du Cournau. chants in-12 br. (1863). — Le même (1861). — Alletz. Esquisses poétiques de la vie, in-18 br. (1861). Ensemble 15 vol.

627. Baudouin. Rêveries sur les bords du Cher. 1 vol. in-8, br. (1841). — Buisson. Souvenirs des muses. 1 vol. in-8, br. (1823). — Bertin. Glanes. Vol. in-8 br. (1842). — Bastide. Mosaïque. 2 vol. in-8 br. — Même édition. — Barthelemy. Némésis de la Restauration (1839). — Boulay-Paty. Odes nationales. 1 vol. in-12, br. (1830). — Bayle-Mouillard. Poésies. 1 vol. in-8 br. (1842). Ensemble 9 vol.

628. Becker (de Reims). Chansons. 1 vol. in-8 cart. (1829). — Balzac. Recueil de poésies. 1 vol. in-8, cart. (1817). — Blanc du Fugeret. Poésies légères, chansons, romances, parodies. 1 vol. in-8, cart. (1834).— Bourlet de la Vallée. Chants solitaires. 1 vol. in-8, dem-rel. (1838). — Bounin. Poésies et poèmes. 1 vol. in-8, dem.-rel. (1852). — Buquet. Miscellanées. 1 vol, in-8 (1833). — Les Coups de brosse. Chansons politiques, contes, etc. 1 vol. in-8, cart. (1826).

629. Berthier. Pyrame et Thisbé, in-12 br. (1853), 4 ex. — Barillot. La Fille du logis, 1 vol. in-12 (1855), 4 ex. — Baillet. Fleurs et Sourires. 1 vol. in-12 br. (1853). — C. Beuf. Essai de poésies catholiques (1859). — J. Beuf. Premières fleurs (1860). — Boufflers. Œuvres choisies, br. (1827), ensemble 13 vol.

630. Bouilly. Le Vieux glaneur. 1 vol. in-8, dem.-mar., tr. jaunes.— Boucher de Perthes. Satires, contes et chansonnettes, (1853). 1 vol., dem.-rel. — Blanc. L'Echo des Alpes. 1 vol. in-12, cart. tr. jaunes (1827) avec fig. — Barateau. Bagatelles (1832). 1 vol. in-12, dem.-rel. — Pezai. Saint-Péravi et La Condamine. 1 vol. in-16 cart. (1810). Ensemble 5 vol.

631. Boucher de Perthes. 1° Satires, contes, et chansonnettes (1833). 2° Romances, ballades et légendes (1830). — Blanc (H). L'Echo des Alpes, avec fig. *Paris* 1827, 3 ex. — Berrier (C). Poésies (1826). — Berchoux. La danse (1806) avec fig. — Boujon. Le Testament du diable. Ensemble 8 vol.

632. Barillot. Les Vierges, in-12, 3 ex. — Bouclier. Entre la poire et le fromage, in-18 br. — Bertrand et Collinot. — Ombres blanches, 3 ex. — Brasseur (Ch). Odes politiques, 3 ex. — Bondon (Jules). Les Fleurs, in-18. — Biart (Lucien). Présent et passé, 2 ex. — Biart (Lucien). Poésies. — (Robert) Burns. Poésies complètes. — Blanchecotte. Rêves et réalités, 2 ex. — Basselin. Vaux de Vire. — Boulay-Paty. Sonnets. — Blanchot de Bresson. Les Velaviennes. — Busoni (Ph). — Etrusques, envoi. — Bornet (Jacques). Au hasard, 2 ex. — Brady (Agénor). Loin du Monde. — Barbier (Pierre). Les Feuilles d'avril. — Bercioux (Abel). Les Arabesques. — Boquet (Eugène). Echos de France. — Barateau (Emile). Bigarrures. Ensemble 27 vol. in-12 br.

633. Collet (Mme Fanny). Violettes. 1 vol. in-8 br. (1843). — Cubières. Le Calendrier républicain, 1 vol. in-8 br. (1799). — Chalmeton. 1° Heures de loisir in-8 br. doré (1880), 4 ex ; 2° Isolements in-8 br. (1863), 2 ex.— Catelin. Les enfantins. 1 vol, in-12 br. — Carmouche. Mes Broutilles, 1 vol. in-12 br. (1866). — Cailiet. Les Garibaldiennes. 1 vol, in-12 br. (1864), 2 ex. — Contalme. Indiscrétions poétiques. 1 vol. in-18 br. (1859). — Chatillon. Etudes poétiques. 1 vol. in-12 br. (1861(. — Colet. Poésies complètes. 1 vol. in-12 br. (1847). — Celtibère. Poésies religieuses. 1 vol in-12 br. (1852). — Claudius. Nouveaux mélanges. 1 vol. in-12 br. (1829). — Champein. Etudes poétiques. Vol. in-12 br. (1850), 2 ex. — La Corbeille de fleurs, 1 vol in-12 br. (1826), ensemble 19 vol.

634. Chaulon. L'Arc-en-ciel. 1 vol. in-8 rel. (1849). — Chenier (Marie-Joseph). Poésies diverses (1818). 1 vol. in-8 cart. — Carmouche. Mes Broutilles. 1 vol. in-12 rel. (1866). — Charrin. Chansons, romances, fables et poésies (1847). 1 vol. in-8 (avec un portrait). — Chaulieu. Poésies. 1 vol. cart. petit in-8 (1810). — Barthe. Choix de poésies. 1 vol. in-12 rel. veau (1810). Ensembl 6 vol.

635. Delamare. Enfants et femmes (1842), 2 ex. in-18. — Daumier. (de Marseille), in-18 (1832). — Desplaces (Auguste) (1839), in-18 taches et mouillures.— Depret (L.). Etapes du cœur, 4 vol.— Dunaime (E). Début poétique (1841). — Delvigne (Adèle). Larmes et Sourires (1854). — Deltheil (C.). Poésies. — Chef-d'œuvre de Desportes (1862). — Deloncle (Charles). Les Voix natales et nationales (1863), in-12 br. — Delatre. Chants de l'exil (1843). — Descodeca de Boisse. Les Voix intimes (1856). — Dalban. Poésies diverses (1824). — Dugué (F.) L'Oasis (1850).

— Dromain. Les Syriennes (1834).— Durandeau. Les Sombres (1867). — Delahaye. Crimée (1856). — Dumas (Alexandre). Bouts rimés (1865). — Decroix. Fleurs d'un jour. — Duperche. Heures perdues (1856), ensemble 24 vol. in-12 br.

636. De Trenquelléon. Rêveries du soir, avec un portrait de l'auteur. 1 vol. in-8 dem-rel. (1842). — Desbordes-Valmore. 1° Poésies avec frontispice. 2 vol. in-8 dem-rel (1830) ; 2° les Fleurs. 1 vol. in-8, dem-rel. (1834). — Despréaux. Mes Passe-Temps. 2 vol. v. plein, in-8 (1806), ensemble 6 vol.

637. Despréaux. Passe-Temps. 2 vol. in-8 br. (1806). — Dupont. Mélanges poétiques. in-8 br. (1858). 2 ex. — Debons. Chants d'amour, in-8, br. (1848). — Ducros. Contemplations poétiques. 1 vol br. (1844). — Dumas. La Cité des hommes. 1 vol in-8 br. (1835). — Delcambre. Les Craintives. 1 vol. in-4 br. (1854). Ensemble 8 vol.

638. Les Espérances. 1 vol. petit in-8 br. (1852). — Eyriès. Temps perdu. 1 vol. in-12 br. (1839). — Esprit anacréontique des poètes français, avec frontispice, 1 vol in-32 br. Ensemble 3 vol.

639. Forbin. Œuvres inédites. 1 vol. in-8 br. (1843).— F. Fessin. Le petit Portefeuille. 1 vol. in-8 br. (1828). — Flauquergues. Au bord du Tage. 1 vol. in-8 br. (1842). — Ferrier. Poésies. 1 vol. in-8 br. (1845). — Fleury (Mme). Album de Poésies et Chansons. 1 vol. in-8 br. (1859). — Marquis de Foudras. Echos de l'âme. 1 vol. in-8 dem-rel. (1840), ensemble 6 ouvrages.

640. — Fonvielle. Essais de poésies. 1 vol. in-12 v. plein (1800). — Les Folies d'un homme sérieux. 1 vol. in-12 br. (1820) Flammarion. Essais poétiques. 1 vol in-12 br. (1823). — Foucault. Les Premières larmes. 1 vol. in-8 br. (1865). — Feret. A ma Fille. 1 vol. in-8 br. (1846), ensemble 5 vol.

641. (Emile) de Girardin. Napoline poème, *Paris*, 1834, in-8, dem-rel. — De Gironnella. Délassements d'un Wisigoth (1853). (C.) Guinard. Poésies du foyer (1846). — De Gourville. Ombres et rayons (1833), in-8, 4 vol. dont 3 br.

642. Girard. (J.-B.) Fables, 2 ex. (1857). — Grétry. Mes Moments de loisir (1811), in-18 fig. — Gaulmier. Œuvres posthumes (1830). 3 vol. in-18. — Mme Emile de Girardin. Poésies complètes (1856), in-18. — Greeves Eliacin. Poèmes dramatiques (1859). — Garde (Reine). Essais poétiques (1851). — Guibert (L.) Rimes franches (1864) in-18. — Guérin de Litteau. Mélodies (1856), 2 ex. — Guillois. Quelques fleurs d'automne, 2 éd. (1855). ensemble 13 vol. br.

643. Guiraud (Alex). Poésies (1837), in-32. — Grancher. Poésies. (1803). — Géraud (Ed.) 1 Ex. (1822). — Géraud (Ed.) Poésies suivies de six romances (1818), v. plein tr. d'or. — Le même dem.-rel. Mme de Genlis. Herbier moral (1801), in-18. — Guichard. Fables (1802), 7 vol. rel., formats divers.

644. De Héming (Jacques). Patrie et souvenirs, poésies (1847), in-18 dem.-rel. —Le même br. — D'Hauteroche. Loisirs d'un militaire (1824), 2 ex. — Huard (Ferdinand). Les Hiémales (1843), in-12. — Hillemacher. Contes fables et poésies (1864). in-12. — Harel (Rose), servante à Lisieux (1864), l'Alouette aux blés, poésies (1864). in-12. — Hérouin. La ruche aux rêves, nouvelle éd. (1856), in-12, Huncker (Frédérick). La Geslie. Poésies (1864), in-12. — A. de H. Chants d'Inistoga ou échos du désert (1852), in-12. — Hugo (Victor). Les burgraves, 2e éd. (1843), in-8, couvertures, ensemble 11 ouvrages dont un en dem.-rel.

645. Juillerat. Les Solitudes. 1 vol. in-8 br. (1840), 2 ex. — Juge. Chants poétiques. 1 vol. in-8 br. (1857). — Paul de Kock. Contes en vers. 1 vol. in-8 rel. (1856). — Julliard. Insomnies. 1 vol. in-12 br. (1853). — Journet. Les Parfums de la famille. 1 vol. in-12 br. (1859). — Journet. Poésies et chants harmonieux, in-8 br. (1857), 2 ex. — Joly. Essais et monologues dramatiques. 1 vol. in-12 br. —Josades. Les jeunes années. 1 vol. in-12 br. (1860). — Juteau. Consolations. 1 vol. in-12 br. (1865). — Emotions d'un citoyen. 1 vol. in-12 br. (1859), ensemble 12 vol.

646. (Prosper) Delamarre. Petites comédies par la poste (1860). — De Vuillot. (A.) Les humbles poésies (1860). — De Larenaudière. Les Cantilènes, poésies (1842). — Laporte. Les Heures de délassement (recueil de poésies) (1856). —Mme Lesguillon. Contes du cœur (1855). — Lomon. Poésies (1853). — Le Lion Damiens. Pervenches (1851). — Lemer (Julien). Les Poètes de l'amour. 2 vol. 1858. — Liron-Bastide. Mandragores (1844), 2 ex. — Labarthe (A.). Fantashia (1845). — L'Hôte. (E.) Les Premières neiges, 3 ex. (1848). — Lachambeaudie. Les Fleurs de Villemomble (1861). — De Lacroix. Les Chansons d'avril 2 ex. (1852). — La Grange-Chancel. Les Philippiques (1858), ensemble 19 vol. in-12 br.

647. Mme Desbordes-Valmore. Elégies et poésies nouvelles (1825) in-12 dem.-rel ; poésies 3e éd. (1822) dem.-rel. — Delcroix (Fidèle). Ed. (1820). dem.-rel. 1 fig. — Mme Didot. Recueil de poésies sacrées (1834), in-12br. (mouillures). — Duval(Henri). Mélancolies poétiques (1835). — Elégies par Mme Dufrénoy, 2 éd. dem.-rel. ; les mêmes 4e éd. (1821), v. plein, fer à froid, les fig. manquent, ensemble 7 vol. divers formats.

648. Mme Laverpillière. Etudes poétiques (1845). — C. L. Macédoine poétique (1824). — Lorin (Th). Epitres fables (1839). — (L.) M.... Fragments d'un miroir brisé (1823). — Legrand. Le Troubadour. — (Ch.) Lefeuve. Poésies (1845). — Du même Poésies nouvelles (1841). — Nouvelles poésies (1843). — Lapointe (Savinien) (1850). — (Eug.) de Lonlay. (1845), 12 ouvrages, divers formats br.

649. Lenir. Un coin de Bretagne (1853). — Leroux. Les Voix du siècle (1836). — Stephen Liégeard. Les Abeilles d'or, chants impériaux. — Lorde (chevalier N. de) (1855). Ensemble 4 vol. in-8 br.

650. Léonnar (Achille). Essais sur les Cynégétiques françaises (1807), dem.-rel. bas. plein. — Lévi Alvarès. Quelques pièces en prose et en vers, in-18 dem.-rel. — De Longchamps. Poésies, fugitives (1821). 2 vol. in-18 cart. — Lerol (Fd.) Les âges poétiques, 2e éd. (1826), in-18 cart. (tache d'encre). — Deloy. Préludes poétiques, in-12 (1827), dem.-rel. — V. Lesguillon (H.) Rosées, dem.-rel. v. rouge fig., (2 ex). — L'hymen et la naissance, in-8 (1812), rel. v. racine. — La Rochefoucauld-Liancourt. Recueil factice de diverses poésies de cet auteur avec fig. 2 vol. grand in-8 v. racine. Ensemble 4 vol. reliés.

651. Mollard (Mlle Clara). Grains de Sable. Un vol. in-4 broché (1840). — Malpière. Fragments épiques. Un vol. broché in-8 (1829). — Marchangy. Le Bonheur. Un vol. in-8 broché (1804). — Molinas-Lafitte. Les Solitudes. Un vol. broché (1847), deux exempl. — Montesquiou (Comte Anatole). Chants divers. Deux vol. brochés in-8 (1843). — Montaran (Mme la baronne de). Poésies. Un vol. in-8 broché (1853). Ensemble, 8 vol.

652. Michaux-Clovis. Les douze heures de la nuit (1826), in-12 cartonné, frontispice et fig. — Malfilâtre, in-32 rel. v. plein, portrait (1826). La Muse érotique (1813), in-32 cartonné. — Mérard de St-Just. Imitation en vers français des odes d'Anacréon (1799) in-18, dem.-rel. — Mélanges de poésies, tirés du portefeuille de M. le baron de S. T. (1782), 2 parties en un vol. dem.-rel. — Joyeusetés du Bonhomme Martin (1836), in-18 broché. — Maunoury-Lacour. Solitudes, in-18 broché (1857). Philipon de la Madelaine, l'élève d'Épicure (sans date), in-18 broché (2 exempl.). — A. de Montesquiou. Poésies, in-18 broché (1826). — Mollevault. Poésies diverses (1821), in-18 broché. — De Morgny. Echos du cœur, in-18 broché. Ensemble, 11 vol.

653. Mauduit. Premières Feuilles (1865). — Magnier. Bruit du Siècle (1845). — Magu. Poésies (1845). — Martin (François). Dithyrambes (1852). — Ménard (Alph.). Impressions poétiques (1841). — Clocher et grelots, par Magnier et G. Demoulin (1848). — Moutte. Chants et Poésies (1853). — Martin (Aug.). Une dernière folie (1846), 2 exempl. — Martin. Poésies (1847). Malvesin (Léon). Flux et reflux (1863). — Modelon. Fleurs de France et de Savoie (1861), 2 exempl. — Massé (Alex.). — Réminiscences (1868). — F. Maury. Sioniennes (1860). — Morel (R.). Chansons, *Lyon* 1851. — Mosaïque, V. Lefèvre (184), dem.-rel. Ensemble, 16 vol. in-12 br. et un dem.-rel.

654. Olympiades, tomes Ier et IV (1856-1862), in-8 br. Le Besoin d'Ordre, Chants d'amour et de fidélité (1835). — Orrit. Les Soirs d'orage (1841), in-8. — Ozaneaux. Erreurs poétiques, 2 vol. dem.-rel. — Ornano. Echos d'Espagne, in-18 broché. — Ourry Poésies, in-18 cartonné, — François de Neufchâteau (OEuvres de). (1805) 2 vol. in-12 broché, portrait. — J. Noulens. Les tropicales (2 exempl.). — C. de M. Souvenirs d'un voyageur, in-8. Ensemble, 13 volumes.

655. Poydenot. Poèmes. Un vol. in-8 broché (1857). — Patraud. Une Ame en peine. Un vol. in-8 broché (1843). — Perrot. Vers d'un flâneur. Un vol. broché, in-8 (1850). — Pécontal. Ballades et Légendes. Un vol. in-12 broché (1854). P. Prarond. Les impressions et pensées. Un vol. in-12 broché (1854). — Pâquerettes, poésies. Un vol. in-12 broché. — Poultier. Dacryomélies. Un vol. in-12 broché (1858). — Les OEuvres d'un provençal. Un vol. in-12 broché (1864). Ensemble, 8 vol.

656. Poètes français des xve, xvie, xvii et xviiie, siècles, par J. B. de Champagnac (1825), 6 vol. in-18 brochés. — F. D. L. P. Souvenirs poétiques (1851). — Panard. OEuvres choisies. 3 vol. in-18 broché. — Pézai-Condamine (1810), in-18 rel. v. pl. — La Psyché (1828), dem.-rel. (titre doublé), dem. rel. — Poésies lyriques sans date (2 exempl.). — Prévost d'Iray. Poésies fugitives (1826), in-18 broché. — Philibert. Les Etincelles, in-12 broché. — Parseval Philippe-Auguste (1826), 2 vol. in-18 br. — Louise Priou. La Guirlande de myosotis, in 18 broché. — Choix de poésies de Pezai-Condamine, etc., in-12 cartonné non rogné. Ensemble, 20 vol.

657. Quatre vol. in-8 de Poésies diverses, et 2 vol. in-12, Chansons et poésies. Ensemble, 6 ouvrages.

658. Renaudin. Les Cent et une. *Paris* 1860. Un vol. in-12. — Rodier (M. Isabelle). Poésies. Un vol. broché, in-12 (1851). — Rambaud. L'Age de bronze. Un vol. in-8 broché (1865). Revial. Joies et plaintes (1856). Un vol. in-12 broché. — Rossey. Mélanges poétiques. Un vol. in-8 broché (1863), 3 exempl. — Reiffenberg. Guillaume le Taciturne. Un vol. in-8 broché (1854). — Saint-Germain. Chants et cris. Un vol. in-8 broché (1868). Ensemble, 8 vol.

659. Robert (Victor). Orages du cœur (1837). — Rossignol. Dieu et famille (1840). — Rodrigues (Alcide). Poésies sociales (1841). — Ravrio. Mes Délassements, in-8 (1805). — Ravinet. Légendes chrétiennes (1851). fig. in-8 brochés. — Raynal. Malheur et poésie (1834), dem.-rel. (titre défectueux). Ravrio. Mes délassements. 2 tomes en 1 vol. — Le même ouvrage, en 2 vol. — L'Abbé Rabiou. Fleurs de poésie. Un vol. dem.-rel. Ensemble, 10 vol.

660. Simon (Eugène). Aubes et couchants. *Paris* 1858, in-32, (3 exempl.). — St-Leu. Nouveau recueil, *Florence* 1827, in-18 — De Saint-Julien. Les Premiers chants du poète (1829). De Sombrevoise (1866) in-12. — Sainte-Croix, *Rouen* (1840). —Soutros (Fr.). Les Pyrénéennes (1852). in-12. —Salverte (Eugène). Romances et poésies érotiques (1798). — Star (1855), in-12 broché. —Comtesse de Salm (1811), in-8. — Les mêmes, édition (1817). — De Sussy. Nos Miscellanées. (Envoi d'auteurs.) 13 vol.

661. — Comtesse de Salm. Poésies, *Paris* (1835). —2 tom. in-18 en 1 vol. dem.-rel., portrait. — Sidi-Boumarouen. Le Roman du lys (1840), in-12 dem.-rel. (Mouillures). — Seure (Onésyme). Croyances (1852). in-12 dem-chagrin. — De Ségur. Contes, fables, etc. (1851). in-8 veau plein. — De Surville (Clotilde). Poésies du XVe siècle, in-8 veau racine, tr. dorée, frontispice gravé. — Sphrodètis. Les Illustres Lilluputiens en 1818, plaquette in-8 cart. Ensemble, 6 ouv.

662. Vigée. Poésies, avec figure (1813). 1 vol in-12 dem.-rel. — Verny. Œuvres poétiques avec figure (1826). 1 vol. in-12 cart. Vial. Le Dessert, avec figure, 1 vol. in-12 (1833), tranches dorées, dem.-chagrin. — Le Versificateur. 2 vol. in-8 dem.-reliure (1860). — La Sœur de la charité. Une brochure cartonnée (1826). Ensemble, 6 vol.

663. Valois (Marquis de). Œuvre poétique avec un envoi signé de l'auteur. Un vol. in-8 broché (1830). — Mme de Vannoz. Poésies. Un vol. in-8 broché (1845). Valrec. Italiennes et gauloises suivies d'une lettre de Béranger à l'auteur. Un vol. in-12 broché (1857). — Valmalète. Fables politiques avec figure. Un vol. in-12 broché (1831). — Véron. Pierre, roman en vers (1856), un vol. in-12 broché. — Van Hasselt. Poésies (1852). — Vuillaume. Le Retour à la sainte poésie (1859). — Voris (Jules de) Fleurs et chardons (1864). — Vrignault. Landes fleuries (1858) 2 exemplaires. — Vaucelles (Auguste de). Cimes et vallons (1865). — Violeau. Premiers loisirs poétiques (1845). — Vanein (Mlle de). Poésies (1864). — Vignon. Le pays bleu (1862). Ensemble, 14 vol. br.

664. Tabarin. Œuvres. Un vol. in-12 broché (1858). — Tampucci. Poésies. Un vol. in-8 broché (1853). — Tenage (de Villiers du). Poésies morales et historiques. Un vol. cartonné (1836). — Tardif. Lycias. Un vol. in-8 (1820). — Tourte, Bouquet de Bruyères, ballades et chansonnettes (1858). Un vol. in-12 broché. — Teissonnier. Bric-à-brac. Un vol. in-18 broché (1862), 2 exemplaires. Ensemble, 7 volumes.

665. Poésies du XVIIIe siècle. Formats divers, rel. v. plein. — Racine. La Religion, poème (1785). — Brebœuf. Lucain, travesty à Rouen (1656), in-12 (mouillures). Pièces dérobées à un ami (1750), 2 tomes en un vol. — P. Lemoyne. Entre-

tiens et lettres poétiques (1665), in-12, frontispice gravé. — Pavillon. Nouvelle édition in-12 v. pl. (1720). — Lormeau de Lacroix. Recueil (1787) in-18. — Léonard (OEuvres de). (1788), 4e édition frontispice et fig. gravés. — Régnier Desmarais, poésies françaises (1707), in-12. — Élite de Poésies fugitives. Londres (1764), 2 vol. in-18. — Lattaignan. Poésies. 4 vol. (1757), portrait. — Guyétant. Poésies diverses, in-12 v. pl. (1790). Ensemble, 15 vol.

666. Poètes divers du XVIIIe siècle, in-12 reliés v. pl. — Guérin de Frémicourt. Les Tributs de l'amour et de l'amitié, à Cythère, 1757. in-12 v. pl. — Des Marais (Régnier). Poésies françaises (1740), in-12 v. pl. — Malerais de la Vigne. in-12 v. pl. (1735), — Coulanges. Poésies variées, in-12 v. pl. (manque le titre). — Lattaignant (Poésies de), *Londres*, 1757, un vol. in-12 v. pl., portrait. — Choix de poésies morales et chrétiennes, depuis Malherbe jusqu'aux poètes de nos jours, *Paris* 1740, 3 vol. in-12 v. pl. — Le Portefeuille d'un homme de goût (1770), 3 vol. in-12 v. pl.

667. Poètes divers du XVIIIe siècle, formats divers cartonnés. — Desmahis (OEuvres de). Tome Ier, seulement contenant les poésies fugitives (1678), rel. pap. vert. — De Sanlec, poésies héroïques, morales et satiriques, *Amsterdam* 1700. in-8 vélin. — Mme Guibert. Poésies et œuvres diverses (1764), in-8 cartonné non rogné, portrait. Gilbert. Le Carnaval des auteurs ou les masques reconnus et punis (1773), Satires et poésies diverses (1797), en un vol. in-8 cartonné non rogné. Ensemble. 4 vol.

668. Poètes divers du XVIIIe siècle, format cazin rel. pleine. — Bérenger. Poésies, *Londres* 1785. 2 vol. — Boufflers (OEuvres de). Un vol. tr. dorées, *Londres* 1782. — Les Saisons. Poème avec frontispice, *Londres* 1782. — Gaude (Aug.). Opuscules, *Londres* 1788. — Boufflers (OEuvres de). Frontispice et figures, *Londres* 1792. — Chaulieu (l'abbé de). OEuvres, 2 vol. *Paris*, 1757. Bérenger. Poésies, 2 tomes, *Londres* 1785. — Vernes. Poésies, *Londres* 1786, en un vol. Ensemble. 9 vol.

669. Poètes divers du XVIIIe siècle, formats variés en dem.-rel. — La Pharsale, poème par le Chevalier de Laurès (1783), (court de marges). — Lormeau de Lacroix. Recueil des opuscules posthumes, *Paris*, 1787, dem.-rel mar. vert non rogné. — Imbert OEuvres poétiques, 2 vol. in-18 1777. — Etrennes du Parnasse (1786-1787), 2 tomes en un vol. titre gravé. — Boufflers (OEuvres de) 1792, in-18, fig.; les mêmes (1789), 2 tom. in-18 en un vol. — Bernard. OEuvres (1792) in-18, 1 fig. Ensemble 6 vol.

670. Poésies nationales de la Révolution française. Un vol. in-8 cartonné (1836). Le même dem.-rel.

670 *bis*. Piorry. Dieu, l'âme, la nature (1854), in-8 br. — Pauffin Chéri. Les Chants du soir (1856), in-8 br. — Planche. Les Échos poétiques (1852), in-8 br. — Poncy. Poésies (1846), in-8 br. — Pain. Poésies (1820), in-8 br. — Poisson. Feux follets (1838), in-8 dem.-rel., frontispice. Ensemble, 6 vol.

671. Poésies révolutionnaires et contre-révolutionnaires. 2 vol. in-12. *Paris*, librairie historique (1821).

672. Poètes français depuis le XIIe siècle jusqu'à Malherbe. *Paris*, *Crapelet* (1824), 6 vol. in-8 dem.-rel. v. non rognés. Bel exemplaire.

673. Poètes français. 6 tomes en 3 volumes, rel. pl. v. depuis Villon jusqu'à Benserade, *Paris*, 1752. — Poétique française. par M. C., publiée à Amsterdam (1769), reliure veau plein. — Apologues par Dutramblay, 1810. — Fables imitées de Lessing. Gellert, Lichtwehr, Pfeiffel, Dodley, — suivis de fables originales de la Jonchey (1829).

674. Les quatre saisons du Parnasse ou choix de poésies légères depuis le commencement du XIXe siècle, *Paris* 1805, 4 années en 16 vol. in-12 br.

675. Le Trésor du Parnasse, en 6 vol. in-12, rel. pl. v. *Londres* (1762-1770).

MÉLANGES, LITTÉRATURES, ETC.

PAR ORDRE ALPHABÉTIQUE

676. Camus. Lettres sur la profession d'avocat, *Paris* 1818, 2 vol. in-8 dem. bas. verte. — Oscar Commettant. La propriété intellectuelle, *Paris*, *Guillaumin* 1862, 1 vol. in-12 dem. v. f. Ensemble, 3 vol.

677. Coutume de Normandie, expliquée par M. Pesuelle, 4e édition avec les observations de M. Rouxurel de Chenilly, *Rouen* 1771, 2 vol. in-4 reliés v. pl.

678. Propriété littéraire, droit, commerce Persil (de), Lettre de change (1837). — De Champagnac. Étude sur la propriété littéraire (1869). — Laboulaye et Guiffrey. La propriété littéraire au XIXe siècle. — Renouard. Traité des droits d'auteur. — Ch. Comte. Traité de la propriété, *Paris* 1835, 2 vol. etc. — Conventions et les lois de la presse. par A. de Grattier, *Paris*, 1845, 2 tomes en 1 vol. in-8 dem.-rel. Code de la propriété industrielle, artistique et littéraire, par Bataille et Huguet, 2 tomes en un vol. in-8 dem.-rel. — Manuel de lithographie, Roret, 1839, in-18 broché. — Lorédan Larchey. Les excentricités du langage, in-12 dem. chag. — Parisot et Liskenne. Dictionnaire des rimes riches, in-12 (1835) dem.-rel. Ensemble, 15 vol.

679. Asselineau. Recueil des factums de Furetière, *Paris, Poulet-Malassis* 1859, 2 vol. brochés non coupés.

680. Autreau (Œuvres de H.). *Paris* 1744, 4 vol. in-12. veau pl.

681. Bouilly. Mémoires et souvenirs ou mes récapitulations, *Paris, sans date*, 3 vol. in-8 brochés, portrait. — Alisan de Chazet. Mémoires, souvenirs, œuvres et portraits (1837), in-8 broché. — Mémoires de Madame Manson, avec portrait, 4e édition (1818), in-8 broché. — M. Etienne. Essai biographique (1853), in-8 dem.-rel. — Ed Gautier. Essai sur la littérature, Ferrari (1823), in-18 dem.-rel. Ensemble, 7 vol.

682. Prince Clénersow. Russe, traduit en français par le baron de Bléning, *Paris* 1771, 2 vol. in-8 v. fauve, un titre gravé. (Cet ouvrage est de Carmontelle.)

683. Daucour de St-Just. Essais littéraires, *Paris* 1826, 2 vol. in-8 cartonnés non rognés, portrait sur chine. Rare.

684. Depasse. Souvenirs et tableaux poétiques, *Paris-Gosselin* 1842. 1 vol. in-12 broché. (18 exemplaires).

685. Diderot (Œuvres de). *Paris* 1771, 2 vol. in-12 v. pl.

686. Divers. St-Evremond (1740), 5 vol. in-12 v. plein. — Brothier. Œuvres posthumes, *Paris* 1790, in-12 v. pl. — Desprès de Boissy. Lettres sur les spectacles, 2 vol. in-12 v. pl (1774). — Cardinal de Bernis (Œuvres complètes du). *Londres* 1768, in-12 dem.-rel. — Mme Amable Tastu. Soirées littéraires de Paris. *Paris-Janet, sans date*, dem.-rel. v. — Chroniques de France, *Paris*, 1829, dem. v. non rogné. — Œuvres choisies de L. Guillon des Tremblayes, ornées de son portrait. *Paris*, 1853, 2 tomes en un vol. cartonné. Ensemble, 12 vol.

687. Divers. Souvenirs, mémoires, critiques. — Epître et palinodie d'un vieux pécheur endurci, *Paris* 1834, 2 vol. in-18 br. couv. imp. — Chambrun, Mme Rachel. Ses succès, in-18 (1853) br. — Adam Mickiewicz, in-12 broché (1862). — Mémoires sur Talma par Moreau, in-8 (1826) broché. — Mémoires et souvenirs de Ch. Pougens, in-8 dem.-rel. (1834). — De Chazet. Mémoires, souvenirs, *Paris* 1837, 3 vol. grand in-8, dem.-rel. — De Rochefort. Souvenirs et mélanges, *Paris* 1826, dem.-rel. non rognés. — Cellier Dufayel, br. in-8. Ensemble, 12 vol.

688. Histoire des hôtelleries, cabarets, etc., par Francisque Michel et Ed. Fournier, *Paris* 1851, 2 vol. in-8, dem.-rel. tr. mar. et fortes jaunissures dans le papier.

689. F.-B. Hoffmann (Œuvres de). *Paris* 1819, dem. chag., portrait. — Ségur (J. A.). Comédies, proverbes et chansons, in-8 dem.-rel. chag. rouge. — Théâtre et chansons, par le même, 3 vol. dem.-rel. bas. pl. 4 vol. Ensemble, 14 vol.

690. Jay (A.). Œuvres littéraires, *Paris* 1831, 4 vol. dem.-rel. veau. (Envoi d'auteur signé).

691. Jouy (Etienne) (Œuvres complètes de). *Paris, J. Didot*, 1823, 28 vol. in-8, cart. n. rog., bel exempl. Le tome XXVIII a été formé par le recueil des pièces de cet auteur (de l'an VII à 1841.)

692. Lebrun (Pierre). Nouvelle édition. *Paris*, 1864, 4 vol. in-12, cart. n. rog.

693 Lebrun (Ponce-Denis-Ecouchard) (Œuvres de). *Paris*, 4 vol. in-8, dem.-veau viol. — Piis (Œuvres choisies de). *Paris*, 1810, 4 vol. in-8, dem.-veau, portrait.

694. Mazarinades, 59 pièces dereliées, 37 pièces en 1 vol. in-4, dem.-rel. veau, 60 pièces en 1 vol. in-4, dem.-rel. vélin rouge. Environ 150 pièces.

695. Monnier (Henry). Scènes populaires. *Hetzel*, 1846, 2 vol. in-18, dem.-chag. violet, tête dorée, n. rog.

696. Les Murailles révolutionnaires, 15e et nouv. édit., 2 vol. in-4, couv. illustr., br.

697. Ouvrages sur les jeux. L'abbé X..., Le grand Trictrac, 2e édit., *Avignon*, 1756, in-12, veau plein, frontispice et fig. — A. de Caston. Les Tricheurs, scènes de jeu. *Paris*, 1853, in-12 br., portrait photographié. Ensemble, 2 vol.

698. Ouvrages sur les beaux-arts. Th. Gautier, Abécédaire du Salon de 1861, 1 vol. *Paris*, 1861, in-12. Curiosités de l'Archéologie, de l'Histoire, des Arts, 2 vol. in-12. — Vaudin. Gazetiers et Gazettes, 1860, in-12, 1 vol. — Th. Muret. Souvenirs d'un Journaliste. *Paris*, 1862, 2 vol. — Quatremère de Quincy. Recueil de notices historiques, 2 vol. gr. in-8, 1834. Ensemble, 8 vol.

699. Ouvrages sur les femmes, le mariage, etc. Ev. Thévenin. Le Mariage au XIXe siècle. *Paris*, 1862. in-18, br. — Ed. de Pompery. La Femme dans l'humanité. *Paris*, 1864, in-12, br. — Louis Lurine. Le XIIIe arrondissement de Paris. *Paris*, *Lamothe*, 1850, in-8, br. couv. impr. (mouillures). Ensemble, 3 vol.

700. Ouvrages sur la Politique et la Religion. Trilogie sur le Christianisme, par T. Galuchet, 1857, in-8, dem.-rel. — La Saint-Simonienne en Egypte (par Mme Suzanne Voilquin), in-8, 1866. — Cornélius de Booz, Unité européenne, in-8, 1867. Siebecker. Pamphlets d'un franc parleur. Ensemble, 6 vol.

701. Palissot (Œuvres de). Nouv. édit. *Paris*, *Collin*, 1819, 6 vol. dem.-veau, portrait.

702. Révolution française (1789-1799). Réimpression de l'ancien *Moniteur*, 32 vol. br., n. coup., in-4. *Paris, Plon frères.*

703. Volumes divers. Amédée Achard. Les Séductions, *Paris*, 1865, in-12. — Revue anecdotique, *Paris*, 1860, in-12. — Ch. Barbara Mes Petites Maisons. *Paris*, 1860, in-12. Œuvres de Piron, *Paris*, 1857, in-12. — Henri Murger. Scènes de la Vie de Bohême. *Parts*, 1852, in-12, 3e édit. — Louis Enault. La Rose blanche. — Léopold Stapleaux. Les Cent francs du Dompteur, in-12, (2 exempl.). — X. Aubryet. La Femme de 25 ans. 1855. — E. Brisebarre et E. Nus. Les Drames de la Vie. *Paris*, 1860. 2 vol. in-12. — Ch. Reybaud. Hélène, 1 vol. in-12. — Emile Gaboriau. Le 13e Hussards, in-12. — A. Réal. La Robe rouge, in-12, br.—L. Gozlan. Histoire de 130 femmes, in-12. 14 vol. br.

704. Jean-Jacques Rousseau. 1 vol. in-12, contenant : La Mandragore, comédie; des Poésies et des épigrammes, 1723. *Londres*. Pièces originales de ce qui s'est passé au consistoire de Mouticrs concernant l'excomunication ,projetée de Jean-Jacques-Rousseau, avec la réponse au consistoire. 1765.

705. De Saint-Just (Dancourt). Essais littéraires, 2 vol. dem.-rel. *Paris*, 1826.

706. Sainte-Hélène en 1840 ou Statistique raisonnée et historique de cette île, ornée d'une vue principale et d'une carte topographique. *Paris*, 1840, gr. in-8, br. de 16 pages (17 ex.),

707. Saurin. Œuvres complètes. *Paris*, 1783, 2 vol. in-8, veau racine, portrait.

708. Les Soupers de Vaucluse, par M. R. D. L., dem,-rel. basane. *Ferney*, 1789.

709. Voltaire. Romans et contes de M. de Voltaire. 3 vol. rel., veau plein, édit. Cazin, frontispice gravé.

BIOGRAPHIE, HISTOIRE

710. Une année mémorable de la vie d'Auguste de Kotzebue, publiée par lui-même. *Paris*, 1802, 2 vol. in-16, dem.-veau vert, frontispice gravé. Bel exempl.

711. Annuaire nécrologique de 1821 à 1827 (première partie). Ensemble 9 vol. in-8, br.

711 *bis*. Biographies de de Mirecourt : Déjazet, (2 exempl.). Emile de Girardin. Frédérick Lemaître. Méry. Gérard de Nerval (2 exempl.). Ponsard. George Sand, (2 exempl.). Eugène Süe. 11 vol. in-18 br.

712. Biographie des Quarante, de l'Académie française, 2e édit. *Paris*, 1826. in-8, dem.-veau. — Biographies et Nécrologies des hommes marquants du XIXe siècle, par Lacaine et Laurent. *Paris*, 1843, 2 vol. in-8, dem.-rel. — Prudhomme père. Biographie des femmes célèbres. *Paris*, 1830, 4 vol. in-8, dem.-veau, dos orné, tr. jasp. — Biographie universelle. *Paris*, 1844, in-8, dem.-rel. Ensemble, 8 vol.

713. Biographie nouvelle des contemporains, par Arnould, Jules Janin et Norvins, 20 vol. in-8, portraits, rel. pl. veau granité.

714. Biographies par E. de Mirecourt, 1re édit., br. Augustine Brohan. Rose Chéri. Félicien David. Paul Féval. Emmanuel Gonzalès. Gozlan. Champfleury, Guizot, Arsène Houssaye, Alfred de Musset, Rachel. Rossini. Samson (2 exempl.) Baron Taylor. 13 brochures.

715. Biographies et Nécrologies des hommes marquants au XIXe siècle par V. Lacaine et Ch. Laurent. *Paris*, 1844, 6 vol. in-8, dem.-rel.

716. Dictionnaire des dates, des faits, des lieux et des hommes historiques, ou les Tables de l'Histoire, sous la direction de A.-L. d'Harmonville. *Paris*, 1842, 2 vol. in-4, dem.-rel. chagr., coins. Bel exempl.

717. Ephémérides politiques et religieuses. *Paris*, 1812, 3e édit., 12 vol. dem.-veau, tr. jasp.

718. Les Fastes de la Légion d'honneur, etc., par Liévyns, Verdot et Bégot. *Paris*, 1842-47, 5 vol. gr. in-8, dem.-rel. Fortes jaunissures.

719. Lesur. Annuaire historique universel, 2e édit. *Paris*. 1825, de 1818 à 1847, 27 vol. in-8, dem.-vel. bl.

720. Barjavel. Dictionnaire historique, biographique et bibliographique du département de Vaucluse, 2 vol. gr. in-8, br. *Carpentras*, 1841.

721. Les Hommes illustres de l'Orient, par Alexandre Mazas. *Paris*, 1847, 2 vol. in-8, dem.-rel. (Envoi d'auteur, signé).

722. Nouveau dictionnaire historique. *Caen*, 1779, 6 vol. in-8, dem.-rel. et 2 vol. de supplément. 1784. Ensemble, 8 vol.

723. Nouvelle biographie générale publiée par Didot frères, sous la direction du Dr Hœfer. *Paris*, 1855, 44 vol. dem.-rel. veau.

BIBLIOGRAPHIE

724. Brunet. Manuel du libraire, *Paris*, 1842, 5 vol. in-8, dem.-rel. mar. vert, n. rog.

725. De Manne, nouveau recueil d'ouvrages anonymes et pseudonymes. *Paris*, 1854, in-8, dem.-chag., plats toile, bel exempl. —Bibliographie de l'empire français, tome II. *Paris*, 1813, in-8, dem.-rel. veau, tr. marbr. (2e année. Très rare). — P. Roux. Journal typographique et bibliographique (8 années) en 4 vol. dem.-veau.

726. Catalogue des écrits, gravures et dessins condamnés depuis 1814 jusqu'à 1850, suivi de la liste des individus condamnés pour délits de presse. *Paris*, 1850, in-12, br. couv. impr. (18 exempl.)

727. Catalogue des livres composant la bibliothèque de M. Viollet-le-Duc, pour servir à l'Histoire de la poésie en France, in-8, dem.-chag. rouge, n. rog. Très bel exempl.

728. Les Caractères de l'imprimerie, par Fournier le jeune. *Paris*, 1764, in-12, dem.-veau, (raccommodage à une page). Bel exempl. — Guide pratique du Compositeur d'imprimerie, par Théotiste Lefèvre. *Paris*, 1855, in-8, dem.-rel. chag. — Fournier (Henri). Traité de typographie. *Paris*, 1835, in-8, dem.-rel.

729. Le Magasin de librairie. *Paris*, *Charpentier*, 1858, 12 vol. gr. in-8, dem.-rel. veau (avec la table).

730. Quérard. La France littéraire. *Paris*, 1837-39, 10 vol. in-8, dem.-rel. veau fauve et 2 vol. in-8, br. *Paris*, 1854-57, formant les tomes XI et XII.

731. La Littérature française contemporaine (XIXe siècle). *Paris*, 1842, 6 vol. dem.-rel. veau fauve (par Quérard et Bourquelot).

732. Le Quérard, journal de bibliographie, etc., complément à la Bibliographie de France. *Paris*, 1855-1856, 1re et 2e année), 2 vol. dem.-rel. veau, n. rog. Lettre autog. de l'auteur ajoutée. Bel exempl.

733. Les Siècles littéraires de la France, par Desessarts. *Paris*, 1800-1803, 7 vol. in-8, cart. n. rog.

OUVRAGES DIVERS IMPRIMÉS EN PROVINCE

CLASSÉS PAR LIEUX D'IMPRESSION

734. Ouvrages divers publiés à Alençon, Amiens, Avallon, Angoulême, Amiens, Angers et Auch. Ensemble, 12 vol. ou broch. dont 1 dem.-rel.

735. *A Alais*, Les Deux Vieilles, drame par Ed. Colmez. — *A Angoulême*. Un Rendez-vous au théâtre, comédie, 1858. — *A Avignon*. Le Tuteur jaloux, par M. de G***, 1759, opéra-bouffon, joué à Marseille. Les Débuts en province, par Paul Barbe, comédie, 1830. — *A Alger*. Berthe et Suzanne, par E. de Calonne, 1854. Les Anes à B***, *Beaune*, 1783, (brochure rare). — *A Béziers*. Guenilles et Fanfreluches, in-12, 1860. — *A Brest*. Les Jeux Floraux (1818), par Ed. Corbière. — *A Bourg-en-Bresse*. Poésies, par Avit-Delacour, 1853, in-12 br. Ensemble, 9 ouvrages.

736. *A Bordeaux*. Jean Lacour, Fleurs des landes, in-12, br., 1853. — P. Thorel. Satires et Poésies, in-8, br. — Estillic, comédie en 2 actes, par Landi, in-8, 1834. — L'Intrigue électorale, in-8 (envoi à Béranger). — Phèdre, par Hofmann, 1786, Ensemble, 5 ouvrages.

737. *A Caen*. Leguay. Mes Souvenirs, 2 vol. in-12, br. fig. Les mêmes, 1786, dem.-rel. mouillures. — Poésies. Le Regret, in-8, br. — Sumille. Buvette normande, 1856, in-12, br. — OEuvres poétiques complètes d'Alphonse Leflanquais, 1856-1860, 4 vol. in-8, br. — Le Livre des hirondelles. *Caen*, 1858, in-12 car., pap. verg., br. — Chansons normandes du XVe siècle. *Caen*, 1866, in-12, br. pap. vergé. Ensemble, 11 vol.

738. Le Thrésor de Salomon, tiré de ses proverbes, le tout réduit en quatrains et sonnets, par Paul Perrot, sieur de la Salle, parisien. *Caen*, par Pierre le Chandelier, 1594, in-12, dem.-rel. chag. *Exempl. court de marges de ce livre rare.*

739. *A Calais*. Les Pâquerettes, par V. Courmaceul, in-8, br., 1843. — *A Douai*. Chansons, d'Alfred André, in-8, br., 1842. *A Dijon*. Gui Barozai. Noël Bourguignon, in-12, veau plein, 1720. — *A Dunkerque*. Essais poétiques d'Amédée Goubet, in-8, br., 1871. — *A Falaize*. Concours de poésie, in-8, cart., 1851. — Etrennes sans pareilles de Falaise pour 1850, in-32. — 14 exempl. du Cadeau des Muses, pour 1843. — 8 exempl. du même Almanach pour 1844. — *A La Flèche*. Ephémères, par Albert Sallé, in-12 br. 1858. — *A Florac*. Rêveries poétiques, par Th. Tuffier, in-8, br. Ensemble, 30 vol. ou brochures.

740. *A Carpentras.* Saboly. Recueils de Noëls provençaux, 1803. Le même, 1839. — *A Castelnaudary.* La Muse du foyer, par G. Peyronnet, 1851. — Œuvres de Venance (de Carcassonne) 1810 in-12 br. — *A Chambéry.* Le dernier Montmayeur, in-8, 1857. — *A Cambrai.* Ugolin, drame par G. Naquet, 1833. Ensemble, 6 ouv.

741. *A Gonesse.* L'Original enfant de Gonesse par Liénard, in-8 br., 1841. — *A Grenoble.* Les Bons quarts d'heure, par A. de Rochebelle, in-12 br. — Souvenirs poétiques de deux prisonniers, par Magalon et Barginet, in-12, 1 exempl. dem.-rel. non rog.; un autre br. (1823). — *A Limoges.* Louis XI à Péronne, pièce historique, in-8 br., texte à 2 col. (1854). — Œdipe-Roi, par Louis Ayma, tragédie (1845), in-8 br. — *A Lisieux.* Les Napoléoniennes, poésies par E. Lambert, in-12 br. (1853). — Poésies de Magu de Lizy, in-12 br. Ensemble 8 vol. ou brochures.

742. *Au Havre.* L'Une après l'autre, vaudeville par G. Labottière aîné (1853). — *A Lisieux.* Le Forçat par circonstance, par Guesnon, in-8 br. — *Au Mans.* Charlemagne, tragédie nationale, par Rigomer Barin, in-8 br. — Le Chant du Loisir ou le Temps perdu d'un Normand, in-8 br. (1831), un exempl. br., un autre cart. vert. — *A Rouen..* Un Hidalgo au temps de Don Quichotte, comédie par E. Coquatrix, gr. in-8 (1840). — *Envoi.* Méandres, poésies normandes, par A. de Lerne (1845) in-8 br.. — Les Fleurs du chemin, par Beuzeville, in-12 br. (1850). — Alain Blanchard, tragédie par Dupuis de Rouen (1826), in-8, fig. br. — Démain ou la Filleule, comédie en 5 actes, par Sewrin (1834), in-8 br. Ensemble 10 ouvrages.

743. *A Lille et Tourcoing.* Étrennes tourquennoises (1808), in-32 dem.-rel. — Étrennes tourquennoises, recueil de 9 étrennes : le Petit Chansonnier des épicuriens pour 1845, fig. col. — Les Lilloises, chansons par L. de Buire (1851). — Chansons et Pochades lilloises, par Danis (J.-F.-S.) — La Jonchée, nouvelles poésies in-18 br. (1845). — La Fauvette du nord, in-8, dem.-rel. — De Cottigniès, Chansons (1864). — P. Bernard, Poésies (1853), in-8. dem.-rel. — Macédoine lilloise, in 12 br. — Janvier et Nivôse, Étrennes en Vaudeville, Lille (1808), in-32 br., avec le calendrier de l'an VIII. — Cobourg, l'Indifférent ou le double procès, comédie (1818), in-8 br. — L'Ambigu tragique, parodie en un acte et en vers, *Lille* (1778), 1 fig. gr. col., br. Ensemble 14 ouvrages.

744. *A Lyon.* Le Troubadour lyonnais, in-32 br. — Le Caveau lyonnais, 1re année (1828). — Poésie de Sonnerat (1806), in-12 br. — Servan de Sugny, Plaisirs d'un solitaire (1850), in-12 br. — Turbil, les Chants de l'Aurore, in-12 br. (1858). — Recueil des chansons de la société épicurienne de Lyon (1812-1813-1816); les 3 premiers recueils cart. en 1 vol in-18. —

L'Ombre de Henri IV, ode par Montperlier. — Envoi à Carmouche (1814). — Les Héros du midi, par le même, ode, envoi à Martainville. — Marie-Thérèse, grand opéra (1847), in-12 b.. — Les Chevaliers de Malte, mélodrame par Montperlier. — *Lyon* (1815), in-8, dérelié, — Les Femmes infidèles, opéra-vaudeville (1812), in-8 br. — Le Joueur de flûte (1813), in-8 br. — Le Siège de Tolède (1812), in-8 br. — Le Pirate, drame lyrique (1835), in-8 br. Ensemble 13 ouvrages.

745. Delandine, Catalogue de la bibliothèque de Lyon. *Paris-Lyon*, sans date, 6 vol. in-8, dem. rel. non rog. — Biographie contemporaine des gens de lettres de Lyon. *Lyon*, 1826, in-8, dem. rel. non rog.

746 *A Marseille*. Chichois, la Police correctionnelle, par G. B., in-18 br. (1842). — Gelu, Chansons provençales (1840), in-8 br. 1re édit. — Les mêmes en 2e édit. — Légendes provençales de Jules Canonge, in-8, br. (1862). — Joseph Fouque. Harmonies du cœur (1854), in-12 br. — Les Œuvres d'un Provençal, in-12 br. — Fénelon, tragédie par A.-J. Chénier, in-8 br. (1830). — Marius Bourelly, Quatre hommes et un caporal, vaudeville gr. in-8, texte à 2 colonnes (1850). — Jane Grey, par Aristide Carénou, gr. in-8 br., texte à 2 colonnes. — (*Montauban*, sans date). — Homeo et allo pathes, folie en un acte (1853). — La Naissance d'un prince, par Melay et Denivelle (1821), comédie. — La Jacquerie, opéra par Charles Siméon (1849). — Le Représentant du peuple, drame par Charles Rouget et Burat de Gurgy jeune (1837). — La Bienfaisance de Louis XVI, drame lyrique en français et en provençal, par un Marseillais (1783), in-8 dérelié. Ensemble 14 ouvrages br.

747. *A Mâcon*, Mes Impressions, poésies in-8 br. (1846). — La Tribune lyrique populaire, 1re année, in-8, dem.-rel. — *A Orléans*, A. Levain, Poésies (1859). — *A Metz*, encore un Recueil. in-18 br. (1827), fig. — *A Montbéliard*, 3 Chansonniers in-32, br. Ensemble, 7 vol.

748. Nouveau dictionnaire ou colloque français et *breton*, à l'usage des diocèses de Tréguier et Léon, nouv. édit., *Morlaix* (1786), in-12 dem.-t. court. de marges.

749. *Poitiers*. Lucrèce à Poitiers ou les Écuries d'Augias, tragédie mêlée de vaudeville, par Léonard de Châtellerault (1843), in-8 br. 2 col. — *A Périgueux*. Chansons d'Auguste Nadaud (1848), in-12 br. (3 exempl.). — B. Laporte, Bayer aux corneilles, poésies (1859), in-12, dem.-rel. — B. Laporte, les Heures de délassement (1856), in-12 dem.-rel. Ensemble, 6 vol.

750. *Nancy*. La Statue de Neptune, pastorale par Hofmain (1783), in-8 br. — *A Nantes*, Pastiches par Ad. Alonneau (1834), frontispice romantique. — *A Nevers*. Œuvres poétiques du père Jean, in-8 br. (1846). — *A Nice*. Les Baisers, par Caristie Martel, in-8 cart. (1857). — Émile Négrin, Poésies

(1864), in-12 br. — *A Nîmes*. J.-G. Ponzio, les Chants du peuple (1865), in-12 br. — Lion et lionne, comédie par E. Bresson (1855), in-8 br. — Athénaïs, tragédie en 4 actes par Charles Bouscharain (1846), in-8 br. — *A Niort*. P. Parisset, les Idéales, in-12 br. Ensemble 9 ouvrages.

751. *A Reims*. Chansons nouvelles par Jean *** de Reims (1846), in-12 br. — *A Saint-Quentin*. Poésies diverses par V. Robert Jones, in-12 br. (1860). — Bruits du siècle, poésies par Léon Magnier (1843). — Les Fleurs du bien, par le même (1858). — Fables et poésies, par J. Héré, in-8 br. (1860). — *A Strasbourg*. Les Legs de Marc-Antoine (1864), in-8 br. — Le Discours interrompu, opéra par J. Fargès Méricourt (1806), in-8 br. — La Rosière impériale par le même (1807), in-8 br. — *A Troyes*. Laure, drame par Delaune (1847), in-8 br. — Saint Alexis, tragédie, petit in-12 br., imprimerie populaire de Garnier. — *A Versailles*. Élégies de M. A. Mauge, in-12 br., couv. imp. — Élégies d'une octogénaire sur la mort de sa petite-fille, par Mme J. v^e^ Cousin (1830), in-18 br. Ensemble, 12 vol.

752. *A Toulouse*. Childéric ou la chute du tyran, par Ferrary de Toulouse. — Molière à Toulouse, comédie par Pellet Desbarreaux (1787). — Stella Matutina, par M. J. Favre de Duras (1845), gr. in-8 br. — Las Espigos de la lengo moundino, poésies languedociennes, par L. Vestrepain (1860), in-8 br. — Las Obros de Pierre Goudelin (1713), in-12 rel. veau plein. — Les mêmes éditions de 1694, in-12 veau plein. — Cadoudal, drame en 3 actes, b. — *A Toulon* (1834). Recueil des œuvres de messire Jean Chapelon. — *A Saint-Étienne* (1820, in-8 br. Jalabert, les Héritiers, comédie en 5 actes, in-8 br. (1864). Ensemble, 9 ouvrages.

753. **Ouvrages en provençal**. Bonnet, Abrégé historique de Beaucaire, in-8, dem.-rel. (1832). — *Avignon*. Reboul, Jasmin, Roumanile-Eyliès, Truchet d'Arles, Cansous prouvencales. Ensemble, 12 vol.

754. Pierre Bellot, Obros coumpletos coumpousados de pouesios prouvençalos, édit. pop., 4 tom. en 2 vol. in-16. Feissat à Marseille (1841).

755. Gros (F.-T.) de Marseille, Recueil de pouesies prouvencalos, nouv. éd., *Marseille* (1762), in-8 veau plein.

756. — J. Roumanille, Le Sounjarello, *Avignon*, 1852, in-8 br., couv. impr. — Li Capelan, 11e édit., *Avignon* (1851), in-12 br. — Charles Sicirac, Élégies et scènes dramatiques, *Paris*, (1859), in-12 br. — Aristide Loinon, le Roi Midas, etc. (1869), in-12 br. — De la ville de Mirmont, l'an 1928, Scènes en vers, *Paris* (1851), in-8 br. — Mathurin Rousseau, les Mystères du monde, in-8 br., *Paris* (1845). — Fùlip Bonau, les Vengeurs, roman-drame, *Bruxelles* (1863), in-8 br. — Dorat, OEuvres choisies, *Paris* (1827), in-8 d.-rel., fig. Ens. 8 vol.

757. Romances. Lot d'environ 114 romances, la plupart avec lithographies en feuilles.

757. **Bibliothèque dramatique** de M. de Soleine, *Paris*, 1843, 5 vol. in-8, dem.-rel. mar. non rognés. On y a joint la bibliotèque de Pont de Vesle. *Paris*, 1847, même rel. Ensemble 6 vol. On y a joint, la Table générale du Catalogue de Soleine par Goizet, pour 1845 in-8 br., et le catalogue de la bibliothèque de feu M. C. *Paris*, 1869 in-8 br. Ensemble 8 vol. et brochures.

758. **Touchard Lafosse.** Souvenirs d'un demi-siècle, *Paris*, *Dumont, s. d.*; 4 vol. in-8, br., *fatigués*.

759. **Bibliothèque dramatique** de M. de Soleine, *Paris*, 1843. 5 vol. en 11 parties in-8, br. On y a joint 1 ex. de la table générale par Goizet, in-8 br.

760. **Bibliothèque dramatique** de M. de Soleine. Détail des diverses parties br., qui composentce lot. — 1 ex. supplément au tome I. — 2 ex. de la première partie du tome II. — 4 ex. de la seconde partie du tome II. — 3 ex. du tome III. — 1 ex. de l'appendice au tome III (Autographes). — 4 ex. du tome IV. — 2 ex. de la dernière partie. — 1 ex. de la 1re partie du tome V. — 2 ex. de la 2e partie du tome V. — 4 ex. de la table générale du Catalogue Soleine par Goizet.

761. **Bibliothèque de M. de Soleine.** *Paris*, 1843. 5 vol. in-8, dem.-rel. v. violet rognés.

762. **Bibliothèque de M. de Soleine et de M. de Pont de Vesle.** *Paris*, 1843-1846. 6 vol., dont 5 en dem.-veau fauve, ébarbés et 1 br. (quelques parties sont interfoliées).

763. **Œuvres de Saint-Simon et d'Enfantin.** Publiés par les membres du Conseil. *Paris*, 1872. 37 fascicules in-8 br.

764. **Théaulon.** Pièces brochées ou dérel iés, en 5 cartons.

765. **Théâtre illustré.** Magasin théâtral illustré. *Paris*, librairie théâtrale, 9 vol. gr. in-8, demi-basane rouge, contenant 360 pièces illustrées à 2 et 3 volumes; une table manuscrite est jointe à la fin de chaque volume.

766. **Bibliographie** historique de la chanson, répertoire alphabétique en manuscrit contenu en 80 cartons, réunion complète de tout ce qui regarde la chanson, avec tous les titres et auteurs s'étant occupés de cette matière. (Voir la notice.)

MUSIQUE

PARTITIONS, RECUEIL DE ROMANCES CLÉ DU CAVEAU, ETC.

780. **Adam.** Le Morceau d'ensemble, opéra-comique, paroles de de Courcy et Carmouche, 1831, in-4, dem.-rel., veau rouge. *Paris.*

781. **Auber.** Emma, paroles de Planard, in-4, dem.-vél. *Paris.*

782. **Auber.** La Neige, opéra-comique, paroles de Scribe et C. Delavigne, in-4, dem.-rel. vélin. *Paris.*

783. **Auber.** Lestocq, paroles de Scribe, 1 vol. in-4, dem.-rel. *Paris.*

784. Alexis et Justine. par M. D. Z., paroles de Monvel, in-4, dem.-rel., vélin. *Paris.*

785. Ariettes de Ninette à la Cour, parodie de Bertholdo, gravé par Mlle Vendôme. *Paris, s. d.* (1750), in-8, veau plein.

786. **Ariettes.** 3 vol. in-4°, rel. vélin plein, 1766.

787. **Airs et Romances.** 2 vol. in-fol., dem.-rel. et veau plein.

788. **Auteurs divers.** Lot de Recueils de morceaux de musique brochés.

789. **Berton.** Le Délire, opéra. — Lebrun. Le Rossignol, opéra-comique, paroles de Etienne. Partimenti per Mattei. 3 partitions manuscrites cart.

790. **Berton.** Montano et Stéphanie, opéra, paroles de Jaure, 1799, in-4, cart. *Paris.*

791. **Berton.** Françoise de Foix, paroles de Bouilly et Dupaty, in-4, cart. *Paris.* (2 exempl.).

792. **Berton.** Les Maris-Garçons, opéra-comique, paroles de Nanteuil, 1806, in-4, toile pleine. *Paris.*

793. **Beethoven-Mozart.** Adelaïde de Mathilson. Bus-Lied. Mollys Abschield. Das Blümchen Wunderhold. Vomtode. Bitten von Gellert. Die Ehre gottes ausdernatur von Gellert. Das liedchen von der ruhe. — Scena ed Aria. Die Fenerfarbe Urians Reise un die welh. — Trinklied. — Der Wachtelschlag. — Die liebe des Næchsten. — Lebensgluh, Vita felice, May Gesang. — An die Hoffnung Ich. liebe dich, so wie du mich. — Scène et air de la prise de Jericho — David. Le Christ au mont des Oliviers.

794. **Boieldieu.** Le bouquet de l'Infante, poème de Planard et de Leuven, in-4. dem.-vel. *Paris*, 1847.

795. **Boieldieu.** Les Deux Nuits, in-4, br., n. rog., 1829. *Mayence et Anvers*. En français et flamand.

796. **Boieldieu.** La Fête du Village voisin, paroles de Sevrain, in-4, rel. toile, 1816. *Toulouse*. Feuillets raccommodés.

797. **Boieldieu.** Beniowsky, paroles de Duval, in-4, cart. *Paris*, 1800.

798. **Boieldieu.** Jean de Paris, paroles de Saint-Just, in-4, cart. *Paris*, 1812. (2 exempl.).

799. **Boieldieu.** Zoraine et Zulman, opéra de Saint-Just. *Paris*, 1798, in-4, dem.-rel. Le même ouvrage. *Paris*, 1797, 1 vol. in-4, dem.-rel.

800. **Bruni.** Le Major Palmer, paroles de Pigault Lebrun. 1797, in-4 plein. vélin. *Paris*.

801. **Catel.** L'Auberge de Bagnères, paroles de Jalabert, in-4, dem. rel. *Paris*, 1807. Le même ouvrage cart. avec un envoi d'auteur.

802. **Carafa.** Le Solitaire, opéra-comique, paroles de Planard, in-4, cart. *Paris*.

803. **Catel.** Wallace. opéra héroïque de Saint-Marcellin, in-4, dem.-rel. *Paris*. Le même ouvrage, cart. vélin vert.

804. **Catel.** Sémiramis, tragédie lyrique, 1802, in-4, vélin vert. *Paris*.

805. **Champein.** Les Dettes, in-4, dem.-rel. *Paris*.

806. Chansons et Romances avec airs. 7 Recueils factices, 1830-1860. (Nombreuses lithographies).

807. **Chérubini.** Les deux Journées, paroles de Bouilly, in-4, rel. vélin vert. *Paris*.

808. **Choron et Fayolle.** Dictionnaire historique des musiciens. *Paris*, 1870, 2 vol. gr. in-8, dem.-rel.

809. **Choron et Fiocchi.** Principes d'accompagnement des écoles d'Italie, in-4, dem.-veau. *Paris*. — Carnaud. Méthode pour le flageolet. 1 vol. in-4, cart. *Paris*. Airs et chants anglais, 1 vol. in-4, cart. — Desargues. Nouvelle méthode de harpe, 1 vol. in-4, toile pleine. *Paris*. — Lefèvre. Méthode de clarinette. 1 vol. in-4, dem.-rel, an XI. *Paris*.

810. **Choron.** Méthode pour apprendre la musique et le plain-chant. 3 vol. in-4.

811. **Cimarosa.** Le Mariage secret, opéra-comique, paroles de Molin, in-4, dem.-rel. vélin, *Paris*.

812. **Cimarosa.** Le Directeur dans l'embarras, paroles de M. D..., in-4, rel. vélin vert. *Paris.*

813. **Champein.** La Mélomanie, opéra-comique. 1781, 1 vol. in-4, cartonné. *Paris.* — Le même ouvrage, in-4, dem.-rel. — Le même ouvrage, in-4, dem.-rel.

814. **La Clé du Caveau**, par Capelle, 2e éd., *Paris*, 1816, album obl., dem.-rel. vert.

815. **La Clé du Caveau**, par C... (Capelle), 1811, album obl., rel. bas. — La même, rel., bas. verte, dos orné.

816. **La Clé du Caveau**, 3e édit. par P. C., *Paris*, *Janet*, *s. d.*, album obl., de 500 p. de musique gravée, dem.-rel. veau, bel exemplaire

817. **Dominico della Maria**, opéra comique, paroles de Ségur et de Dupaty, in-4 cart. *Paris.*

818. **Dominico della Maria.** Partition de l'Opéra-Comique, paroles de Ségur jeune et Dupaty, 1798, in-4 cart. *Paris.*

819. **Dominico della Maria.** Le Prisonnier, opéra, paroles de Duval, in-4 cart. *Paris.*

820. **Duny.** Le Retour au village, opéra comique, pantomime et ballet, paroles de Favart, 1762, in-8, vel. plein.

821. **Despréaux.** Le Souper du Mari, opéra, paroles de Desnoyers et Cogniard, 1833, in-4, dem.-rel. vél.

822. **Devienne.** Les Visitandines, comédie, de Picaud, in-4 cart. *Paris.*

823. **Dalayrac.** L'Amant statue, paroles de Célicourt, in-4, dem.-rel. vélin. *Paris.*

824. **Dalayrac.** Nina, comédie, par Marsollier, in-4 cart. *Paris.* — Le même ouvrage, in-4 cart.

825. **Dalayrac.** La Dot, paroles de Desfontaines, in-4 cart. *Paris.*

826. **Dalayrac.** Renaud d'Ast, comédie, paroles de Radet et Barré, 1787, in-4, vél. plein. *Paris.* — Le même ouvrage, in-4 cart.

827. **Dalayrac.** Sargines, comédie, paroles de Monvel, 1788, in-4, dem.-rel. *Paris.*

828. **Dalayrac.** Azemia, paroles de la Chabaussière, in-4, vél. vert. *Paris.*

829. **Dalvimare.** Le Mariage par imprudence, 1809, in-4, dem.-rel. vél. *Paris.*

830. **Dalayrac.** Lina, paroles de Saint-Cyr, in-4, cart. *Paris.*

831. **Dalayrac.** Raoul, sire de Créqui, comédie, paroles de Monvel, 1789, in-4 cart. *Paris.*

832. **Dalayrac.** Raoul, sire de Créqui, comédie, paroles de Monvel, 1789, in-4, dem.-rel. *Paris.*

833. **Dalayrac.** Marianne, comédie, paroles de Marsollier, 1796, in-4 cart. *Paris.*

834. **Dalayrac.** La Maison isolée, titre à la main, opéra, 1797, in-4 cart.

835. **Dalayrac.** 18 vol. in-4, dem.-veau (rel. de l'époque). — Petit Souper. — Corsaire. — Deux Tuteurs. — Amant statue. Dot. — Nina. — Renaud d'Ast. — Largine. — Deux petits Savoyards. — Soirée orageuse. — Raoul. — Camille. — Philippe et Georgette. — Ambroise. — Adèle et Dorvan. — Famille Merica. — Marianne. — Leçon.

835 *bis*. **Dalayrac.** Partitions d'orchestre, 18 vol. in-4, demi-veau (rel. de l'époque). — Maison isolée. — Gulnare. — Alexis. — Léon. — Adolphe et Clara. — Matinée de Catina. — Maison à vendre. — Léhéman. — Boule de cheveux. — Picaros et Diégo. — Jeune Prude. — Une Heure de mariage. — Gulistan. — Deux mots. — Koulouf. — Lina. — Elise-Hortense. — Poète.

836. **Dalayrac.** Maison à vendre, paroles de A. Duval, 1800, in-4, dem.-rel. *Paris.* Quelques feuilles mouillées.

837. **Dalayrac.** Une Heure de mariage, comédie, paroles de G. Etienne, 1804, in-4 cart. *Paris.*

838. **Dalayrac.** Picaros et Diégo, opéra bouffe, paroles de Dupaty, 1807, in-4 cart. *Paris.*

839. **Dalayrac.** Gulistan, paroles d'Etienne, in-4, dem.-rel. 1809, *Paris.* Reliure fatiguée.

840. **Dalayrac.** La jeune Prude, paroles de Dupaty, in-4, dem.-rel. vél. *Paris.*

841. **Dalayrac.** Ambroise, paroles de Monvel, in-4, dem.-rel. *Paris.*

842. **Dalayrac.** Une Soirée orageuse, paroles de Radet, in-4, cartonné. Manque le titre.

843. **Dalayrac.** Gulnare, paroles de Marsollier, in-4, dem.-rel. *Paris.*

844. **Dalayrac.** Léhéman, paroles de Marsollier, in-4, cart. *Paris.*

845. **Dalayrac.** Le Château de Montenéro, paroles de Hoffmann, 1 vol. in-4 cart. *Paris.* Quelques pages raccommodées.

846. **Dalayrac.** Camille, paroles de Marsollier, in-4, dem.-rel. *Paris.* — Le même ouvrage, 1 vol. in-4, cart.

847. **Dalayrac.** Alexis, paroles de B. Marsollier, in-4, dem.-vél. vert. *Paris.*

848. **Despréaux.** Le Souper du mari, opéra, paroles de Desnoyers et Cogniard, 1855, avec un envoi à Carmouche, signé de l'auteur, in-4, dem.-rel., veau rouge.

849. **Dezède.** Blaise et Babet, paroles de Monvel, in-4, dem.-rel. *Paris.*

850. **Dézède.** Alexis et Justine, paroles de Monvel, in-4, cart. *Paris.* (2 exempl.).

851. **Duny.** La fée Urgèle, paroles de Favart ; in-4 dem.-vélin vert, *Paris* 1765.

852. **Duny.** La fée Urgèle, paroles de M. Favart ; in-4 cartonné. *Paris.*

853. **Duny.** Les Deux chasseurs et la laitière, paroles de Anseaume ; in-4 relié plein vélin vert. *Paris.*

854. **Duny.** Nina et Lindor, paroles de Richelet (1758), in-4, vélin vert, *Paris.*

855. **Duny.** Le Peintre amoureux de son modèle, in-4 vélin vert. *Paris.*

856. **Duny.** La Veuve indécise, opéra-comique, parodie de la Veuve coquette, paroles de Vadé (1759) ; in-4 vélin vert. *Paris.*

857. **Dictionnaire lyrique portatif,** recueilli et mis en ordre par M. Dubreuil, *Paris* 1766. Tome Ier, in-8 rel. velin vert suppléant. Tome Ier (1771), cartonné papier. Ensemble, 2 vol.

858. **D'Estournelle,** Le Procès, opéra-comique, paroles de M. L. D. (1815), in-4 cartonné. *Paris.*

859. **Eler.** L'Habit du chevalier de Grammont, in-4 dem.-rel. vélin. *Paris.*

860. **Fétis.** Biographie universelle des Musiciens. *Bruxelles*, 1837 à 1844, 8 vol. gr. in-8 br., musique gravée.

861. **Flotow.** Alexandrine, in-4 br. *Hamburg.*

862. **Flotow.** Martha. Piano et chant, in-4. *Vienne.*

863. **Gaveau.** Le Petit matelot, opéra, paroles de Pigault Lebrun (1790), in-4 cart. orné. *Paris.*

864. **Gaveau.** Un quart d'heure de silence, paroles de Guillet (1804), in-4 cartonné. *Paris.*

865. **Gavaux.** L'amour filial, paroles de Demoustier, in-4, dem.-rel. parchemin. *Paris* 1792.

866. **Gaveaux**. La famille indigente, paroles de Planterre, in-4. *Paris* 1793.

867. **Gaveaux**. L'amour filial, paroles de Moustier, in-4 cart. *Paris* 1792. Titre mouillé.

868. **Grétry**, Le Magnifique, in-4 cart. *Paris*.

869. **Grétry**. Le Tableau parlant, comédie parade (1769), in-4, vélin vert, *Paris*.

870. **Grétry**. Zémire et Azor, comédie-ballet (1771), in-4 broché. *Paris*. Mangé aux vers.

871. **Grétry** (OEuvres de). 32 partitions in-4, dem.-rel. du temps, veau fauve avec pièces. — Le Huron, Lucile, Tableau parlant, Silvain, l'Amitié à l'épreuve, Deux avares, Zémire et Azor, Ami de la maison, Magnifique, Rosière, Fausse magie, Céphale, Jugement de Midas, Amant jaloux, Événement, Andromaque, Colinette à la Cour, Aucassin et Nicolette, Caravane du Caire, Epreuve villageoise, Panurge, Richard cœur de Lion, Mariage d'Antony, Comte Albert, Rival confident, Méprise par ressemblance, Barbe-Bleue, Pierre-le-Grand, Guillaume-Tell, Lisbeth, Anacréon, Elisa.

872. **Grétry**. Lie magnifique, in-4 cart. *Paris*.

873. **Grétry**. Le Huron, in-4, dem.-rel. vélin. *Paris*.

874. **Grétry**. L'ami de la maison, in-4 cart. *Paris*. Le même ouvrage, rel. v. plein.

875. **Grétry**. La Fausse magie, in-4 cart. *Paris*.

876. **Grétry**. Céphale et Procris, in-4, pl. basane vérte. *Paris*.

877. **Grétry**. Lucille, in-4, vélin vert. *Paris*.

880. **Grétry**, L'Amant jaloux, in-4, dem.-rel., vélin vert *Paris*.

881. **Grétry**. Pierre-le-Grand, comédie, paroles de Bouilly (1790), *Paris*.

882. **Grétry**. Sylvain, comédie, in-4 cart., *Paris*.

883. **Grétry**. La Rosière de Salenci, pastorale (1774), in-4, dem. vélin, *Paris*.

884. **Grétry**. La Rosière de Salenci, pastorale (1774), in-4, vélin plein. *Paris*.

885. **Grétry**. Silvain, comédie, in-4 cart., *Paris*.

886. **Grétry**. Zémire et Azor, comédie-ballet (1771), in-4 vélin vert, *Paris*.

887. **Halévy** (F.).Les Souvenirs de Lafleur, opéra comique, paroles de Carmouche et de Courcy (1833), in-4 dem. veau rouge, *Paris*.

8

888. **Haydn**. The Creation an oratorio, in-4 dem.-rel. toile, *Leipzig*.

89. **Hérold** (Ferdinand). La Clochette, paroles de Théaulon, in-4 dem.-rel., *Paris*.

890. **Jadin**. Partition de Grand-Père, paroles de Favières, in-4 cartonné, *Paris*.

891. **Journal de Romances** choisies avec accompagnement de piano, petit in-4 dem.-rel., *St-Pétersbourg*.

892. **Journal des Troubadours**, avec accompagnement de guitare ou lyre, rédigé par Lalo, 4 vol. gr. in-8, 2 br. et 2 en dem.-rel. *Paris*.

893. **Kastner**. Les Chants de l'armée française, précédés d'un essai historique sur les chants militaires français, in-4 br. (Manque le chant des tirailleurs.)

894. **Kreubé** (F.). L'Officier et le Paysan, opéra comique, paroles de d'Artois (1824), in-4 dem.-rel. vélin, *Paris*.

895. **Kreubé**. Edmond et Caroline, paroles de Marsollier, in-4, dem.-vélin vert, *Paris*.

896. **Kreutzer**. Paul et Virginie, comédie (1791), in-4 cartonné, *Paris*.

897. **Kreutzer**. Jadis et Aujourd'hui, paroles de Sewrin, in-4 dem.-basane, *Paris* 1808.

898. **Kreutzer**. Lodoïska, paroles de Jaure, in-4 cartonné, *Paris*. Le même ouvrage in-4 dem.-rel. ; le même ouvrage in-4, dem.-rel. avec couv.

899. **Kreutzer**. L'Homme sans façon, paroles de Sewrin, in 4 dem.-rel, vélin, *Paris* 1812.

900. **Kreutzer**. Paul et Virginie, in-4 dem.-rel. vél. *Paris*.

901. **Le Moyne**. Les Prétendus, comédie-lyrique, 1789, in-4, cart. *Paris*.

902. **Lesueur**. La Caverne, paroles de Dercis, in-4, avec frontispice, dem.-bas. *Paris*, 1793.

903. **Lebrun**. Marcelin, paroles de Bernard Valville, 1799, in-4, cart. *Paris*.

904. **Le Brun**. Le Rossignol, opéra-comique, paroles d'Etienne, 1816, in-4, cart. *Paris*.

905. Lot de 32 morceaux d'opéras avec musique. Format in-4, en feuilles.

906. Un lot de musique manuscrite, 8 vol. br. et 3 rel.

907. **Martini.** L'Amoureux de Quinze ans, in-4, dem.-parch. *Paris*, 1771.

908. **Martini.** Le Droit du Seigneur, in-4, parch. *Marseille, Lippi*, 1783.

909. **Martini.** L'Amoureux de Quinze ans, in-4, dem.-bas. *Paris*.

910. **Méhul.** Euphrosine, paroles de Hoffman, in-4, cart. *Paris, Caussineau*. Cartonnage fatigué.

911. **Meissonnier.** La Lyre des jeunes demoiselles, avec accompagnement de guitare et de lyre, 2 vol. gr. in-8, dem.-rel.

912. **Messonnier.** Journal de lyre et de guitare, 4 vol. gr. in-8, dem.-rel.

913 **Monsigny.** Le Déserteur, paroles de Sedaine, rel. toile pleine, 1760. *Paris*. Titre raccommodé.

914. **Monsigny.** Rose et Colas, comédie de Sedaine, 1764, in-4, cart. *Paris*.

915. **Monsigny.** La belle Arsène, comédie féerie, 1775. Aline, ballet héroique de 1766, Le Roy et le Fermier, comédie, 1762. Rose et Colas, comédie, 1764. L'Enfant trouvé, comédie, paroles de Sedaine, 1781. Le Déserteur, drame, 1769, paroles de Sedaine, 6 vol. gr. in-8, dem. rel. veau fauve (rel. de l'époque).

916. **Monsigny.** L'Enfant trouvé, paroles de Sedaine, in-4 cart. 1781. *Paris*.

917. **Monsigny.** La belle Arsène, paroles de Favart, in-4, dem.-rel. *Paris*. Le même ouvrage en dem.-rel.

918. **Mozart. Beethoven. Joseph Weigl. Bach. Basili. Mehul. Moore.** Sechs geistiche Lieder. Schottischelieder. Drey Gesaenge. Dert Mamm von Dort. Vergisf mein nicht. Die Scumeizer family. 24 préludes et fugues pour clavecin. Musica universale pratica. Chant lyrique pour l'inauguration de la statue votée à S. M. l'empereur et roi, Oh! remember the time. 6 partitions rel. et br.

919. **A. Mozart.** Don Giovanni, in-4, cart. *Paris* (fatigué).

920. **A. Mozart.** I domeneo, in-4, cart. *Paris*.

921. **A. Mozart.** La Clemenza di Tito, in-4, cart. *Leipzig*.

922. **Mühling.** Recueil de chants à deux et trois voix pour femmes, avec accompagnement de piano. La Tersicore oen a collezzione completa di diversi autori per piano forte solo. Le requiem, manuscrit de Jomelli. 3 partitions dem.-veau.

923. **La Muse lyrique**, frontispice gravé, dessiné par A. Huet et gravé par Legrand. Janvier 1776, in-8, dem.-bas., couv. parch.

924. **La Muse lyrique** avec trois recueils de chansons et airs, cart., in-8, 1780.

925. **La Muse lyrique**, dédiée à la Reine, avec accompagnement de guitare, avec frontispice, 2 vol. in-8, vélin vert.

926. **Musette du Vaudeville** ou Nouvelle clef du Caveau de J.-D. Doche, 2e édit., exempl. br. rog., avec la couv.

927. **Musette du Vaudeville** ou la Nouvelle clef du Caveau. Recueil complet des airs de J.-D. Doche, 2e édit., dem.-bas.

928. **La Musette du Vaudeville** ou Recueil complet des airs de M. Doche, album oblong br. rog., suppl. à la Musette du Vaudeville. Ensemble, 2 albums.

929. Morceaux détachés du Pré aux Clercs et Robert le Diable, 1 vol. in-8, cart., n. rog.

930. **Nicolo.** Cendrillon, paroles de M. Etienne, in-4, cart. *Paris*, 1810, titre gravé.

931. **Nicolo.** Le Magicien sans magie, paroles de Lesser et de Roger, in-4, dem.-rel. *Paris.*

932. **Nicolo.** L'Intrigue aux fenêtres, paroles de Bouilly et Dupaty. *Paris,* 1805, in-4, dem,-bas.

933. **Nicolo.** Les Confidences, paroles de Jars, in-4, dem.-rel. *Paris.*

934. **Nicolo.** Un Français à Venise, paroles de Justin Gensoul, in-4, dem.-rel., 1813.

935. **Nicolo.** La Ruse inutile, opéra, paroles de Hoffmann, 1805, in-4, dem,-rel. *Paris.*

936. **Nicolo.** Léonce, paroles de Marsolier, in-4, dem.-veau.

937. **Nicolo.** Joconde. Dem.-rel. avec coins. Le même ouvrage, in-4, dem.-rel.

938. **Nicolo.** Lulli et Quinault, paroles de Nanteuil, in-4, cart. *Paris.*

939. **Nicolo.** Partition du Médecin turc, opéra bouffon de Villiers et Armand Gouffé, in-4, cart. *Paris.*

940. **Nicolo.** Partition du Médecin turc, opéra bouffon, paroles de Villiers et Armand Gouffé, in-4, cart. *Paris.*

941. **Nouveau recueil**, contenant tous les airs des chansons de Béranger, par les meilleurs compositeurs, dedié au poète national, petit in-8, de 258 p. texte gravé (portrait de Béranger), exemp. br. avec le supplément ; un trou dans la marge des 10 dernières pages.

942. **Nouveau recueil** de chansons avec musique, en 8 vol. in-16 plein veau. *Gosse à la Haye* (1781).

943. **Ouvrage sur la musique.** D'Alembert. Eléments de musique suivant les principes de Rameau *Lyon* (1756). in-8 v. — Mercadier. Essai sur l'instruction musicale à l'aide d'un jeu d'enfant, *Paris*, 1855, in-8.br. — Escudier frères. Dictionnaire de musique, *Paris*, 1854, br. — Scudo. La musique en l'année (1862), in-12 br. — La Saison musicale par une réunion d'écrivains spéciaux, pour l'année 1867. 1 vol br. — Fétis (Ed.) Les musiciens belges, *Bruxelles*, *s. d.* 2 tomes en 1 vol., in-12 br. — Milliot. La Musique au théâtre, *Paris*, 1863. — Castil Blaze. Br. l'Académie impériale de musique. 2 vol. in-8 br. *Paris*, 1855. — Marius ou les Teutons, fantaisie musicale par (Raoul) Ordinaire. *Paris*, 1868, 2 ex. Ensemble 11 vol.

944. **Ouvrages divers sur la musique.** Idastique (J.) La musique à l'église, *Paris*, 1861. — Scudo (P.). L'année musicale, tome I, II, III. — Scudo (P.). Critique et littérature musicales (1856-1859). — Scudo (P.) Le chevalier Sarti (1867). — Momond (F.) L'année anecdotique. Ensemble 8 vol. in-12 br.

945. **Panseron** solfège. 1 vol. in-8, dem.-rel. 5 grammaires et exercices musicaux, br.

946. **Paësiello.** La Folle par amour, en italien, in-4 dem.-rel. *Paris*.

947. **Paride ed Elena drama per musica.** 1770 à *Vienne*. in-fol. dem-rel. veau.

948. **Pleyel.** Symphonie, 14 cartons avec le papier du temps, contenus dans un étui.

949. **Pergolèse.** L'Olympiade, dem-man. — Benaducci. Addio a Foligno, br. romances et airs, in-4 cart.

950. **Pergolèse.** *Stabat Marter*. La Servante maîtresse, in-4 dem.-rel. *Paris*.

951. **Philidor.** Sancho Pança, opéra bouffon, in-4. dem.-rel. *Paris*.

952. **Philidor.** Le Sorcier, comédie lyrique, paroles de Poinsinet, in-4 dem.-rel.

953. **Philidor.** Katarinac, in-4 dem.-rel. avec frontispice.

954. **Philidor** Le Maréchal ferrant. in-4, dem.-rel. basane.

955. **Philidor.** Tom Jones, comédie lyrique (1766), in-4 dem.-rel. *Paris*.

956. **Piccini.** Ils sont chez eux, paroles de Désaugiers, in-4 dem.-rel. *Paris*. Quelques feuilles mouillées.

957. **Piccini.** Didon. 1 vol. in-4. dem.-basane. *Paris*. — Le même ouvrage. 1 vol. in-4 dem.-rel.

958. **Plantade.** Le Mari de circonstance, opéra comique paroles de Planard (1813), in-4 cart. *Paris*. Exemplaire fatigué.

959. **Plantade**. Palma, paroles de Lemontey, in-4 dem.-rel vélin. *Paris*.

960. **Louis Pradher**. L'emprunt secret, paroles de Planard, in-4, dem.-rel. *Paris*, *Masson*.

961. **Premier Recueil** de chansons, avec un accompagnement de violon et basse continue, 1 vol., veau plein.

962. **Rebet** et **Francœur Cadet**. Pirame et Thisbé, tragédie, 1726, broché, format italien. *Paris*. Manque un feuillet.

963. **Rifaut**. La Sentinelle perdue, opéra comique, paroles de Saint-Georges, 1834, in-4 br.

964. **Rossini**. La Cenerentola seconda edizione, in-4, dem.-rel. *Paris*.

965. **Rossini**. Semiramide, opera sena, in-4, dem.-rel. *Paris*.

966. **Rossini**. Tancredi, opera, piano et chant, in-4, dem.-rel. *Paris*.

967. **Rossini**. Il Turco in Italia, opera buffa, 1820, in-4, dem.-rel. *Paris*.

968. **J.-J. Rousseau**. Le Devin du village, in-4, dem.-rel. *Paris*, 1755.

969. **Recueil** de romances historiques, tendres et burlesques, tant anciennes que modernes, avec avis, notes, avec lithographie, 1 vol. in-12, veau plein, 1767.

970. **Recueil général** des opéras, représentés par l'Académie royale de musique, depuis son établissement. *Paris*, *C. Ballard*, 1714 à 1778, 26 vol. in-4 reliés, veau plein. — Frontispice gravé. — Titres et Tables.

971. **Recueil factice** de 31 Tragédies ou Ballets héroïques, de 1694 à 1774, en 4 vol. in-4, reliés, veau plein. — Recueil factice de 7 opéras, de *Roy*, de 1712 à 1771, en 3 vol. in-4, veau plein, ens. 5 vol.

972. **Recueil des Cantiques** à l'usage de l'église Sainte-Geneviève, 1827, 2 vol. in-8. vel. plein. *Paris*.

973. **Recueil factice**, contenant environ 250 morceaux, réunis en 4 vol. in-4, cart., n. rog. (litographies de C. Nanteuil et autres), 1840 à 1860.

974. **Romances** de Nicolo, Spontini, Boïeldieu, Meissonier, etc, 12 vol. gr. in-8.

975. **Spontini**. Fernand Cortez, paroles de Jouy et d'Esménard, in-4, dem.-rel. *Paris*.

976. **Steibelt**. Roméo et Juliette, opéra, 1793, in-4, cart. *Paris*.

977. **Sacchini**. La Colonne, 1775, in-4, rel., pl., vél. *Paris*.

978. **Sacchini.** Œdipe à Colonne, opéra, paroles de Guillard. — **Framery.** Le Barbier de Séville, opéra comique, parodie, 1784, in-4, dem.-rel., vél. *Paris.*

979. **Sacchini.** Œdipe à Colonne, opéra, paroles de Guillard, 1787, in-4, cart. *Paris.* Exemplaire fatigué.

980. **Sacchini.** Le Cid, paroles de Guillard, in-4, cart. *Paris.*

981. **Solié.** Chapitre second, paroles de Dupaty, in-4, dem.-rel. vél., an VII. *Paris.*

982. **Solié.** Anna, paroles de Secorin, in-4, dem.-rel, bas. *Paris*, 1808.

983. **Solié.** Mademoiselle de Guise, paroles de Dupaty, in-4, dem.-rel., vél. *Paris.*

984. Scenae Rondo del Sarti, Raccolta completa ed Virginale, pour piano forte, opere teatrali, complete de Pacini. Le Guide universel de Raimondi, 4 partitions, format italien, brochées.

985. Le **Souvenir** des Ménestrels, contenant une collection de romances inédites, avec musique. Chaque recueil est orné de environ de 10 gravures en taille douce, 16 vol. dem.-veau, de 1814 à 1829.

986. **Bellini.** La Sonnambule, opéra, in-4, cart. *Paris.*

987. **Gomis.** Le Diable à Séville, paroles de Cavé, in-4, dem.-rel., avec coins, 1831.

988. Le Tonnelier, opéra comique, paroles de Audinot et Quétant, 1765, in-4, br. *Paris.*

989. Le Troubadour ambulant, journal de guitare, 1 vol. in-8, dem.-rel. *Paris, Pacini.*

990. **Vogt.** Morceaux allemands, in-4, dem.-rel. — **Danzi.** Leçons de localisations, 1 vol. in-4, br. — **Raimondi.** Quattra fu ghe in una dissimili nelmodo, opera scientifica. *Milan*, 1 vol. in-4, br.

A VENDRE SUR MISE A PRIX

MÉMOIRES DE PIERRE DE L'ESTOILE

PREMIÈRE ET SEULE ÉDITION COMPLÈTE

ET ENTIÈREMENT CONFORME AUX MANUSCRITS ORIGINAUX DE L'AUTEUR

Onze forts Volumes grand in-8, publiés de 1875 à 1884

Par MM. PAUL LACROIX et CHARLES READ

AVEC LE CONCOURS DE

MM. G. BRUNET, A. CHAMPOLLION, E. HALPHEN

TAMIZEY DE LARROQUE, ET AUTRES

Ces *Mémoires*, les plus intéressants, les plus caractéristiques et les plus curieux que l'on connaisse, embrassent trente-sept années de notre histoire (règnes de Henri III, Henri IV et Louis XIII). Rien de plus vivant et de plus piquant que ce *Journal* quotidien, tenu par le grand audiencier de la Chancellerie de France « libre et hardi à écrire » comme pas un, et qui déclare lui-même « qu'il est aussi impossible d'en garder la liberté française de parler, « comme d'enfouir le soleil en terre ou l'enfermer dedans un trou ».

Il l'a fait bien voir, pour le grand plaisir et profit de la postérité. C'est le prédécesseur des Tallemant des Réaux, des Saint-Simon, des d'Argenson, des Barbier, des Bachaumont, des Viel-Castel, levant les masques de l'histoire politique conventionnelle et donnant la contre-lettre des mensonges officiels.

Encore n'avait-on jusqu'aujourd'hui que des éditions *incomplètes*, plus ou moins *mutilées*, *falsifiées*, soit par la censure, soit par des erreurs de lecture, soit par la disparition de plusieurs manuscrits originaux.

Ces manuscrits ont tous été retrouvés enfin et utilisés dans l'édition, admirablement préparée et *définitivement complète*, que MM. Paul Lacroix et Charles Read ont élaborée de 1874 à 1884.

Pour ne citer que le tome Ier, près d'un tiers de ce volume est *inédit*. Le tome IV (les belles Drôleries de la Ligue) et le tome XI (les Bigarrures graves et facétieuses) sont entièrement *inédits*. Qu'on juge par là du reste — Sans compter une multitude de petites *lacunes comblées*, de phrases ou de mots *rétablis* ou *rectifiés*. Que d'omissions, que de bévues ou de coqs-à-l'âne présentait même la meilleure et la plus complète des éditions antérieures. Celle de 1837, par exemple, au 28 août 1578, parlant de deux soldats qui furent pendus, ajoute : « et leurs *pères* brûlés avec eux. » C'est leurs *procès* (et non leurs *pères*) que portait le texte!

L'édition nouvelle est donc la seule et unique à laquelle les travailleurs puissent désormais se fier. Elle leur est indispensable et doit nécessairement trouver place dans toutes les bibliothèques publiques et privées.

Cette édition a été tirée à petit nombre dont il reste à vendre :

600 *sur papier vergé des Vosges*, publié à **15** fr. le vol.
50 *sur papier fort de Hollande*, publié à **20** fr. le vol.

On peut traiter à l'amiable en s'adressant directement à M. MAILLET, avant la vente. Facilité de paiement sera accordée.

Vve Renou et Mauldᵉ, imprimeurs de la Compagnie des Commissaires-Priseurs, rue de Rivoli, 144. 1000-79089

www.ingramcontent.com/pod-product-compliance
Ingram Content Group UK Ltd.
Pitfield, Milton Keynes, MK11 3LW, UK
UKHW020316180726
13839UKWH00001B/476

9 782329 536828